超越主谓结构 —— 对言语法和对言格式

주술구조를 넘어서 ❶

중국어 대언문법과 대언격식

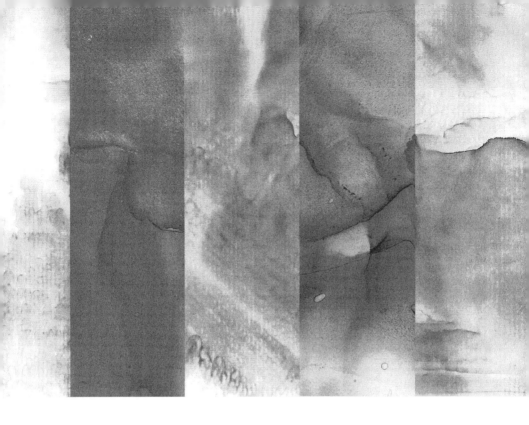

超越主谓结构 —— 对言语法和对言格式

주술구조를 넘어서 ❶

중국어 대언문법과 대언격식

선쟈쉬안沈家煊 지음 / 이선희 옮김

學古房

언어의 주어와 술어의 성질에 대해서는 언어학 이론에서 전
혀 분명하게 설명하지 않았다.
　　　── [미국] 레오나르드 블룸필드 Leonard Bloomfield

언어는 사용자들 사이의 대화 교류 속에서만 존재할 수 있다.
　　　── [러시아] 미하일 바흐친 Бахтин, Михаил Михайлович

对, 膺无方也.
'대'는 응답에 정해진 방식이 없는 것이다.
　　　　　　　　　── [중국] 허신许慎

머리말

이 책은 3년 전에 출판된 『명사와 동사(名词和动词)』의 자매편이
라 할 수 있다. 인도유럽어의 문법과 인도유럽어에 기초한 문법 이론
에서 명사와 동사, 주어와 술어는 가장 기본적이고 중요한 두 쌍의 범
주이며, 긴밀하게 서로 연결되어 있다. 인도유럽어 문법 관념의 속박
에서 벗어나기 위해서는 명사와 동사뿐만 아니라 주어와 술어에 대해
서도 연구를 해야 한다. 3년 전에 『명사와 동사』에 제목을 붙일 때 앞
에 '超越(초월하다)'라는 두 글자를 붙일까 말까 망설였다. 그 이유는
마음속에 아직 중요한 일 하나를 하지 못했다는 생각 때문이었다. 그
것은 바로 주술구조를 넘어서는 방법을 분명히 말해야 한다는 것이었
는데, 이제는 마음의 걱정거리를 덜어낸 셈이다.

이 책은 Part1과 Part2의 두 파트로 나뉜다. Part1 '중국어에 주술구
조가 있는가(汉语有没有主谓结构)'에서는 이 문제에 대한 인식을 정
리하고 요약하였다. 자오위안런(赵元任)·뤼수샹(吕叔湘)·주더시(朱
德熙) 등 선배 학자들의 반성과 통찰이 없었다면, 이러한 가치 있는
인식을 얻을 수 없었을 것이다. 또 100여 년 전에 나온 블룸필드
(Bloomfield, 布龙菲尔德)의 「주어와 술어」라는 논문 역시 나에게 커
다란 영감을 주었다. Part2 '주술구조를 넘어서(超越主谓结构)'는 이
책의 주제로, 중국어 대문법(大语法)은 '대언격식(对言格式)'을 근간
으로 하는 '대언문법(对言语法)'이라는 것을 논증하였다. Part2 집필

6

과정에서 궈사오위(郭绍虞)의 『중국어 문법과 수사학의 새로운 탐구(汉语语法修辞新探)』, 치궁(启功)의 『중국어 현상 논총(汉语现象论丛)』, 언어의 성질·발전·기원에 관한 예스퍼슨(Jesperson, 叶斯柏森)의 초기 이론, 시적 언어의 특징에 관한 야콥슨(Jakobson, 雅各布森)의 깊이 있고 예리한 논술 및 지난 수십 년간 '대화구조 분석' 분야에서 사회학자들이 이룬 연구 성과들이 좋은 참고가 되었음을 특별히 언급하고자 한다. 그 밖에 한족(汉族) 민가의 선율에 있어서 언어요소에 대한 음악계의 연구, 호문(互文)과 대화에 관한 해체주의(Deconstructivism, 解构主义)[1] 기호학의 논저와 관점, 언어와 대뇌의 관계를 통한 언어 진화 연구의 성과(거울 뉴런 (Mirror neuron)의 발견) 등도 모두 필자에게 중요한 영감을 주었다. 또한 필자는 인지언어학과 생성언어학의 최신 진전들을 자세하게 살펴보면서, 왜 이 진전들이 나타났는지를 고민하였다. 특히 인지언어학은 근래 들어와 '상호작용 언어학(interactional linguistics, 互动语言学)'과 점차 합쳐지면서, 대화와 상호작용의 상황에서 어떻게 공감대를 형성하고 상호 이해를 하는지에 관심을 기울이고 있다. 심지어 어떤 이는 선형구조(linear structure)를 초월한 일종의 '대화 통사론(dialogic syntax, 对话句法)'을 구축함으로써, 보다 고차원적이고 동적이며 다모형적인 대칭구조에 초점을 맞추려는 시도를 하였다. 생성언어학의 '최소주의 프로그램(Minimalist Program)'은 이미 병합으로 위치이동의 통사 작용을 대체하였으며, 아울러 일종의 대칭과 병렬 처리 구상을 가지기 시작하였다. 이외에도 형식의미론 학자들 가운데는 일종의 동적이고 겸어적인

---

1) 역자주: 서구의 형이상학을 비판하고 이를 해체하고자 한 사상으로, 1960년대 현대 프랑스 철학자인 자크 데리다(Jarques Derida, 1930-2004)가 제창한 비평 이론.

의미결합 모델의 구축을 시도하는 이도 있다. 이에 겸허한 자세로 다른 이에게 배우면서 그 정수를 흡수하고, 중국 자체의 전통을 잊지 않으면서 우리의 과거 일부 주장들은 지양한다면, 우리는 훗날 선노석인 위치를 차지하며 전성기를 맞이하게 될 것으로 생각한다.

이 책의 주요 내용은 중국사회과학원 언어연구소의 한 차례 보고회에서 강연한 바 있다. 그 외 연구소 밖의 몇몇 세미나와 특강 수업에서도 이야기하면서 많은 이로부터 유익한 비평의 의견과 조언을 얻었다. 왕둥메이(王冬梅), 왕웨이(王伟), 쑹원후이(宋文辉), 완취안(完权), 커항(柯航), 쉬리췬(许立群) 등은 초고를 통독하면서 내용과 문장에 대한 수정 의견을 제시함과 아울러 흥미로운 자료와 실례들을 보충해 주었다. 여기에서 그들 모두에게 심심한 감사를 표하며, 더욱 더 많은 독자들의 비평과 질정을 바라는 바이다.

언어문자에 관한 중국의 전통적인 학문은 소학(小学)이라고 한다. 여기에는 음운학과 훈고학, 문자학이 모두 포함되지만, 문법학은 포함되지 않는다. 중국어 문법학의 역사는 『마씨문통(马氏文通)』을 시작으로 지금까지 겨우 100여 년에 불과하다. 과거에 문법이 존재하지 않았기 때문에 중국어의 문법체계는 기본적으로 명사-동사-형용사, 주어-술어-목적어, 형태소-단어-문장이며, 문장은 동사가 중심이 되고 주술구조가 근간이 되는 인도유럽어의 문법체계를 그대로 가져왔다. 『마씨문통』의 공로는 중국인에게 주술구조를 인식시켰다는 데 있다. 이 책에서 필자는 그 의미가 매우 크다고 하였다. 주술구조는 중국인에게 세상을 보는 또 하나의 창을 열어주었으며, 심지어는 사유와 언어의 또 다른 방식을 제공해 주었다.

반면, 인도유럽어의 문법 관념은 또한 중국어 연구에 부정적인 영향도 미쳤다. 인도유럽어의 눈으로 중국어를 보고서 인도유럽어에 있지만 중국어에는 없는 것을 중국어에 억지로 적용한 결과, 맞지 않는 옷을 입은 듯 부자연스러웠다.

1940년대에 이르러서야 비로소 몇몇 언어학자들이 인도유럽어의 속박에서 벗어나 소박한 눈으로 중국어를 보고, 중국어 자체의 문법규칙을 탐구하고자 하였다. 그들의 연구 가운데는 가치 있는 작업들도 많았지만, 오랜 기간 인도유럽어 문법 관념이 중국어 연구에 끼친 부정적인 영향은 여전히 제거하기가 어려웠다. 그러다가 1970-80년대에 이르러 비교적 중요한 돌파구가 생겨나게 된다. 자오위안런의 『중국어의 문법(中国话的文法)』이 출판된 것이다. 이 책은 비록 인노유럽어 문법의 용어들을 차용하였지만, 책 속에는 중국어의 실제 상황에 맞는 많은 참된 지식이 들어있다. 중국어에서 영어의 word와 지위가 대등한 것은 '词(단어)'가 아니라 '字(글자)'이다. 또 중국어는 '불완전문'(주어와 서술어가 반드시 모두 갖추어질 필요는 없다)을 근본으로 한다. 완전문은 일문일답의 두 불완전문으로 구성되어 있다. 중국어의 주어는 사실은 화제이며, 겸어식(예를 들어 '有人说真话(누군가는 진실을 말한다)'에서 '人(사람)'은 전후 성분을 연결하는 겸어항이다)은 중국어 통사론의 정신이다. 주더시(朱德熙)는 지금의 관점에서 보아도 의미심장한 두 가지 관점(그의 『중국어 문법에 관한 대담(语法答问)』참조)을 제시하였다. 첫째는 중국어의 동사가 주어와 목적어가 될 때 인도유럽어와 같은 명사화가 일어나지 않는다는 것이다. 이른바 '명사화' 또는 '명물화'는 완전히 인위적인 허구이다. 둘째는 중국어의 구와 문장은 이분 대립하는 관계가 아니라 구는 독립적인 구일뿐이라는 것이다.

　『语法答问』의 일본어판 서문에서 주더시는 인도유럽어 문법관의 속박에서 완전히 벗어나기 위한 노력이 지속되어야 한다고 피력하고 있다. "우리는 지금 어떤 전통적인 관념을 비판하면서도 우리 역시 무의식중에 그러한 통념에 휘둘리고 있을 가능성이 크다. 물론 이것은 미래에 다른 사람이 바로잡을 수밖에 없다. 하지만 지금으로선 비록 아주 작은 한 걸음일지라도 앞으로 나아가는 것이 그래도 좋을 것이다". 필자의 이 책과 그 자매편인 『명사와 동사(名词和动词)』는 선배들이 도달한 경지에서 앞으로 작은 한 발자국만을 내딛은 것에 불과하다.

　모든 언어는 그 나름의 설계 특징(design feature)을 가지고 있다. 생물의 유형과 마찬가지로 언어의 구조유형 또한 그 다양성이 우리의 상상을 초월할 가능성이 농후하다. 언어 구조유형의 다양성에 대한 충분한 인식이 선행되어야 비로소 이른바 보편문법을 탐구할 자격이 주어진다. 한국의 독자들이 이 책을 통해서 조금이나마 영감과 수확을 얻을 수 있기를 바랄 따름이다.

선쟈쉬안

2022년 정월

....
옮긴이 머리말

　본 역서의 원저는 선쟈쉬안(沈家煊) 선생님의 최근작『超越主谓结构─对言语法和对言格式』(商务印书馆, 2019)이다. 이 책은 저자의 또 다른 역작『名词和动词』(商务印书馆, 2016)와 함께 저자의 학술적 관점을 집대성한 것으로 평가 받고 있다. 이 두 책은 모두 인도유럽어적 언어관으로 중국어를 연구하는 방법에 문제를 제기하며, 탈인도유럽어적 시각에서 중국어의 실체를 바라볼 필요가 있음을 강조한다.『名词和动词』는 인도유럽어는 명사와 동사가 분립한다는 '명동분립'의 이분법적 대립 형태인 반면, 중국어는 명사가 동사를 포함한다는 '명동포함'의 완전히 새로운 품사관을 제시한다.『超越主谓结构─对言语法和对言格式』는 여기에서 더욱더 시야를 확대하여 '주술구조'라는 인도유럽어의 통사구조와는 달리 중국어는 '대언문법'과 '대언격식'이라는 완전히 다른 통사구조를 가지고 있음을 제시하고 있다.

　본서는 상하 두 부분으로 나뉜다. Part1에서는 '중국어에는 주술구조가 있는가?'라는 흥미로운 질문을 던지고, Part2에서는 '주술구조를 넘어서'라는 제목으로 Part1에서 제기한 질문에 답을 하고 있다.

　Part1에서 저자는 6개의 장에 걸쳐 중국어의 주술구조 존재 여부에 대한 이론적인 검토를 진행하여 독자들이 자연스럽게 Part2에서의 검증으로 다가가게 한다. 이론적인 검토로는 중국어에는 형식적으로 정해진 주술구조가 없다는 것이 그 결론이다. 주술구조가 없다면 중국어

12

의 문법은 어떻게 분석될 수 있는가? 이에 대한 해답은 Part2에서 제시된다.

Part2에서 저자는 중국어 문법은 주술구조가 아니라 대언격식을 근간으로 하는 대언문법임을 9개의 장에 이르는 다수의 대언격식 논거를 통해서 증명하고 있다. 이들 논거 속에는 현대중국어 예문 뿐만 아니라 고대중국어 예문도 적지 않다. 이에는 제자서류, 고금의 문학작품, 민요, 대중가요, 동요 등 각종 유형의 자료가 망라되어 있다. 나아가 영어의 예를 비롯한 언어유형론적인 예까지 포함하고 있다.

또한 본서는 단순히 중국어 문법에 관한 학술서의 단계를 뛰어넘어, 저자의 시야가 언어학은 물론이고 뇌 과학, 물리학이론, 우주론, 신경과학, 심리학, 철학이론 등으로까지 확대되었음을 보여준다. 이러한 폭넓은 시야와 방대한 내용은 분명 본서를 읽는 독자들에게 커다란 영감을 제공할 것으로 생각된다.

길고 힘들었던 번역 작업이 끝났다. 드디어 끝이 났구나 하는 안도감도 잠시, 홀가분하고 기쁜 마음보다는 역자의 무지함으로 인해 느껴지는 무력함과 부끄러움이 몰려온다. 아무쪼록 본 역서가 국내 중국어 학계뿐만 아니라 여타 언어학을 공부하고 연구하는 분들, 그리고 언어학에 관심 있는 일반 독자들에게 작은 도움이 되기를 기대해 본다. 번역이 자연스럽지 못한 부분이 있다면, 이는 오롯이 역자의 역량이 부족한 탓이다. 독자들의 질정을 바란다.

2022년 1월에

PART 2
주술구조를 넘어서

1. 이 번역서의 중국어는 모두 간체자를 사용하여 표기하였는데, 이는 본서의 독자 대부분이 번체자로 된 중국어 활자보다 간체자로 된 활자를 접한 경험이 더 많을 것이라는 점을 감안한 것이다.

2. 모든 번역문은 가급적 우리말을 사용하는 것을 원칙으로 하였으나, 일부 우리말만으로는 의미 전달이 분명하지 않는 경우에는 그 뒤에 한자를 작은 크기로 병기하였다. 예) 일어문─語文

3. 원서에 있는 주석은 저자주로 표시하였으며, 독자의 이해를 돕기 위해 역자가 추가한 주석은 역자주로 표시하여 구분하였다.

4. 일부 생소한 중국어 용어 및 표현의 경우, 우리말로 번역한 뒤 괄호 속에 중국어 원어를 덧붙임으로써 한 층 더 독자의 이해를 돕고자 하였다. 예) 불완전문(零句)

5. 중요한 술어의 경우 독자의 이해를 돕기 위해 우리말 뒤에 대응하는 영어, 중국어 술어를 병기하였다. 예)테마(topical theme, 主位)

6. 원서의 몇몇 오자는 저자와의 교신을 통해 착오임을 확인 후 수정하였으며, 별도의 표시나 각주처리를 하지는 않았다.

7. 중국어 인명이나 지명의 경우, 현대중국어가 확립되기 이전의 인물이나 지명은 한자음을 우리말로, 그 이후는 중국어 발음을 우리말로 표기하였다. 예) 두보(杜甫), 궁첸옌(龔千炎)

8. 용어에 대해 부연 설명이 필요하나 비교적 간단한 경우는 주석를 처리하지 않고 바로 뒤에 설명을 부가하였다. 예)술수(术数: 음양·복서(卜筮) 등에 관한 이치)

9. 본문의 서술 부분에 포함된 인명, 서명은 우리말로 번역하였으나, 서술이나 인용문에서 출처로 표시한 인명과 서명은 따로 번역하지 않았다.

10. 서술 부분에서 저자가 설명하고자 하는 중국어 예시 표현이나 강조하고자 하는 용어 등은 중국어를 먼저 쓰고 뒤에 우리말 해석을 괄호로 나타냈으나, 그 외 중국어 술어나 표현 등은 우리말 뒤에 괄호로 나타냈다. 예) '胜(이기다)', '대언화(对言化)'

11. 이 책 속에 사용된 부호 가운데 일부는 설명이 필요하다고 생각되어 아래와 같이 밝힌다.

『 』 책이름을 표기할 때

「 」 책 안의 편명 또는 작품 이름을 표기할 때

' ' 중요한 의미를 지닌 어구나 용어를 강조할 때

" " 직접 인용할 때

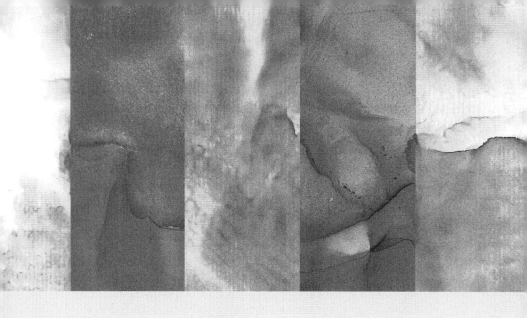

PART 1
중국어에 주술구조가 있는가?

CHAPTER 01

주술구조에 대한 인식

중국에는 과거에 '주술구조(主谓结构)'라는 개념이 없었다. 그런데 서양의 학문과 사상이 중국으로 확산되는 서학동점西學東漸으로 인해서 중국인들은 주술구조를 인식하게 되었다. 명말 청초에 이지조(李之藻)[1]는 아리스토텔레스의 『명리탐(名理探)』[2]을 번역하면서 처음으로 subject를 '主(주)'로, predicate를 '谓(술)'로 번역하였다. 이는 중국인들에게 세상을 보는 또 하나의 창을 열어주었고, 이전과는 다른 사고와 언변의 방식을 제공해주었다는 점에서 상당한 의미를 가진다.

① 사상과 문화의 초석

주지하다시피 주술구조는 서양의 사상과 문화의 초석이다. 사상과 문화의 특징을 가장 잘 나타낼 수 있는 것은 언어인데, 서양 언어(인

---

1) 역자주: 이지조(李之藻, 1569-1630) 중국 명나라 후기의 학자.
2) 역자주: 중국 최초로 서양의 논리 사상을 전파한 저작으로 아리스토텔레스 『범주론(Κατηγορίαι)』과 포르퓌리오스의 『이사고게(Εἰσαγωγή)』의 한문 번역이다. 김기훈, 「아리스토텔레스 문헌 전승과 『명리탐(名理探)』」, 『교회사학』 제17호, 2020.

도유럽계 언어를 지칭)에서 가장 중요한 두 쌍의 문법 범주가 바로 '주어-술어'와 '명사-동사'이다. 전자는 문장성분의 범주에 속하고, 후자는 품사의 범주에 속한다. 이 두 쌍의 범주는 기본적으로 서로 대응하는데, 주어는 명사성 단어(NP)로 이루어지고 술어는 동사성 단어(VP)로 이루어진다. 또 문장은 주어+술어로 구성되므로 대체로 NP+VP가 된다. 서양의 문법적인 전통에서 명사와 동사는 원래 문장의 구성 성분을 가리키기 때문에 품사를 part of speech라고 불렀다. 그러다가 이후에 문장성분과 품사를 분리해서 설명하면서 비로소 품사를 word class로 바꾸어 부르게 된다. 이로써 품사는 문자적으로는 문장성분이라는 의미가 없어졌지만, 품사와 문장성분은 여전히 긴밀한 대응관계를 유지하고 있다. 주어와 술어에 대한 견해를 설명하기 위해서는 필연적으로 명사와 동사를 언급할 수밖에 없는데, 이는 거꾸로 하여도 마찬가지이다. 이 전통은 서양에서 상당히 뿌리가 깊다고 할 수 있다. 여러 과학 분야의 아버지로 추앙받는 아리스토텔레스는 『해석론(On Interpretation)』의 첫 머리에서 명사(onoma)와 동사(rhema)를 가장 먼저 정의하였다. 그에 따르면, 명사의 의미는 시간과 무관하지만 동사의 의미는 시간과 관계가 있으며[3], 명사와 동사는 결합하여 어구(logos)를 형성한다는 것이다.

고대 그리스 시대에는 논리와 문법의 뿌리가 같아서 주어와 술어는 문법 용어이자 동시에 논리 용어였다. 논리학에서 탐구하는 것은 사유의 법칙이므로 마치 언어를 초월하는 것 같지만 사실은 언어를 벗어날 수가 없다. 아리스토텔레스의 형식 논리는 명제를 연구하지만, 명

---

3) 저자주: 서양 언어의 동사에는 시태가 있는데, 독일어에서 동사를 나타내는 단어인 Zeitwort는 직역하면 '시간사'이다.

제를 표현하는 대응 언어의 단위는 문장(독일어에서 '명제'와 '문장'은 똑같이 Satz라는 단어를 사용한다)일 수밖에 없다. 논리 용어로서 주어와 술어는 판단 관계에 있는 두 가지 항목을 나타내는데, 그 가운데 주어는 대상을 가리키고 술어는 이에 대한 설명이다. 판단 관계에는 주로 다음 네 가지가 있다.

개체와 범주의 관계: 나는 사람이다. 我是人。
개체와 속성의 관계: 나는 자유롭다. 我是自由的。
작은 범주와 큰 범주의 관계: 인간은 동물이다. 人是动物。
범주와 속성의 관계: 인간은 이성적이다. 人是理性的。

이 네 가지 판단 관계에는 모두 연결사(系词) BE에 해당하는 '是'가 있는데, 이는 범주 포섭관계(class subsumption, 类属关系)로 개괄할 수 있다. 이것은 대상을 분류하거나 대상의 속성을 밝히는 것이며, 이를 통해서 대상을 이해할 수 있게 된다. 이에 따르면, 주어와 술어는 구조적으로 대립과 상호 보완의 관계에 있기 때문에 하나의 항목으로 합쳐질 수가 없다. 주어와 술어 중에서 어느 쪽에 중점을 두는가(어느 것이 더 실재적이고 중요하다고 생각하는가)는 서로 다른 서양철학 유파의 논리적인 단초를 형성하였다. 서양 철학자들은 항상 주술관계에서 출발하여 다른 여러 가지 관계, 예를 들면 실체와 우연성의 관계, 개별과 일반의 관계, 감성과 이성의 관계를 이해한다. 서양 철학의 중대한 변혁들은 예외 없이 모두 이러한 논리를 바탕으로 시작되었다. 베이컨의 귀납논리는 경험주의 철학에, 칸트의 선험논리는 비판철학에, 헤겔의 사변논리는 변증법 체계에, 후설의 논리 연구는 현상학에, 프레게와 러셀의 수리논리는 분석철학에 기반하고 있다.(徐长福 2017) 따라서 한 권의 서양 철학사는 바로 한 권의 주술관계에 관한 사변사(思

辨史)라고 할 수 있다.

또 서양에서 나온 근대 과학에 대해 말해 보자. 논리적으로 주어와 술어의 연결이 서양 언어에서는 연결사를 통해 실현되므로 연결사의 유무는 이러한 논리의 생성 여부를 결정하는 관건이 된다. 서양인들은 연결사를 통해 사물의 성질과 사물들 간의 관계를 파악하였으며, 연결사에 대한 인식과 이해는 아리스토텔레스 명제 이론의 기초가 되었다. 주어가 나타내는 주체에 대한 탐구, 이른바 본체론(ontology, 本体论)은 바로 연결사의 성질(being)에 대한 탐구이다. 아리스토텔레스는 'S는 P이다'라는 명제의 명확한 구분을 통해 동일률(同一律), 배중률(排中律), 모순율(矛盾律)의 세 가지 사고 법칙을 정립함으로써 삼단논법의 연역추론으로 이루어진 형식체계를 세웠다. 아인슈타인은 연역 추리가 근대 과학을 흥성하기 위한 하나의 필요조건이라고 하였다. 서양 문화에 뿌리를 둔 대과학자에게서 나온 이 같은 인식은 일종의 뼈저린 깨달음으로, 중시해야 할 가치가 있다. 근대 과학의 탄생에서 주술구조의 중요성에 대해서는 주샤오눙(朱晓农 2015)의 논술을 참고할 수 있겠다.

서양의 사상과 문화에서 주술구조가 중요한 지위를 차지하는 점에 대해서 장둥쑨(张东荪 1936)은 일찍이 다음과 같은 심도 있는 개괄적인 설명을 한 바 있다.

아리스토텔레스는 그의 『형이상학(Metaphysica, 形而上学)』에서 철학의 본체는 명학(名学: 논리학의 옛 이름)의 주체로부터 나왔다고 분명하게 말하였다. 명학에 반드시 주체가 있다면, 철학에는 자연히 본체라는 개념이 있게 마련이다. 우주에 본체가 없어서는 안 된다는 것을 철학적으로 증명하기 위해서는, 단지 명학적으로 말(言语)에 반드시 [주체]가 있어야 한다는 것만 설명하면 된다. 주체가 없으면 말이 되지 않기 때문이다. 예를 들어 '꽃이 붉다(花红)'는 말은 '꽃은 붉은 것이다(花是红的)'라는 의미이며, 동시에 '이것은 꽃이다(此是花)'라는 의미도 가지고 있다. 따라서 '이것(此)'이라는 글자는 없어서는 안 된다. 왜냐하면 '꽃은 붉은 것이다'라는 문장에서 '꽃(花)'은 설명이 아닌 주체이지만, '이것은 꽃이다'라는 문장에서는 주체가 아닌 설명이기 때문이다. 이를 통해서 결국 마지막에 가서는 본모습 그대로의 '이것'이 없어서는 안 된다는 것을 알 수 있다. 이는 곧 모든 설명은 주체에 가해지는 것임을 말한다. 여러 개의 설명이 누적될 수는 있어도 결국 주체를 떠날 수는 없다. 그래서 아리스토텔레스는 주체는 설명이 가해진 것이지만, 주체 자체가 다른 사물에 가해지는 설명이 될 수는 없다고 보았다. 그렇지 않으면 사상의 세 가지 법칙(즉 동일률, 모순율, 배중률)은 모두 성립되지 않는다.

…… 요컨대, 아리스토텔레스는 주체와 설명을 완전히 다른 두 가지 것으로 나누었다. 설명이 주체에 의지하는 것은 마치 옷이 사람의 몸에 입혀지는 것과 같다. 사람의 몸이 없으면 옷은 결코 똑바로 설 수가 없다. 사람의 몸은 옷을 입을 수만 있을 뿐, 몸 자신이 다시 옷으로 변하여 다른 사물에 입혀질 수는 없다. 이로써 주체와 설명은 전혀 다른 것이 된다. 그래서 한 마디의 말이 되려면 반드시 주체와 설명이 있어야 한다. 주체만 있고 설명이 없으면 '말(言)'이 되지 않고, 설명만 있고 주체가 없으면 '말하는 바(所言)'가 분명하지 않다. 따라서 말이 되는 문장에는 반드시 주체와 설명이 있어야 한다. 아리스토텔레스의 이 주장은 사실 서양인(협의로 말하면 그리스인)의 문법에 근거한 것이다. 그런데 이러한 문법은 서양인의 '사고방식(mentality)'을 대변한다. 아리스토텔레스는 이러한 서양인의 사상적인 습관을 정리하여 체계적인 설명을 하였으며, 이는 마침내 '아리스토텔레스의 명학(Aristotelian logic 아리스토텔레스 논리학)'으로 완성되었다. 이러한 명학은 서양인(광의의 서양인)을 수천 년 동안 지배하였다. 지금도 화이트헤드(Whitehead) 등의 사람들은 이러한 명

학을 반대하지만, 대부분의 서양 학문과 일상생활은 여전히 이러한 명학의 지배를 받고 있다.

이 단락은 이미 우리가 위에서 말한, 주어와 술어는 확연히 달라서 하나가 될 수 없다는 의미를 담고 있다. 주어에 술어가 더해져야 비로소 '말'이 되고, 하나의 완전한 의미를 표현할 수가 있다. 철학 탐구의 본체는 명학(논리학)의 주체에서 나오고, 명학의 주체는 문장의 주어에서 나온다. 주술구조가 없으면 명제가 없고, 명제가 없으면 연역 추리도 없다. 주술구조에 기초한 명학은 대부분의 서양 학문과 일상생활을 수천 년 동안 지배해왔다. 장둥쑨은 근대 과학의 흥성에 있어서 주술구조의 역할을 언급하지만 않았을 뿐, 서양의 사상과 문화의 주춧돌로서 주술구조의 지위에 대해서는 이미 분명하게 설명하고 있다.

② 언어와 문법의 근간

주술구조는 서양의 언어와 문법의 근간이다. 그리스어, 라틴어에서 현대의 다양한 인도유럽계 언어에 이르기까지 모두 문법 설명에서 주술구조를 우선순위로 두고 전체 문법을 통섭한다. 아리스토텔레스의 정의에 따르면, 주어와 술어는 하나의 간단한 문장을 구성하는 두 가지 성분이다. 주어의 기능은 지칭이며, 종류가 비교적 단순하여 명사 또는 대명사가 주로 주어가 된다. 술어의 기능은 서술이며, 종류가 다양하다. 주어와 술어는 서로 대립하면서도 의존한다. 대립은 둘의 성질이 확연히 달라 하나로 통합될 수 없다는 것이다. 의존은 서로가 서로를 떠날 수 없다는 것이다. 술어가 없으면 주어도 없고, 주어가 없으면 술어도 없다. 따라서 주어와 술어는 합쳐져야 하나의 온전한 문장을 이루어서 온전한 의미를 표현할 수가 있다. 또 이로써 비로소 참과 거짓을 판별할 수 있는 하나의 명제가 된다.

어느 것이 어느 것에 의존하는가의 문제, 즉 주어가 술어에 의존하는지 아니면 술어가 주어에 의존하는지에 대한 견해는 시기별 문법이론과 논리이론에 따라서 달라진다. 전통적인 논리에서는 주어에 중점을 두어, 술어가 주어에 의존한다고 보았다. 이후에 출현한 술어논리(predicate logic, 谓词逻辑)에서는 명제 이분법이 해결하기 어려운 문제를 해결하는 데 목적을 두었다. 명제를 세분하기 위해 주술구조를 어느 정도 분해(消解)하여 술어를 하나의 함수식(function, 函式)[4]으로 봄으로써, 주어를 이 함수식의 인수(argument, 自变项) 중 하나로 보았다. 인수에 작용하는 술어함수는 하나의 명제와 같아서 참과 거짓을 판별할 수 있는 특성인 진리값을 가진다. 그러나 이러한 주술구조의 분해는 사실 주안점만 주어에서 술어로 전이되었을 뿐, 명제의 참과 거짓을 판별하는 것은 여전히 주술구조와 주어를 떠날 수 없다는 점에는 변함이 없다.

> [Mona Lisa]主语 is smiling away at any visitor.
> [모나리자는]주어 모든 방문객에게 미소를 보낸다.
> [Any visitor]主语 is being smiled away by Mona Lisa.
> [모든 방문객이]주어 모나리자의 미소로 인해 떠난다.

위 예문에서 술어는 Mona Lisa와 any visitor에게 각각 행위자(施事)와 피행위자(受事)의 의미역을 할당한다. 하지만 명제의 참과 거짓

---

4) 저자주: 번역 명칭인 '函式'와 '自变项'은 陈嘉映(2003 : 96)을 따랐음을 밝힌다.

을 판단하는 중요한 때에는 주어가 반드시 있어야 하므로 주어는 여전히 문장에서 가장 중요한 지위를 차지한다.

현재 전 세계 언어학계에서 주도적인 지위를 차지하는 '생성문법(生成语法)'의 술어이론(predication theory, 述谓论)의 중심 원칙은 바로 술어는 반드시 하나의 주어를 가져야 한다는 것이다. 이로써 It's raining.(비가 내리고 있다)이나 It's possible that John is ill.(존이 아플 가능성이 있다)과 같은 문장 안에 왜 허주어(虚位主语) 또는 가주어(假位主语) it이 출현하는지를 설명할 수 있다. 논리는 주술구조에 대해 진리값을 요구하는데, 생성문법에서는 이를 새로이 문법적인 적합성(well-formedness, 合式性)의 조건으로 설명한다. 구체적으로 말하면, 술어는 자신의 술어적 지위를 확보하기 위해 기본성분(本地成分)을 필요로 하는데, 그것은 술어의 중심(위 두 문장에서 연결사 is)이 되고 동사의 시태를 나타내는 굴절성분5)으로 추상화된다. 술어적 지위를 허락하는 이 성분은, 주어가 없으면 수용 가능한 적법한 문장이 아니기 때문에 반드시 하나의 주어를 필요로 한다.(Kampen 2006) 문법은 주술구조를 근간으로 하고, 술어 동사를 중심으로 한다는 생성문법의 발상은 술어논리와 맥을 같이 한다.

'기능문법(functional grammar, 功能语法)'이 이론적으로는 생성문법과 대립하지만, 주술구조는 생성문법과 마찬가지로 중요한 지위를 가진다. 다만 기능문법은 주어와 술어의 구분을 그렇게 절대적인 것으로 보지 않으며, 주어와 술어의 기능을 모두 중시한다. 이론적으로 기능문법과 인연을 맺은 언어유형론은 언어의 유형적인 차이에 중점을 두지만, 주술구조의 지위는 여전히 명확하게 드러난다. 이는 서로 다

---

5) 저자주: 이러한 굴절성분은 I0(I=Inflection)으로 나타낸다.

른 어순 유형에 대한 언어유형론의 명명(命名)인 SVO, SOV, VSO(S: 주어, V: 술어 동사, O: 동사의 목적어)을 통해 알 수 있다.

서양의 언어와 문법은 주술구조를 근간으로 하고 있으며, 이는 이미 보편적인 인식이 되었다. 그러나 문법학적으로 왜 그러한지에 대해서는 아직도 모르는 사람이 많다. 한편, 다른 사람의 주장에 대해서 전제를 이해하지 못한 채, 그 결론을 그대로 수용하는 것만큼 엄밀한 사고를 하는 데 해로운 것은 없다. 영문법의 경우는 주술구조를 논하는 것이 필수적이다. 권위 있는 『현대영문법(A Grammar of Contemporary English)』(Quirk et al. 1972 : 34)에서는 아래와 같이 예를 들어 설명하였다.

[1] John carefully searched the room.
     존은 조심스럽게 방을 수색했다.

[2] The girl is now a student at a large university.
     그 소녀는 지금 큰 대학의 학생이다.

[3] His brother grew happier gradually.
     그의 형은 점점 더 행복해졌다.

[4] It rained steadily all day.
        비가 하루 종일 계속 내렸다.

[5] He had given the girl an apple.
     그는 그 소녀에게 사과를 하나 주었었다.

[6] They made him the chairman every year.
     그들은 매년 그를 회장으로 추대했다.

위 여섯 개의 문장은 상당히 다르게 보이지만 모두 동일한 기본 구조를 가진다. 그것은 양분된 두 부분이 '길이의 차이도 매우 크고 내용도 상당히 다르지만', 주어와 술어의 두 부분으로 나뉜다는 것이다. 주어는 문장에서 논의되고 있는 화제(앞의 문장에서 이미 도입됨)와 밀접한 관계가 있다. 술어는 이 화제에 대해 새로운 정보를 제공한다. 하지만 이는 주술구조의 일반적인 특징일 뿐 주술구조에 대한 정의는 아니다. 따라서 위의 예[4]는 이 특징을 가지고 있지 않음을 알 수 있다. 이와 같이 구조를 이분하는 것은 주로 다음 몇 가지 생각에서 기인한다.

첫째, 예[2]와 [5]에서 동사가 단수인지 복수인지는 주어가 단수인지 복수인지에 달려 있는 것과 같이, 문장이 형식적으로 술어 동사와 일치(concord)하는지는 주어 부분이 결정한다. 인도유럽어 가운데 영어는 형태가 이미 많이 소실되었지만, 다른 언어에서는 주어와 술어의 형태 일치가 훨씬 더 복잡하다. 성(음성, 양성 등), 수(단수, 복수 등), 격(주격, 목적격 등)에 있어 모두 세밀하고 엄격한 조건을 가지고 있다.

둘째, 술어 부분의 구조는 일반적으로 주어 부분에 비해 복잡하다. 그 가운데 가장 중요한 성분은 연산자(operator, 操作词)라고 하는 시태(时态) 동사이다. 시태 동사는 술어의 다른 부분과 구분된다. 문장이 진술에서 의문으로 바뀌면 주어는 연산자의 위치를 문두로 바꾼다. 예를 들면 아래의 did, is, had와 같다.

[1q]   *Did* John carefully search the room?
       존이 조심스럽게 방을 수색했나요?

[2q]   *Is* the girl now a student at a large university?
       그 소녀는 이제 큰 대학의 학생인가요?

[5q] *Had* he given the girl an apple?
그는 소녀에게 사과를 하나 주었었나요?

술어 부분의 이러한 구조적인 특징은 영어 부정문의 구조를 설명하는 데에도 역시 중요하다. 즉, 부정 성분이 연산자의 뒤에 와야 한다는 것이다.

[1n] John *didn't* carefully search the room.
존은 조심스럽게 방을 수색하지는 않았다.

[3n] His brother *didn't* grow happier gradually.
그의 형은 점점 더 행복해지지 않았다.

[4n] It *didn't* rain steadily all day.
하루 종일 비가 계속 내리지는 않았다.

[5n] He *hadn't* given the girl an apple.
그는 소녀에게 사과를 주지 않았었다.

술어의 이러한 구조적인 특징을 떠나서는 영어 피동문의 구조 및 그것과 능동문(主動句)과의 차이를 간단명료하게 설명할 수가 없다.

[1p] The room was carefully searched by John.
그 방은 존에 의해 조심스럽게 수색되었다.

[5p] The girl had been given an apple by him.
그 소녀는 그로부터 사과 한 개를 받았었다.
An apple had been given to the girl by him.
사과 한 개가 그에 의해 소녀에게 주어졌었다.

[6p] He was made by them the chairman every year.
그는 그들에 의해 매년 회장으로 추대되었다.

피동문을 나타내기 위해서는 술어에 연산자 be를 추가하고, 동사는 과거분사 형식으로 바꾸어야 한다.(이 외에 목적어는 위치를 이동하고, 전치사 by로 행위자 주어를 나타낸다) 그 외, 영어 존재문의 생성을 설명하기 위해서도 술어의 구조적 특징은 마찬가지로 중요하다.

There is nothing more healthy than a cold shower.
찬물로 샤워하는 것만큼 건강에 좋은 것은 없다.

영어 존재문의 생성 조건 중 하나는 비한정주어(无定主语) there를 쓰는 것이고, 다른 하나는 술어 부분에 연산자 be를 사용하는 것이다.
일부 자주 사용되는 강조문의 생성에도 상술한 술어의 구조적인 특징이 매우 중요한데, 그것은 강조를 하려는 부분에서 강세는 반드시 연산자에 두어야 한다는 것이다. 예를 들어보자.

A: Why haven't you had a bath? 왜 목욕을 안 했어?
B: I HAVE had a bath. 나 목욕 했어.

A: Look for your shoes! 너 신발 좀 찾아봐!
B: I AM looking for them. 찾고 있어

So you HAVEn't lost it | after all.('I thought you had.')
너는 결국 | 그것을 잃어버리지는 않았군.('난 네가 잃어버린 줄 알았어.')

마지막으로 문장 안에서 일부 부사어의 위치를 설명하기 위해서는

반드시 주술구조를 기준으로 하거나 주술구조의 특수한 형식을 설명하여야 한다. 예를 들어 보자.

> *Only afterwards* did he explain why he did it.
> 나중에야 그는 왜 자기가 그렇게 했는지 설명했다.
> (부사어는 문두에 나타나고, 술어의 연산자와 주어는 반드시 도치되어야 한다)

> It was *when we were in Paris* that I first saw John.
> 내가 존을 처음 본 것은 우리가 파리에 있을 때였다.
> (부사어를 강조하기 위하여 채택한 일종의 특수한 분리형 주술문)

요컨대, 서양 문법이 주술구조를 근간으로 하는 것은 그 나름의 이유가 있다. 그것은 주어와 술어가 합쳐져야 비로소 하나의 온전한 의미를 전달할 수 있기 때문이다. 또 다른 이유는 주술구조에는 중요한 형식적인 특징들이 존재하기 때문이다. 이러한 특징들은 형식이 온전하고 문법적으로 적합한(well-formed) 구조일 경우에 다른 유형의 구조와 명확하게 구분되며, 일련의 중요한 문형들(의문문, 부정문, 피동문, 존재문, 강조문)을 구성하는 방식의 기초가 된다는 것을 보여준다. 서양 언어에는 there be로 시작하는 영어의 존재문처럼 주어가 명확하지 않은 경우도 분명히 존재하기 때문에 문법학자들의 토론을 야기하기도 한다. 하지만 이는 일부 소수의 경우일 뿐으로 주술구조의 주된 지위를 위협하지는 못한다. 문법을 논할 때는 가장 먼저 주술구조를 말해야 한다. 이는 핵심을 먼저 파악하고 나머지 문제를 자연스럽게 해결함으로써 간결한 방법으로 복잡한 문제를 해결하는 것이다. 그런데 그렇게 하지 않으면 근본적인 것을 버리고 지엽적인 것을 추구하고, 중요한 것을 버리고 중요하지 않은 것을 쫓게 되는 셈이니, 그 결과가 어떠할지는 짐작이 가능할 것이다.

주술구조가 서양 언어와 문법에서 이처럼 중요한 지위를 차지하기 때문에 서양의 문법학자들은 대부분 주어와 술어를 표기하는 문법적인 형식의 차이는 있겠지만, 주술구조는 인류 언어가 보편적으로 가지고 있는 기본구조라고 여긴다. 주술구조가 보편성을 가지는가, 주어가 필수 불가결한 문법 범주인가, 술어 동사가 중심적인 지위를 차지하는가 등의 문제는 모두 논란의 소지가 있다. 이들 문제에 관한 언어유형론의 최근 논쟁은 쑹원후이(宋文輝 2018:1.4)의 소개를 참조할 수 있다.

요컨대, 주술구조는 서양의 사상 문화라는 거대한 빌딩의 초석이자 서양의 언어와 문법 체계의 근간이다. 주술구조를 철저하게 인식하고 난 다음에야 비로소 중국어에 주술구조가 있는지 없는지의 문제를 진지하게 고민해 볼 수 있을 것이다.

CHAPTER 02 중국어에 주술구조가 있는가?

계승이 없으면 초월도 없다. '주술구조를 넘어서(超越主谓结构)'라는 제목을 전개하기에 앞서, 『마씨문통(马氏文通)』[1]이 나온 이래 중국어에 주술구조가 있는가라는 문제에 대한 중국어 문법학계의 인식을 몇 개의 주제로 나누어 체계적으로 정리할 필요가 있겠다.

① 무주어문

『마씨문통』(1898년 출판)은 서양의 문법을 모방하면서도 역시 주술구조를 가지고 고대중국어를 묘사하고 분석하였다. 마젠중(马建忠)[2]이 주어와 술어에 붙인 명칭은 각각 '기사(起词)'와 '어사(语词)'인데, '정의(界说: 정의의 옛 명칭)' 12와 13에서 그가 이 두 명칭에 내린 정의는 다음과 같다. "말의 대상이 되는 사물을 나타내는 말은 모두 기

---

1) 역자주: 중국 청나라 말기인 1,898년에 라틴어 문법을 기초로 마젠중(马建忠)이 지은 중국 최초의 서구식 문법서.
2) 역자주: 마젠중(马建忠, 1845-1900) 중국 청나라 말의 사상가, 외교관, 정치가, 언어학자.

사라고 한다. '기(起)'는 문장(句)과 절(读)이 생성 동기가 되는 것을 말한다. 기사의 움직임과 상태를 나타내는 말은 모두 어사라고 한다. '어(语)'는 기사에 대해 말하는 것이다." 마젠중은 또 "문장과 절에 는 반드시 주어와 술어 두 가지 말(词)이 있어야 하는데, 이들의 길 이는 다르지만 주요 의미는 대체로 그러하다", "의미는 양쪽 끝이 있 어야 분명하고, 문장은 두 가지 말(주어와 술어)로 이루어진다"고 하 였다. 마젠중이 든 예를 통해서 이 정의를 보건대, 그가 서양 언어의 주술구조를 그대로 가져와서 중국어의 문장과 절을 분석하였음을 알 수 있다.

후세 사람들은 『마씨문통』이 '문장의 구나 절이 이루어지기 위해서 는 반드시 주어와 술어가 있어야한다'고 서술하면서도, 다른 한편으로 는 주어를 생략한 문장과 본래 주어가 없는 문장에 대해서도 상당한 편폭을 할애하여 서술하고 있다는 것을 발견하였다. 이에 대해서 뤼수 샹·왕하이펀(呂叔湘·王海棻 2000:16)은 앞뒤가 모순되는 부분이라 고 지적하였다. 중국에서 백화문으로 쓰인 첫 번째 문법서이자 리진시 (黎锦熙)가 1924년에 출판한 『새로 쓴 국어문법(新著国语文法)』은 『마씨문통』의 관점을 계승하고 있다. 이 책에서는 "주어와 술어 둘 중 에 하나가 없으면 문장이 되지 않는다"(黎锦熙 1954:3)고 보아 주어 가 없는 문장은 주어가 생략된 것으로 설명하였다. 『마씨문통』과 『새 로 쓴 국어문법』이 나온 이후에 학계에서 먼저 주어가 없는 문장도 중 국어에서는 정상적인 문장이라고 인식하게 되었다. 현재 이러한 문장 은 일반적으로 '무주어문(无主句)'이라고 부른다. 뤼수샹의 『중국어 문법 분석 문제(汉语语法分析问题)』는 『마씨문통』 이래 중국어 문법 연구를 비판적으로 총 정리한 저작이다. 그는 이 책에서 "주술관계의 유무를 가지고 문장과 구를 구분할 필요는 없다. 문장이 형식적으로 주어와 술어 두 부분을 가지지 않을 수도 있고, 구가 주술구를 포함할 수도 있다"고 하였다.(呂叔湘 1979:31) 주더시(朱德熙 1987)는 중국어는 "주어가 없는 문장도 주어가 있는 문장과 마찬가지로 독립적이고 완전하다"라고 분명하게 말하였다. 그가 든 고금의 사례는 다음과 같다.

> 打闪了。번개가 쳤다.
> 哪天回来的? 언제 돌아온 거야?
> 轮到你请客了。네가 한 턱 낼 차례가 되었다.
> 热得我满头大汗。더워서 나는 온 얼굴이 땀범벅이 되었다.
> 有个国王有三个儿子。한 국왕은 아들이 세 명 있다.
> 学而时习之, 不亦说乎? 배우고 때때로 익히면 또한 즐겁지 아니한가?
> 舞阳侯樊哙者, 沛人也。[ ] 以屠狗为事, 与高祖俱隐。무양후 번쾌는 패현 사람이다. [ ] 개 도살을 생업으로 하며, 고조와 함께 은둔하였다.
> (영화 관람 후 나온 두 사람의 대화) 怎么样? 还不错。어땠어? 괜찮았어.

어떤 이는 이들 문장이 주어가 생략된 것이라고 주장하였다. 하지만 치궁(启功 1997:2)[3])은 "원숭이는 꼬리가 있지만 사람은 꼬리가 없는데, 이것은 인간이 진화하였기 때문인가 아니면 인간이 꼬리를 '생략'하였기 때문인가? 공작은 꼬리가 길지만 메추리는 꼬리가 뭉툭한데, 이것 역시 생략이라고 부르기는 어려울 것"이라고 하였다. 현재 주어 생략설을 주장하는 사람은 거의 없다. 서양인들은 당시(唐诗)를 번역

---

3) 역자주: 치궁(启功, 1912-2005) 중국의 현대 서예가, 서화 감정가, 문학가.

하면서 원래 주어가 없는 구절에 모두 주어를 첨가하였다. 사공서(司空曙)[4]의 「역적(안사의 난)이 평정된 뒤 북쪽으로 돌아가는 사람을 배웅하며(賊平后送人北归)」에 대한 바이너(Bynner)[5]의 영어 번역을 예로 들어보자.

世乱同南去, 세상이 어지러워 함께 남쪽으로 왔다가,

时清独北还。 시국이 안정되자 그대 홀로 북쪽으로 돌아가네.

他乡生白发, 타향살이에 백발이 생겼지만,

旧国见青山。 고향으로 돌아가면 푸른 산은 보겠구나.

In dangerous times we two came south,

위험한 시기에 우리 둘은 남쪽으로 와서,

Now you go north in safety, without me.

이제 그대는 안전하게 북쪽으로 가는구나, 나 없이.

But remember my head growing white among strangers,

하지만 낯선 사람들 사이에서 하얗게 자라나는 내 머리카락을 기억하길,

When you look on the blue of the mountains of home.

고향 산의 푸른 빛 바라볼 때는.   (钱歌川 1981 : 287)

주어가 없는 문장도 주어가 있는 문장처럼 독립적이고 완전한 것이라면, 주술구조가 적어도 중국어에서는 인도유럽어처럼 중심적이고 근본적인 지위를 차지하지는 않는다고 말할 수 있다. 이에 대해 주더시(朱德熙 1985:8)는 심지어 중국어 주술구조의 지위는 다른 구조와 "완전히 평등하다(完全平等)"고까지 주장하였다. 완전히 평등하다고

---

4) 역자주: 사공서(司空曙, 720-790), 자는 문초(文初). 중국 중당(中唐)의 시인.

5) 역자주: 해롤드 위터 바이너(Harold Witter Bynner, 1881-1968) 미국의 시인, 번역가.

말하는 것은 아마 다소 지나친 면이 있지만, '대체로 평등하다(大致平等)'고 말하는 것은 문제가 없을 것이다. 주더시의 돋보이는 주장은, 중국어는 다른 구조와 마찬가지로 주술구조 자체도 술어가 될 수 있다고 본 것이다. 예를 들어, '她肚子大了和他耳朵软(그녀는 배가 불러왔고, 그는 귀가 얇다)'와 같이 이른바 '다주어문(多主句)'이 그러하다. 어떤 사람은 중국어에 다주어문이 존재한다는 사실을 부정하기 위해 이것은 소유를 나타내는 '的'자가 생략된 문장이라고 주장한다. 하지만 이것으로 다주어문의 존재를 부정할 수는 없다. 비교를 통해 살펴보자.

> 她肚子大了。 그녀는 배가 불러왔다.
> 她的肚子大了。 그녀의 배가 커졌다.
> 他耳朵软。 그는 귀가 얇다.
> 他的耳朵软。 그의 귀가 부드럽다.

자오위안런(赵元任 1968a:57)[6]은 '她肚子大了'의 뜻은 그녀가 임신했음을 뜻하지만, '她的肚子大了'는 단지 그녀의 배가 (여러 가지 원인으로 인해) 커졌음을 뜻한다고 지적하였다. 그는 또 '他耳朵软'은 그는 귀가 얇다, 즉 경솔하게 남의 말을 믿는다는 것을 의미하지만, '他的耳朵软'은 단지 그의 귀(물질적인 귀)가 부드럽다는 것을 말한다고 하였다. '的'자가 있는 문장은 대부분 문구 그대로의 의미를 말하지만, '的'자가 없는 문장은 대부분 특별한 의미나 비유적인 의미를 가진다.

---

6) 저자주: 특별한 설명이 없는 한, 자오위안런(赵元任 1968)의 인용은 모두 뤼수샹(吕叔湘 1979)의 초역본 『중국어 구어문법(汉语口语语法)』을 가리킨다.

주술구조는 술어가 될 수도 있는데, 인도유럽어에서 이러한 술어의 주어는 더 이상 문법 주어가 아니라 화제(topic)가 된다. 반대로 중국어에도 문법 주어가 있다고 가정한다면, 그것은 사실상 화제를 가리킨다.

서양 언어에서는 술어만 있고 주어가 없으면 말하는 바가 분명하지 않다. "의미는 양쪽 끝이 있어야 분명하고, 문장은 두 가지 말(주어와 술어)로 이루어진다". 무주어문이 중국어에서 정상적인 문장이라면, 문제는 중국어가 어떻게 '말하고자 하는 바를 분명하게 나타낼 수 있는가(明所言)'이다.

② 주어는 화제

인도유럽어에서 주어는 문법의 범주이고, 화제는 화용이나 텍스트의 범주이다. 겹치는 경우도 있지만, 양자는 본질적으로 서로 다르다. 자오위안런(赵元任 1968a:45-48)은 중국어의 주어가 "사실은 화제"이기 때문에 주어의 "문법적 의미(语法意义)"는 화제라고 하였다. 그런데 이는 또 다른 측면에서 주술구조가 중국어에서 차지하는 지위를 약화시키는 것이다. 그는 중국어에서 주어가 동작자나 행위자일 확률은 50%에 불과하며, "때로는 주어와 술어의 관계를 다른 언어에 대입했을 때는 문법에 맞지 않을 정도로 느슨한 경우도 있다"고 주장하였다. 다음은 그가 제시한 예이다.

这件事早发表了。 이 일은 일찌감치 발표되었다.
这瓜吃着很甜。 이 과실은 먹어보니 아주 달다.
他是个日本女人。 그는 일본 여자이다. (의미: 그의 하인은 일본 여자이다.)

자오위안런은 "…… 언어의 규칙을 따지는 사람, 특히 서양 언어를 아는 사람이 자기 아이나 학생이 이런 말을 하는 것을 들었다면 아마도 틀림없이 이를 수정해 주었을 것이다. 하지만 정작 자신도 무의식중에는 이렇게 말을 할 수 있을 것이다. …… 사실 자기 말에 주의를 기울이는 사람이 누가 있겠는가?"(丁邦新의 완역본 81쪽)라고 하였다.

　아래 왼쪽 그룹의 문두 성분을 주어로 보고, 오른쪽 그룹의 문두 성분을 화제로 보는 것은 설득력이 떨어진다. 왜냐하면 이들은 '문법 형식에서 차이가 없기' 때문이다.

他的用人是个日本女人。	他是个日本女人。
그의 하인은 일본 여자이다.	그는 일본 여자이다.
今儿冷。	今儿不去了。
오늘은 춥다.	오늘은 안 간다.
这儿是哪儿?	这儿不能说话。
여기가 어디야?	여기서는 말을 할 수 없다.
他死了的话简直不堪设想了。	他死了的话, 就不容易解决了。
그가 죽는다면 정말 상상조차 할 수 없다.	그가 죽으면, 해결하기가 쉽지 않을 것이다.

　주어가 화제인 경우는 중국의 시사(诗词), 대련(对联), 속어(俗语)에서 특히 자주 나타난다.(张伯江 2013)

　　酒逢知己千杯少。[7]
　　술은 지기를 만나면 천 잔도 적다네.

---

　7) 역자주: 『名贤集』

迅雷不及掩耳。[8]

갑자기 울리는 천둥소리에 귀를 막을 틈이 없다. 동작이나 사건이 돌발적으로 일어나서 미처 손 쓸 사이가 없다.

云想衣裳花想容。[9]

구름 보면 그대 옷이 생각나고, 꽃을 보면 그대 얼굴 떠오르네.

琴临秋水弹明月, 酒近东山酌白云。[10]

가을 계곡 물가에서 거문고를 타니 물에 비친 밝은 달을 튕기는 듯, 동쪽 산을 마주하고 술을 마시니 흰 구름을 마시는 듯.

香稻啄余鹦鹉粒, 碧梧栖老凤凰枝。[11]

구수한 향이 나는 향미는 앵무새 쪼아 먹다 남은 알곡, 푸른 오동나무는 늙은 봉황 깃드는 가지.

일부 방언의 비교문은 비교 주체가 아닌 비교 대상을 주어로 삼는 경우도 있다. 예를 들면, 사오싱(绍兴) 커차오(柯桥) 방언에서 '小王是小李长'은 '小李比小王高(샤오리는 샤오왕보다 키가 크다)'라는 의미이다. 여기서 주어 '小王'은 사실상 화제인데, 이는 보통화에서 '(说起)小王嘛, 还是小李高(샤오왕 있잖아(샤오왕으로 말하자면), 그래도 샤오리가 더 크다)'라고 말하는 것과 같다. 이로써 비교 대상을 화제로 삼는 것이 중국어의 일반적인 현상이라는 것을 알 수 있다.

왕리(王力)의 『고대중국어(古代汉语)』(제1권)에서는 중국어 판단문의 각도에서 동일한 관점을 피력하고 있다. 즉 주어와 술어의 관계

---

8) 역자주: 姜尚(吕尚) 『六韬·龙韬·军势』
9) 역자주: 李白 「清平调」(其一)
10) 역자주: 杜荀鹤 「山中寄诗友」
11) 역자주: 杜甫 「秋兴」(其八)

는 형식논리의 요구에 따라서 분석해서는 안 되는데, 이는 옛날부터 그랬다는 것이다. 『전국책·제책4(战国策·齐策四)』를 예로 들어보자.

冯谖先驱, 诫孟尝君曰 : 千金, 重币也 ; 百乘, 显使也。齐其闻之矣。
풍훤이 먼저 수레를 몰고 돌아가서 맹상군을 일깨워 말했다. "일천금은 중후한 예물이고, 일백 대의 마차는 성대한 사절입니다. 제나라에서는 아마도 그 소문을 들었을 것입니다."

여기에서 '千金'과 '重币'는 판단을 만들 수 있지만, '百乘'과 '显使'는 형식논리에 따르자면 판단을 만들기가 어렵다. 이는 주어가 화제이기 때문이다.

중국어의 주어를 화제라고 하는 것은 중국어에는 화제화(topicalization, 话题化)가 없다는 주장과 같다. 따라서 이는 중국어는 화제화가 불필요하다고 가정하는 것이다. The 'play I saw yesterday(그 연극은 내가 어제 보았다)라는 영어 문장에서 the play(대조강세)는 목적어가 화제화 된 산물이다. 그런데 중국어 '戏我昨天看的(그 연극은 내가 어제 보았다)'에서 '戏'는 본래 화제(주어)이므로 화제화 되었다고 말할 수가 없다.

서양인들은 당시(唐诗)를 번역할 때 주어가 화제라는 것을 몰라서 오역을 하는 경우가 많다. 예를 들면, 두보(杜甫)「춘망(春望)」의 '感时花溅泪, 恨别鸟惊心(시국의 슬픔에 꽃을 보아도 눈물이 나고, 이별에 한 맺혀 새소리에도 가슴 졸이네)'을 영어로 번역한 옥스퍼드대학교 데이비드 호크(David Hawkes) 교수는 '花(꽃)'와 '鸟(새)'를 주어로 잘못 번역하고 있다.(钱歌川 1981:286)

The flowers shed tears of grief for the troubled times, And the birds seem startled as if with the anguish of separation.
꽃들은 혼란한 시대에 대한 비탄의 눈물 흘렸고, 새들은 마치 이별의 고뇌로 놀란 듯하네.

중국어는 문법적인 주어가 없으며, 주어라고 하는 것이 사실은 화제라는 점은 자오위안런 이후에 라폴라(LaPolla 1993, 1995), 라폴라·포아(LaPolla·Poa 2006)에서 이미 전면적이고 충분한 논증을 한 바 있다. 하지만 그럼에도 불구하고 일부 학자들은 여전히 이 사실을 인정하지 않고 항상 주어와 화제를 구별하려고 한다. 따라서 이에 대해 충분한 서술을 해야 할 필요성이 있어 보인다.

먼저, 화제와 평언의 관계가 느슨한 문장에 대해서 일부 학자들은 온갖 방법을 동원하여 화제 뒤에 하나의 '공주어(空主语)'를 보충하려고 한다.

那场大火, (原因)是电线跑了电。
그 큰 불은, (원인이)전선이 누전됐기 때문이다.

我(点的餐)是炸酱面。
나는 (주문한 식사가) 자장면이다.

하지만 이렇게 공주어를 보충하는 것은 노력에 비해서 그 효과가 미미하다. 왜냐하면 어느 정도의 문맥만 설정되면 얼마든지 다른 공주어가 생성될 수 있기 때문이다. 예를 들어보자.

那场大火, (结果)是电线跑了电。
그 큰 불은, (결과는) 전선이 누전된 것이다.

我(用的材料)是炸酱面。

나는 (사용한 재료가) 자장면이다.

두 번째 문장은 '我(나)'가 전위 예술가이며, 어떤 특별한 재료를 사용하여 무언가를 장식하는 것을 주제로 다른 사람들과 이야기를 나누는 상황을 가정한 경우이다. 이론적으로 문맥은 무궁무진하게 설정할 수 있고, 공주어의 해독 또한 무궁무진하게 할 수 있다. 따라서 공주어를 보충하는 방법은 설득력이 없고 합리적이지도 않다. 분석 방법에 있어서 자오위안런(赵元任 1968a:56)은 "글자 생략의 원칙은 가능한 한 말하지 않는다(尽量少说省了字的原则)"는 것을 제시하고 있다. 그 이유는 생략된 것을 보충할 수 있는 형식이 하나뿐만이 아니거나 아예 보충이 불가능한 경우도 있기 때문이다. 예를 들어, '人家是丰年(남은 풍년이다)'와 같은 문장은 확실히 어느 글자들이 생략되었는지 말하기가 어렵다. 뤼수샹(吕叔湘 1979:67-68)도 이 분석 원칙을 견지하면서, "이전에 몇몇 문법학자들은 논리명제에서 출발하여 문장의 구조를 논하는 것을 선호함으로써 '생략'설의 남용을 피할 수가 없었다"라고 지적한 바 있다. 그는 생략을 말할 때는 조건이 있어야 한다고 보았는데, 그 중 하나가 '보충하는 어구는 오직 하나의 가능성만 있어야 한다'는 것이다. 하지만 이 분석 원칙을 생각의 뒷전으로 밀어내 버린 사람들이 여전히 존재한다는 사실이 유감스러울 뿐이다.

또 어떤 이는 주어에 대조강세가 있을 때는 화제가 아니라 주어일 따름이라고 주장한다. 예를 들어 '不是小张, 是′小王去了上海(샤오장이 아니라 샤오왕이 상하이에 갔다)'에서 대조강세가 있는 '小王'은 화제가 아니라 주어라는 것이다.(刘丹青 2016) 이렇게 주장하는 사람들은, The ′play I saw yesterday에서 강세를 주어서 읽는 the play와 같이 영어에서는 중국어와 정반대로 주어와 구별되는 화제가 주로 대조성을 가진다는 것을 잊고 있다. 또 일본어에서 명사가 대조화제가 될 때는 뒤에 화제표지 wa만 붙일 수 있고, 주격표지 ga는 붙일 수가 없다. 예를 들면, 아래 b예에 있는 wa는 ga로 바꿀 수가 없다.(沈力 2017)

a. ? kono rintenki-wa   shinbun-o   insatsu-suru.
   This rotary press-TOP   newspaper-ACC   print-do
   이 윤전기는 신문을 인쇄한다.

b. kono rintenki-wa   shinbun-o   insatsu-suru-ga,
   This rotary press-TOP   newspaper-ACC   print-do-CON
   ano rintenki-wa   osatsu-o   insatsu-suru.
   that rotary press-TOP   bill-ACC   print-do
   이 윤전기는 신문을 인쇄하는데, 저 윤전기는 지폐를 인쇄한다.

물음표를 찍은 a예문과 비교하면, 대조화제야말로 진정한 화제이다. 다음은 뤼수샹(呂叔湘 1984:36)에서 인용한 중국어 예이다.

我不喜欢吃米饭。나는 쌀밥을 먹는 것을 좋아하지 않는다.
米饭我不喜欢吃。쌀밥은 나는 먹는 것을 좋아하지 않는다.
我不喜欢踢足球。나는 축구 하는 것을 좋아하지 않는다.
*足球我不喜欢踢。

주식 중에서 '米饭(쌀밥)'은 대조항이 있지만, 발로 차는 구기 종목 스포츠 중에서 축구는 대조항이 없다. 그런데 자세히 생각해 보면 말이 실제로 그러하다. 이는 대화에서 가장 분명하게 드러난다. 어떤 사람이 "老张不在(라오장은 안 계십니다)"라고 하자, 다른 사람이 바로 "老李呢?(라오리는요?)"라고 물을 경우에, '老张'과 대조되는 '老李'는 평언을 불러일으키는 전형적인 화제가 된다.

중국어의 주어는 화제라는 것을 여전히 수용하지 못하는 이들은 '啊'자가 화제 표지라는 것을 근거로 주어 뒤에 '啊'자를 추가할 수 없으면 그것은 화제가 아니라 주어라고 주장한다. 그런데 중국어에서 반드시 추가해야 하거나 절대로 추가해서는 안 되는 화제 표지는 없다. 아래 첫 번째 문장의 '小陈(샤오천)'은 주어가 아니라 화제이지만(왜냐하면 '啊'를 추가할 수 없으므로), 단어 하나를 바꾸거나 어기사 하나만 추가하면 뒤의 두 문장에서 보듯이 역시 '啊'를 붙일 수가 있다.

小陈(*啊), 刚刚买的水果很新鲜。
샤오천, 방금 산 과일이 아주 싱싱해.

小陈啊, 刚刚买的水果全烂了。
샤오천 말이야, 방금 산 과일이 전부 썩었어.

小陈啊, 刚刚买的水果, 很新鲜呢。
샤오천 말이야, 방금 산 과일, 아주 싱싱해.

어떤 사람은 아래의 첫 번째 문장 '一位中年妇女(한 중년 부인)'처럼 한정적이지 않은 주어는 화제가 아니라고 주장한다. 하지만 두 번째 문장은 이 경우 평언 부분을 확장하여 정보의 양을 증가시키면 문장이 자연스러워진다는 것을 보여준다.

一位中年妇女(*啊), 匆匆走来。
한 중년 부인이, 바삐 걸어온다.

一位中年妇女啊, 昨天从十八层跳楼自杀了。

한 중년 부인이 말이야, 어제 18층에서 투신해서 스스로 목숨을 끊었어.

요컨대, 위의 논증들은 중국어에 문법적인 주어가 있는가라는 실질적인 문제(begging the question)는 회피한 채, 중국어는 문법적인 주어가 있다는 것을 참이라고 전제하였다. 하지만 그들이 인정한 화제야말로 언어사실에 부합하지 않는다. 사람들이 중국어의 주어는 화제라는 것을 달가워하지 않는 이유는, 일종의 유형론적인 선입견에 사로잡혀서 화제와 주어는 반드시 둘로 나뉜다고 생각하기 때문이다. 언어에 따라서 화제가 부각되는 언어와 주어가 부각되는 언어의 차이가 있을 뿐이라는 것이다. 그런데 자오위안런도 일본어는 주어와 화제가 각각 다른 표지를 사용하고, 인도유럽어는 주어와 화제가 형식적으로 어느 정도 구별이 가능하다는 것을 당연히 알고 있었다. 그의 뛰어난 점은 일본어와 인도유럽어의 관점에서 벗어나 중국어의 실제 상황을 말하였다는 것이다. 리와 탐슨(Li & Thompson 1976)이 영어는 '주어 부각형(主语凸显)' 언어이고, 중국어는 '화제 부각형(话题凸显)' 언어라는 주장을 제기한 이후에 많은 사람들은 이 견해를 가감 없이 그대로 수용하였다. 이러한 견해의 전제는 역시 주어는 주어이고 화제는 화제라는 이분법적인 관점이다. 하지만 이는 주어가 화제인 중국어의 상황과는 맞지 않기 때문에 중국어의 특징을 밝히는 여정에서 전진했다기보다 오히려 한 걸음 후퇴했다고 볼 수 있다. 왜냐하면 자오위안런은 언어의 유형을 구분하기 위해서는, 먼저 '주어가 화제가 아닌(主语不是话题)' 유형과 '주어가 화제인(主语就是话题)' 유형을 구분해야 한다고 생각하였다. 후자의 경우에만 비로소 주어 부각형인지 아니면 화제 부각형인지를 논할 수가 있다고 보기 때문이다.

근원을 거슬러 올라가면, '주어'라는 단어의 시초는 그리스어 '히포케이메논(hypokeimenon)'으로, '논의의 대상'을 가리킨다. 즉 주어가 맨 처음에는 화제를 가리켰다는 것이다. 그러다가 일부 화제가 문법적으로 고착화되어 주어가 되면서 비로소 화제로부터 분화하게 되었다. 그런데 사실 이 분화가 인도유럽어에서는 이루어졌지만 중국어에서는 이루어지지 않았다.

❸ 주어와 술어의 유형

중국어에서 주술구조의 위상이 중요하지 않은 이유는 주어와 술어의 유형과 관련이 있다. 여기서 유형은 품사의 유형을 말한다. 인도유럽어의 주술구조는 경계가 분명하다. 즉 주어는 명사성 어구이고, 술어는 동사성 어구이다. 그런데 중국어는 이와 달리 동사성 어구도 주어와 목적어가 될 수 있다. 술어의 유형은 동사성 어구가 일반적이지만, 이 역시 제약을 받지 않기 때문에 명사성 어구도 술어가 될 수 있다.

먼저 동사성 어구가 주어와 목적어가 되는 경우를 보자. 주더시(朱德熙 1982:101)는 동사의 "절대 다수"는 주어와 목적어가 될 수 있다고 말했는데, 이는 중국어의 실제 상황에 완전히 부합한다. 심지어는 '是(……이다)'와 '有(있다)'와 같은 동사도 그러하다. 예를 들어보자.

打是疼, 骂是爱。
때리는 것은 아끼는 것이고, 욕하는 것은 사랑하는 것이다.

你找老婆是找妈还是找抽, 抽你没商量。
너는 마누라를 찾는다는 것이 엄마를 찾겠다는 거야 아니면 매를 벌겠다는 거야, 맞아야 정신을 차리겠다.

房子<u>卖</u>还是<u>租</u>要先想好。
집을 <u>팔지</u> 아니면 <u>임대할지</u> 미리 잘 생각해야 한다.

她离婚了？我想<u>是</u>, <u>是</u>也好。
그 여자 이혼했어? 내 생각엔 <u>그래</u>, <u>그것도</u> 좋지.

<u>有</u>总比<u>没有</u>好, 大家还是想<u>有</u>。
<u>있는 것이</u> <u>없는 것보다는</u> 아무래도 나아, 모두들 그래도 <u>가지고</u> 싶어 하
니까.

'加以(…… 을 가하다. …… 하다)'나 '给予(…… 을(를) 주다)'와 같은
공허한 의미의 허의동사(虚义动词)는 단독으로 주어와 목적어가 되
기는 어렵지만, '加以表扬(칭찬하다)'이나 '给予批评(비판하다)'과
같이 확장된 동사구는 주어와 목적어가 될 수 있다. 동사와 동사구가
주어나 목적어가 되었다고 해서 명사와 명사구로 변하는 것은 아니
다. 따라서 이들이 명사화(nominalization) 또는 '제로형식 명사화(zero
form nominalization, 零形式名词化)' 되었다는 주장은 전혀 불필요
한 것이며, '인위적인 허구(人为的虚构)'이다.(朱德熙 1983)

어떤 사람은 영어에도 work, play, strike 등과 같이 주어와 목적어가
될 수 있는 동사가 많이 있기 때문에 동사가 주어와 목적어가 될 수
있는 것을 중국어만의 특징으로 볼 수는 없다고 의문을 제기한다.(李
文山 2019) 먼저, 이러한 질문은 주된 것과 부차적인 것을 나누지 않
고, 일부를 가지고 전체를 개괄함으로써 생긴 것이다. 영어에서 이러
한 동사가 많다고 해도 전체 어휘를 놓고 보면 역시 소수에 불과하며
주류를 차지하지는 않는다. 그보다는 오히려 die(죽다) – death(죽음),
explode(폭발하다) – explosion(폭발), criticize(비판(비평)하다) –

criticism(비판(비평)), broken(깨진)‑brokenness(깨짐), lighten(밝게 하다)‑lightning(번개)과 같은 동사‑명사 대립구조가 주류를 차지한다. 이는 명사와 동사가 동일한 형태의 어휘를 사용한다는 '명동 동일 어휘(名动同辞)'의 특징을 가지는 중국어의 상황과는 크게 다르다. 다음으로, 영어의 work, play, strike와 같은 동사는 보통 직접적으로 주어와 목적어가 될 수는 없고, *the* work is well-done(일이 잘 마무리되었다), give him *a* strike(그를 한 대 때리다)처럼 앞에 관사나 수량 성분을 추가해야 가능하다. 하지만 중국어의 원형동사는 그 자체로 주어나 목적어가 될 수 있다. 또한 다른 인도유럽어에 비해 영어는 형태의 소실 정도가 높아서 점차 분석형 언어인 중국어에 가까워지고 있다. 영어의 이러한 변화는 중국어라는 언어유형을 하나의 참조점으로 하지 않으면 설명이 불가능하다.

요컨대, 중국어 자체의 문법규칙 가운데 중요한 조항은 바로 동사가 주어나 목적어가 될 때 명사화가 일어나지 않으며, 이러한 명사화는 "인도유럽어에는 있지만 중국어에는 없다"는 것이다.(朱德熙 1985:ⅲ) 선쟈쉬안(沈家煊 2016a)은 이러한 인식의 바탕 위에서 한발 더 나아가 명사가 동사를 포함한다는 '명동포함설(名动包含说)'을 제기하였다. 이는 명사와 동사는 분립되어 있다는 명동분립의 뿌리 깊은 통념에 의문을 던지고, 명동분립이 인도유럽어에는 있지만 중국어에는 없다는 논증이다. 이 주장의 근거는 매우 간단하다. 인도유럽어와 같은 동사의 명사화가 중국어에는 없는 이유는 바로 중국어에서 동사는 본래 명사에 속하는 일종의 동태명사이기 때문이다.(다음 제4절 참조)

다음으로 술어의 유형이 제약을 받지 않는다는 점에 대해 설명하고자 한다. 이는 자오위안런(赵元任 1968a:53-57)의 논단으로, 중국어에서 술어는 동사성 어구 외에 형용사와 명사성 어구도 가능하다는 것을 말한다. 명사성 어구가 술어가 되는 것은 ‘老王上海人(라오왕은 상하이 사람이다)’, ‘今天星期天(오늘은 일요일이다)’, ‘那个人简直骗子嘿(그 사람은 완전히 사기꾼이다)’, ‘这个人真君子(이 사람은 진정한 군자다)’, ‘那个人怪样子(그 사람은 괴상한 모습이다)’, ‘这个孩子坏脾气(이 아이는 못된 성격이다)’, ‘这个人大舌头(이 사람은 긴혀다(발음이 분명하지 않다))’와 같이 흔히 말하는 명사술어문 외에도, 심지어 주어가 동사, 술어가 명사인 문장도 있다. 그 예로 자오위안런은 책에서 ‘逃, 孬头(도망치는 것은 겁쟁이다)’를 들고 있다. 그런데 여기서 지적해야 할 것은, 이러한 유형의 문장이 사실은 일일이 다 열거할 수 없을 정도로 흔하다는 점이다. 예를 들어, 구양수(欧阳修)의 「취옹정기(醉翁亭记)」 첫머리의 ‘环滁皆山也(저주滁州지방을 에워싸고 있는 것은 온통 산이다)’가 그러하다. 그 외, 또 아래와 같은 예도 있다.

沿着厅廊下一直走进去，一个秋叶式的洞门。
복도 아래를 따라 쭉 걸어 들어가면, 가을 나뭇잎 모양의 동굴 문이다.

曾朴『孽海花』

雨水像倾倒似的泼洒下来，一片泥腥气味。
빗물이 쏟아지듯 흩뿌리니, 온통 흙 비린내이다.　　　陈忠实『白鹿原』

咱爷俩谁跟谁？放了一冬半春的牛，老交情了。
우리 둘이 어떤 사이냐? 겨우내 소를 방목한 건 친분이 깊은 거지.

莫言『牛』

你不会写，我给你填上，一片好心！
네가 쓸 줄 모르면, 내가 써 주는 건 호의잖아!　　　老舍『骆驼祥子』

给她裁件花布大衫，块儿多钱的事。

그녀에게 꽃무늬 두루마기 한 벌 맞춰 주는 건, 몇 푼 안 되는 일이지.

老舍『骆驼祥子』

大甩卖，最后三天。

바겐세일, 마지막 3일.   상점 쇼윈도의 광고문

看上去一个样。 보기엔 똑 같군.   구어

腰痛老毛病了。 요통은 고질병이다.   구어

아래는 장편소설 『갖가지 꽃(繁花)』에 나오는 예이다.

(慢慢移出一张牌来)一推，白板。

(천천히 패 하나를 가져가서) 내밀었는데, 백판[12])이었다.

拉开抽屉，一张借据。

서랍을 여니까, 한 장의 차용증이다.

讲了五六遍，一个意思。

대여섯 번 말한 것이 하나의 의미이다.

我死我活，我自家事体。

내가 죽고 사는 것은 내 자신의 일이다.

捻开一听，〈二泉映月〉。

(음향기기를) 틀어서 들어보니, 〈이천영월〉이다.

讲起来，工人阶级。

말을 하자면, 노동자 계층이다.

---

12) 역자주: 백판은 마작麻雀의 여러 패 중, '白'·'发'·'中'을 합쳐 삼원패三元牌라
하는데 이중 글자가 없는 흰 바탕의 패를 가리킴. 『中韓辭典』高麗大學校
民族文化研究院, 2002년 36쪽.

蹲到门口, 石狮子一样。

문 앞에 쪼그리고 앉아 있으니, 돌사자 같다.

嗲到这种地步, 骚货。

이 정도로 애교를 부리다니, 화냥년이다.

几趟吓醒, 急汗满身。

몇 차례 놀라 잠을 깨어보니, 온몸이 땀범벅이다.

为一点铜钿, 一副急相。

돈 몇 푼 때문에, 다급한 모습이다.

调换袖章, 经常性的动作。

완장을 교환하는 것은, 일상적인 동작이다.

碰到这种一声不响, 只落眼泪的女人, 第一趟。

이렇게 아무런 말없이 눈물만 흘리는 여자를 만난 건, 처음이다.

端起咖啡杯, 照样斯文相, 当年派头。

커피 잔을 든 예전 그대로의 고상한 모습, 한창 때의 위엄 있던 기풍이다.

政府对资本家, 已经菩萨心肠。

정부가 자본가에 대해서는, 이미 보살 심장(매우 인자하며 선량한 마음)이다.

一卖电车票, 马上一副武腔。

무궤도 전차표를 팔자마자, 바로 우악스런 표정이다.

자오위안런은 명사가 술어가 되면 문장이 생기발랄하여 딱딱해 보이지 않는다고 하였는데, 위의 예들이 이를 잘 보여주고 있다.

한 가지 분명히 해야 할 점은, 술어의 유형에 제약이 없어서 명사도 술어가 될 수 있다고 하는 것이 명사가 술어가 되는 데 제약이 없다는 말은 아니기 때문에 논리적으로 이 둘은 서로 다른 판단이라는 것이다. 그런데 부정문에서는 '老王不上海人', '今天不星期天' 등이 성립하지 않는 것처럼 명사가 술어가 되는 것에는 제약이 많이 따른다. 만약 명사가 술어가 되는 것이 동사가 주어나 목적어가 되는 것과 마찬가지로 제약을 받지 않는다면, 중국어는 정말로 명사와 동사의 구분이 없는 언어일 것이다. 따라서 '술어의 유형은 제약을 받지 않는다'라는 자오위안런의 논리적인 판단은 아주 적절하며, 중국어의 실제에도 부합한다.

앞에서 인도유럽어의 주어 - 술어와 명사 - 동사의 기본적인 대응은 S(문장)→NP(주어)+VP(술어)라고 하였다. 중국어는 동사도 주어가 될 수 있고 명사도 술어가 될 수 있는데, 이는 중국어가 주술구조를 가지고 있더라도 역시 인도유럽어의 주술구조와는 성질이 매우 다르다는 것을 의미한다.

 명동포함

중국어는 '명사가 동사를 포함하는 명동포함(名动包含)' 구조라는 선쟈쉬안(沈家煊 2016a)의 논증은 중국어에서 주술구조의 관계를 한층 더 해체시켰다. '명동포함설'의 요지는 중국어 명사와 동사의 성질 및 이 둘 사이의 관계가 인도유럽어의 명사와 동사와는 다르다는 것이다. 성질이 다르다는 것은, 인도유럽어의 명사와 동사는 문법적인 범주여서 화용적인 범주인 지칭어와 술어와는 다르지만, 중국어의 명사와 동사는 문법적인 범주라고 말은 해도 사실은 화용적인 범주이거나 명사와 동사의 문법적 의미가 바로 지칭어와 술어라는 것을 의미한다. 이는 중국어 주어의 문법적 의미는 화제라고 한 자오위안런의 견해와 일치한다. 그리고 중국어 동사와 명사의 관계가 인도유럽어의 그것과 다르다는 것은, 인도유럽어의 명사와 동사는 분립관계여서 명사는 명사, 동사는 동사인 반면, 중국어는 명사와 동사가 포함관계여서 명사는 동사를 포함하는 '대명사(大名词)'이고, 동사는 일종의 동태명사라는 것을 말한다. 중국어 명사와 동사의 성질은 각각 지칭어와 술어이기 때문에 명사가 동사를 포함한다는 것의 실질은 '지칭어가 술어를 포함하는 지술포함(指述包含)'이 된다.

지술포함은 중국어의 술어는 진술과 지칭의 이중성, 즉 동작이나 사건을 진술하는 진술어이자 동작이나 상태를 지칭하는 지칭어라는 것과 그 중에 후자가 더욱 더 기본이라는 것을 의미한다. '事敗人亡(일은 실패하고 사람은 죽다)', '兔死狐悲(토끼가 죽으면 여우가 슬퍼한다)'에서 '亡(죽다)'과 '死(죽다)'는 영어로 die와 death, '敗(실패하다)'는 fail과 failure, '悲(슬프다)'는 sad와 sadness가 모두 가능하다. 그런데 기본이 되는 것은 명사성인 death, failure, sadness이다.

'명동포함설'은 단지 개념의 전환만을 가리키지는 않는다. 그것은 구조주의 언어학의 '분포분석법(分布分析法)'을 바탕으로 만들어졌다. 중국어에서 명사와 동사의 분포는 '편측분포(偏側分布)', 즉 비대칭 분포에 해당되는데, 요약하면 다음과 같다.

① 명사는 주어와 목적어가 되지만, 동사는 술어도 되고 주어, 목적어도 된다.
② 명사는 형용사의 수식을 받지만, 동사는 부사나 형용사의 수식을 모두 받는다.
③ 명사를 부정할 때는 '没'를 사용하지만, 동사를 부정할 때는 '不'나 '没'를 모두 사용한다.

④ 명사를 연결할 때는 '和'를 사용하지만, 동사를 연결할 때는 '并'이
나 '和'를 모두 사용한다.

⑤ 명사를 대용할 때는 '什么'를 사용하지만, 동사를 대용할 때는 '怎
么样'이나 '什么'를 모두 사용한다.

이에 대해서는 선쟈쉬안(沈家煊 2016a)과 왕둥메이(王冬梅 2018)
에서 이미 포괄적인 논술과 예증을 한 바 있다. 여기서는 더 이상 반
복하여 서술하지 않고 두 가지 사실만을 보충하고자 한다.

첫 번째 사실은 자오위안런(赵元任 1970b)이 말한 영어의 '역성식
(back formation, 反成式)' 조어법에 관한 것이다. 이는 명사가 접사
를 생략한 후에 동사나 형용사가 되는 것을 말한다. 예를 들면 다음과
같다.

diagnosis 진단 → to diagnose (질병·문제의 원인을) 진단하다
typewriter 타자기 → to typewrite 타자기로 치다
stage-manager 무대 감독 → to stage-manage 무대 감독을 하다
free association 자유 연상 → to free associate 자유 연상하다
guest conductor 객원 지휘자 → to guest conduct 객원 지휘하다
forced landing 강제 착륙 → to be forced landed 강제로 착륙되다
textual criticism 텍스트비평 → to be text-critical 텍스트비평적이다
thunder and lightning 천둥과 번개 → to thunder and lighten
천둥이 치고 번개가 번쩍이다

이러한 역성식 조어법은 영어에는 아주 흔하지만, 중국어에는 매
우 드물다. 중국어에서는 명사가 동사로 변하는 것이 아니라 주로 부
정형식이 반대로 긍정형식을 구성한다. 예를 들면, '不成器(쓸모 있
는 인물이 되지 못하다)' → '成器(쓸모 있는 인물이 되다)', '不识抬

举(은혜를 모르다)' → '识抬举(은혜를 알다)', '了不得(대단하다, 심하다)' → '了得(심각하다, 훌륭하다)' 등이 그러하다. 그 원인에 대해서, 자오위안런은 '诊断(diagnosis/to diagnose, 진단/진단하다)'과 같이 중국어는 명사가 원래부터 동사로 쓰일 수 있었으므로 영어와 같은 역성식 조어법을 군이 사용할 필요가 없기 때문이라고 분석하였다. 여기서 주목할 점은, 명사가 원래부터 동사로 활용될 수 있음을 설명하기 위해서 '诊断'을 예로 들었다는 것이다. 이를 통해서 자오위안런은 '诊断'이 본래는 명사였고, 동사적 용법은 나중에 생겨난 것임을 전제 또는 묵인하고 있다는 것을 알 수 있다. 그는 또 영어 동사 manage는 '관계자'를 환유적으로 가리킬 경우에 명사화표지 -er을 붙여야 하지만, 중국어 동사 '管理(관리(하다), 감독)'는 원래부터 관계자를 가리킬 수 있다고 하였다. 이는 '者'자를 붙여서 '管理者(관리자, 감독)'라고 말하는 것도 역시 '管理'의 명사화라 할 수는 없다는 것을 말한다. 왜냐하면 '管理'는 본래 명사여서 '管理'라는 행위를 가리킬 수도 있고, '管理者'를 가리킬 수도 있으므로 명사화라고 볼 수는 없기 때문이다.[13] 명동포함설에 따르면 '诊断'과 '管理'는 모두 동태명사이다.

다음은 보충하고자 하는 두 번째 사실이다. 뤼수샹(吕叔湘 1979:51)은 주술구를 설명할 때 "문장에서 주로 주어나 목적어로 쓰이며, 명사구의 성질을 가진다"고 말한 다음, "항상 간과되어버렸지만 주의를 기울일 필요가 있는" 사실 하나를 지적하였다. 그것은 주술구가 문장 안

---

13) 저자주: '者'는 명사화표지가 아닌데, 이에 대해서는 吳怀成·沈家煊(2017)의 논증을 참고할 것. 또한 학자들의 연구 결과, 접미사 '-子', '-儿'이 최초에 결합한 대상은 명사와 동사 동형인 것들이므로 이들이 명사화의 기능을 한다는 말은 존재하지 않는다. (项梦冰1994, 郑萦·魏郁 2004)

에 "쓰이면(用在)" 주어를 생략할 수 있으며, 이때는 "형식적으로 동사구와 차이가 없다"는 점이다. 예를 들면 다음과 같다.

会不长, 话不多, 大家觉得 [   ] 解决问题。
회의가 길지 않고, 말이 많지 않아도, 모두들 [   ] 문제를 해결하는 것이라고 생각했다.

예문에서 동사구 '解决问题(문제를 해결하다)'는 바로 주어인 '会(회의)'나 '话(말)'가 생략된 주술구라는 것이다. 이를 통해 뤼수샹이 **용법상으로는** 동사구 '解决问题' 역시 '명사구의 성질'로 생각했다는 것을 알 수 있다. 위에서 이미 설명한 바와 같이 '명동포함'의 실질은 용법적인 개념으로는 곧 '지술포함'이다.

'명동포함설'은 우리로 하여금 중국어는 '술어의 유형에 제약을 받지 않는다'는 사실을 한층 더 깊이 인식하게 만들었다. 즉, 술어는 근본적으로 지칭성을 가지는데, 일반적으로는 동작을 가리키는 지칭어(흔히 말하는 동사)로 구성되지만 사물을 가리키는 지칭어(흔히 말하는 명사)도 배척하지는 않는다는 것이다. 이 책 Part2에서는 인도유럽어의 주술구조에 대응되는 것이 중국어의 무엇인지를 분명히 밝히기 위해서 '술어는 근본적으로 지칭어'라는 인식이 매우 중요하다는 것을 설명할 것이다.

아래에서는 하나의 명사와 하나의 동사로 이루어진 가장 간단한 '狗叫'와 '叫狗'로써 중국어의 '명동포함'과 구조유형의 관계를 밝히고자 한다.

구분	주어-술어 구조	동사-복적어 구조	관형어-중심어 구조	부사어-중심어 구조
狗叫	+	-	+	+
叫狗	+	+	+	-

위의 표에 대해 간단히 설명을 해보자. '狗叫'는 주어-술어 외에도 관형어-중심어(狗的叫 개 짖는 소리)일 수도 있고, 부사어-중심어로 '像狗那样叫(개처럼 짖다)'를 의미할 수도 있다. 후자는 '豕人立而啼(돼지가 사람처럼 서서 울부짖다)'의 '人立(사람처럼 서다)', '他不会狗叫(그는 개처럼 짖을 수 없다)'와 같은 경우이다. 또 유사한 예로 '蜂拥(벌떼처럼 몰리다)', '龟缩(거북이처럼 움츠리다)' 등도 있다. '叫狗'는 동사-목적어 외에도 관형어-중심어(老叫的狗 늘 짖는 개)일 수도 있다. 예를 들면 '叫狗不咬人(짖는 개는 사람을 물지 않는다)'가 그러하다. 이와 같은 예는 '鸣虫(우는 벌레)', '飞人(하늘을 나는 사람, 달리기나 높이뛰기, 멀리뛰기에서 특출한 선수)' 등이 있다. 또 그것은 '逃, 孬头(도망치는 것은 겁쟁이다)'(중간의 휴지가 반드시 필요한 것은 아니다)와 같이 주어-술어일 수도 있다. 이와 유사한 예로는 '他在院子里听得很分明：叫狗鸣鸡哼哼猪。(그는 정원에서 분명하게 들었다. 짖는 것은 개이고, 우는 것은 닭이며, 콩콩거리는 것은 돼지이다.)'가 있다. 여기에서 유일한 제약은 명사 '狗(개)'는 일반적으로 목적어를 가질 수 없고, 동사구의 중심이 될 수 없다는 것이다. 이것이 바로 명사는 동사를 포함하는 대명사(大名词)로 동사 '叫(짖다)'도 역시 명사(동태명사)이지만, 명사가 모두 동사인 것은 아니라는('狗'는 동사가 아니다) '명동포함' 구조이다. 중국어는 형식적으로 정해진 주술구조가 없기 때문에 주술구조와 나머지 다른 세 가지 구조

를 명확하고 오류 없이 분리할 수가 없다. 따라서 명동포함 구조는 주술구조가 중국어에서는 중요한 지위를 차지하지 않는다는 것을 의미한다.

'명동포함설'이 제기된 후, 어떤 사람은 오해를 없애기 위해서 '(대)명사'를 '지칭어'로 바꾸는 것이 바람직하다는 의견을 제기하였다. 이에 필자는 '명(名)'이라는 글자를 고집하면서 원래의 명칭을 고수하였는데, 그 이유는 크게 두 가지이다.

첫 번째 이유는 명칭을 바꾸는 것이 중국에게 공정하지 않고, 언어 간의 비교에도 불리하기 때문이다. '명'이란 명칭은 중국 고유의 것으로 본래는 '대명(大名)'을 가리켰다. 동한(东汉) 유희(刘熙)의 『석명(释名)』에 풀이된 명에는 '天地山水(천·지·산·수)', '父母兄弟(부·모·형·제)', '眉眼舌齿(눈썹·눈·혀·이빨)', '笔墨纸砚(붓·먹·종이·벼루)', '鼓瑟笙箫(북·거문고·생황·퉁소)' 등 사물(物)을 가리키는 '명'도 있고, '趋行奔走(급히 걷고 빠르게 달리다)', '视听观望(보고 듣고 살피고 바라보다)', '咀嚼吐喘(씹고 맛보고 토하고 숨을 쉬다)', '啜嗟噫呜(울고 탄식하다)', '好恶顺逆(좋아하고 싫어하고, 따르고 거스르다)' 등 사건(事)을 가리키는 '명'도 있다. 중국 철학은 '정명(正名)'을 중시하여 이름을 지어서 실체를 가리켰으며, 명가(名家)들의 사변(思辨)의 초점도 '명'이었다. 그러므로 오해를 푸는 방법은 선입견을 없애고 서양에서 온 관념을 바꾸는 것이다. 리수통(李叔同)[14]이 당시 출가하여 스님이 되기 전, 한 친구가 편지를 써서 "듣자니 자네는 사람이 되지 않고, 중이 되려 한다더군.(听说你不要做人, 要做僧

---

14) 역자주: 李叔同(1880-1942) 중국의 유명한 음악가, 미술 교육자, 서예가, 연극 활동가. 일본 유학을 마치고 귀국하여 승려가 되었다.

去。)"이라고 책망했다는 일화가 떠오른다. 이에 리수통은 농담으로 "이거 정말이지 중을 사람으로 취급하지 않는군.(这简直是不把僧当作人了。)"이라고 말하였다. 그 친구나 리수통이 정말로 스님을 사람이 아니라고 생각하였을 리는 만무하다. 만약 정말로 스님은 사람이 아니라고 생각하는 사람이 있다면, 그것은 그 친구가 한 말에 문제가 있는 것이 아니라 그렇게 생각하는 사람의 뇌에 문제가 있는 것이다. 문법학자가 만약 중국어의 동사는 명사가 아니라고 생각한다면, 그것은 인도유럽어의 관념에 얽매여 그의 문법관에 문제가 생긴 것이다. 문제를 해결하는 방법은 필자가 명칭을 바꿀 것이 아니라 그가 관념을 바꾸는 것이다.

두 번째 이유는, '명동포함설'은 동사를 '명사의 허화'라는 동적 과정의 산물로 이해하므로 '대명사'라는 것은 중국어에 관한 특별한 개념이 아니라 언어와 언어 진화에 관한 보편적인 개념이기 때문이다.

⑤ 주어 - 술어는 일문일답

자오위안런(赵元任 1968a:50)은 중국어에서 주어와 술어가 모두 다 갖추어진 완전문은 일문일답인 두 개의 불완전문(minor sentence, 零句)으로 이루어진다고 하였다. 불완전문이란 주어 - 술어가 완전히 갖춰지지 않은 문장을 말하는데, 중국어는 불완전문이 기본적인 문장이며, 불완전문에 어조(语调)를 더하면 독립적인 문장이 된다는 것이다. 예를 들어보자.

일문일답	饭啊?	还没得呐。	饭呐?	都吃完了。
	밥은?	아직 멀었어요.	밥은?	이미 다 먹었어요
자문자답	饭啊,	还没得呐。	饭呐,	都吃完了。
	밥은,	아직 멀었다.	밥은,	이미 다 먹었다.
단일문장	饭	还没得呐。	饭	都吃完了。
	밥은	아직 멀었다.	밥은	이미 다 먹었다.

이 주장의 중요한 형식적인 증거는, 어기조사 '啊, 吧, 吗(嚜), 呢(呐)'가 모두 의문과 휴지의 두 가지 기능을 가지고 있다는 것과 의문문의 뒤와 주어(화제)의 뒤에 모두 이들을 붙일 수 있다는 것이다. 예를 들어보자.

这个人啊, 一定是个好人。
그 사람 말이야, 틀림없이 좋은 사람이야.

他是哪儿的人啊?
그는 어디 사람이야?

他自己的小孩呐, 也不大听他的话。
그 사람 자기 아이도 말이야, 그 사람 말을 잘 안 들어.

小孩儿都上哪儿去了呐?
애들이 다 어디 갔어?

他辞职的意思嚜[mə], 已经打消了。
그는 사직하겠다는 생각 말이야, 이미 접었어.

你知道他要辞职了吗[ma]?
너는 그가 사직하려고 하는 걸 알았어?

丈夫吧，找不着事儿；孩子们吧，又不肯念书。

남편은, 일을 못 구하고, 아이들은, 또 공부를 안 하려고 한다.

我们问问她的丈夫吧?

그녀의 남편에게 물어볼까요?

이렇게 뚜렷하고 질서정연하며 뚜렷한 형식적 특징의 중요성은 말하지 않아도 알 수가 있다. 하지만 유감스러운 것은, 이러한 중요한 특징은 정작 그대로 내버려두고 오히려 드러나지 않는 형태나 이른바 '제로형식'을 가지고서 모종의 기존 이론을 증명하기 위해 온갖 방법을 다 생각하는 사람들이 있다는 점이다. 일문일답에 대해서 편협하게 이해해서는 안 되고 대화의 '유발-응답(引发-应答)'이라는 넓은 의미로 이해해야 한다. 자오위안런은 실제로 일문일답을 뛰어넘어서 나아가 원인과 가정을 나타내는 조건절도 역시 완전문의 주어로 분석하였다. 예를 들면, '你不来, 我不去(네가 안 오면, 나는 안 가)'에서 조건절 '你不来(네가 오지 않는다)'는 주어로서 대화 유발어라는 것이다. 다시 말해 A의 '我不来(나는 안 가)'는 B의 '我不去(나 는 안 가)'를 유발한다는 것이다. 조건절이 주어가 된다는 것은 뒤에 의문을 나타내기도 하는 휴지 또는 휴지조사가 올 수 있다는 점을 통해 증명된다. 그리고 조건절 뒤에는 '你不来的话, 我不去(네가 오지 않으면, 나는 안 가)'에서 보듯이 항상 '的话(……하다면)'라는 두 글자를 추가할 수가 있다. '的话'라는 글자는 또 주어가 되는 조건절 '你不来'가 사실은 인용어, 즉 상대방이 방금 한 말이라는 것을 나타낸다. 인용어는 대화의 특징 가운데 하나이다. 대화는 질문과 대답에만 국한되지 않으며, 유발-응답의 종류도 각양각색이다. 자오위안런 이후 대화분석에 종사하는 연구자들은 이러한 다양성을 매우 중시하였는데, 이에 대해서는 Part2 제8장 '대화분석' 편에서 구체적으로 설명하기로 한다.

주어-술어가 일문일답과 유발-응답에서 나왔다는 자오위안런의 견해는 사람들에게 이미 잘 알려져 있어서 별 의미가 없는 상투적인 이야기가 되었다. 그런데 그것의 중대한 의의에 대해서는 아직까지 학계의 인식이 부족한 실정이다. 마음을 가라앉히고 깊이 생각해보면, 그의 통찰력 넘치는 견해의 의의는 아무리 높이 평가해도 지나치지 않다. 그의 견해는 우리로 하여금 다음과 같은 사실을 인식하게 한다. 첫째, 수평적인 주술 연결관계(接续关系)는 수직적인 대응관계에서 비롯된다. 둘째, 정적인 주술관계는 동적인 상호작용 관계에서 비롯된다. 셋째, 회고성의 서술은 현장성(现场性)을 가진 대화에서 비롯된다.[15] 언어는 상호작용과 대화에 뿌리를 두고 있으므로 유아의 언어학습도 상호작용과 대화에서 벗어날 수가 없다. 쿨(Kuhl, 库尔 2015)[16]은 유아의 대뇌 학습은 하나의 피동적인 과정이 아니라 반드시 교류의 상호작용이 전제가 된다는 것을 실험을 통해 증명하였다. 그는 이를 '사회적 관문(social gating, 社会门控)'이라고 칭하였다. TV나 녹음을 통해서만 하나의 언어를 접촉한 한 피실험 그룹은 결국 그 언어의 음위(音位) 식별에 대해 전혀 학습하지 못하였고, 실제 사람의 말을 들은 피실험 그룹만이 음위를 학습할 수 있었다. 부모와의 눈빛 교류와 어른의 눈길이 안내하는 바를 따르는 것은 아기가 실사(实词)의 의미를 이해하는 데 도움이 된다.[17] 자오위안런은 구조주의 언어학의

---

15) 저자주: 일부 서사학자에 따르면 실제 생활은 미래를 향하지만 생활을 이야기할 때는 과거를 향한다. 다시 말해, 허구적인 사건이나 직접 겪은 사건이나 정상적인 경우에 이야기를 할 때는 모두 회고의 방식을 취한다는 것이다. 刘大为(2017)에서 재인용.

16) 역자주: 페트리샤 쿨(Patricia Kuhl) 미국 언어학자, 신경학자.

대가이지만, 주술구조가 대화를 통해 구성된 '대(対)'에서 왔으므로 대화성(対话性)의 특징을 가진다는 그의 견해는 포스트구조주의 사조와도 정확히 맞아떨어진다. 이는 새로운 사조의 출현을 예고한다. 바흐친(Bakhtin)[18])의 '대화주의(Dialogism)'와 줄리아 크리스테바(Julia Kristeva)[19])의 '상호텍스트성(Intertextuality)', 그리고 기타 포스트구조주의 학설은 모두 대화의 상호작용을 근본적인 것으로 간주하고 있다. 따라서 주술구조를 넘어서기 위해서는 먼저 대화를 넘어서는 것에서 시작해야 할 것이다.

⑥ 기설 – 속설

제1장에서는 인도유럽어에서 주술구조의 중요성을 설명하면서 『현대영문법(A Grammar of Contemporary English)』에 열거된 여섯 개의 영어 주술구를 인용하였다. 이들은 주어와 술어를 나누는 데 형식적인 근거와 조건이 있다는 것을 보여주고 있다. 그런데 중국어는 그러한 형식이 없다. 이들 문장을 중국어로 표현하면 영어 문장에 따라 아래 왼쪽 그룹에서 보듯이 앞은 짧고 뒤는 긴 두 부분(중간의 휴지는 쉼표(,)로 표시)으로 나눌 수가 있다. 하지만 실제로 말을 할 때는

---

17) 저자주: 눈길의 안내와 눈빛 교류는 일종의 동작 '지칭어'인데, 이에 대해서는 제9장 '지칭어대가 근원'편을 참조할 수 있다.

18) 역자주: 미하일 바흐친(Mikhail Bakhtin, 1895-1975) 러시아 문예학자. 형식주의 이론을 발전시켜 독자적인 대화주의 이론을 제창하였다.

19) 역자주: 줄리아 크리스테바(Julia Kristeva, 1941-) 불가리아 출생의 프랑스 기호학자이자 정신분석학자, 페미니즘 이론가.

항상 휴지를 문장의 중간 근처에 둠으로써 아래 각 그룹의 두 번째 예문과 같이 앞뒤 두 부분의 길이를 대체로 비슷하게 만든다. 이러한 휴지 방식이 말을 할 때 사람들의 자연스러운 호흡 상태에 더욱 부합한다.

[1c] 约翰，仔仔细细搜查了房间。
       존은, 세밀하게 방을 수색했다.
       约翰仔仔细细，搜查了房间。
       존은 세밀하게, 방을 수색했다.

[2c] 女孩儿，现在是大学的学生。
       그 여자아이는, 지금 대학의 학생이다.
       女孩儿现在是，大学的学生。
       그 여자아이는 지금, 대학의 학생이다.

[3c] 他兄弟，变得越来越高兴。
       그의 형제는, 점점 더 즐거워졌다.
       他兄弟变得，越来越高兴。
       그의 형제는 점점 더 즐겁게 변했다.

[4c] 整天，下雨下个不停。
       하루 종일, 비가 그치지 않고 내린다.
       整天下雨，下个不停。
       하루 종일 비가 오는데, 그치지 않는다.

[5c] 他，已经给了女孩儿一个苹果。
       그는, 이미 여자아이에게 사과 하나를 주었다.
       他已经给了，女孩儿一个苹果。
       그는 이미 여자아이에게 사과 하나를 주었다.

[6c] 他们, 每年都选他当主席。

그들은, 매년 그를 주석으로 선출한다.

他们每年都, 选他当主席。

그들은 매년 그를 주석으로 선출한다.

자오위안런(赵元任)은 중국어에서 주어와 술어가 모두 갖추어진 문장이 사실은 일문일답의 불완전문 두 개가 합쳐져서 이루어졌다는 것을 증명하였다. 이때 사용한 것이 '啊', '吧', '吗', '呢'의 분포라는 형식적인 증거이다. 그런데 사람들은 이러한 조사가 각 그룹의 두 번째 예문 가운데 자리에도 출현할 수 있다는 사실을 나중에 발견하고는, 당혹스러워 하면서 이러한 예문들에 대해서 더 깊이 연구할 엄두를 내지 못하였다. 이것은 불완전문의 범위가 원래 생각했던 것보다 훨씬 넓다는 것을 보여준다. 자오위안런은 주어를 화제라고 하였는데, 이때 화제는 범위가 이미 상당히 넓다. 여기에는 '这件事早发表了(이 일은 벌써 발표되었다)', '鸡不杀了(닭은 죽이지 않는다)', '今天礼拜六(오늘은 토요일이다)', '结婚的我总送这个(결혼하는 사람에게 나는 늘 이것을 선물한다)', '这把刀切肉(이 칼은 육류를 썬다)', '下雨不去了(비가 오면 가지 않는다)', '你不来(的话)我不去(네가 안 오면 난 안 가)' 등과 같이 관련 사건(涉事), 피행위자, 시간, 장소, 도구, 여격 및 원인을 나타내는 절 등이 모두 포함된다. 그런데 이 범위 역시 위 각 그룹 두 번째 예문의 쉼표 앞부분 내용은 포괄하지 못한다. 따라서 중국어 문법을 논할 때는 주술구조를 넘어서야 하며, 아울러 화제 - 평언에 대한 전통적인 인식에서도 벗어나야 한다. 만약 위 각 그룹 두 번째 예문의 쉼표 앞부분을 화제라고 한다면, 쑹러우(宋柔 2013)가 논한 바와 같이 중국어의 화제는 광의의 화제로 단지 말의 출발점일 뿐이다. 이는 일반적으로 말하는 화제(topic)의 범위를 훨씬 넘어서는 것으로, 할리데이[20](Halliday 1985:제3장)에서 정의한 '테마(theme, 主位)'에 더 가깝다. 테마는 화자가 정보를 전달하는 출발점(point of departure of the message)이며, 정보의 나머지 부분은 레마(rheme, 述位)가 된다. 테마의 범위는 상당히 넓어서 설명이 필요한 화제뿐만 아니라, 의사소통과 관련된 어기성분(语气成分)도 역시 포함한다. 또 품사 유형에 제약이 없어서 부사, 전치사구, 조동사, 의문사 심지어 동사 등도 모두 포함한다. 다음 영어 문장에서 밑줄 친 첫머리 시작 부분은 모두 할리데이가 확정한 테마이다.

> *Very carefully* she put him back on his feet again.
> 매우 조심스럽게 그녀는 그를 다시 일으켜 세웠다.

> *How dreadful* she sounds!
> 그녀가 정말 끔찍한 소리를 하는군!

> *On Friday* night I go backwards to bed.
> 금요일 밤에 나는 다시 잠자리에 든다.

> *Can* you keep a secret?
> 비밀을 지킬 수 있니?

> *Where* has my little dog gone?
> 내 강아지가 어디로 갔지?

> *Let's* go home.
> 이제 집으로 돌아가자.

---

20) 역자주: 마이클 할리데이(M(ichael) A(lexander) K(irkwood) Halliday, 1925-2018) 영국의 기능주의 언어학자. 문법을 규칙이 아닌 체계로 이해하고 언어의 사회적 맥락을 강조한 체계기능 언어학을 주창하였다.

Just place a blank CD in the drive.
빈 CD를 드라이브에 넣기만 하면 됩니다.

Don't do that.
그러지 마라.

Sing a song of sixpence ! ([I want you to] sing a song of sixpence.)
6펜스의 노래를 불러라! (6펜스의 노래를 불러 주세요.)

또한 다중 테마인 경우도 있는데, 다음 예는 세 개의 테마를 차례대로 배열한 것이다.

On the other hand | maybe | on a weekday | it would be less crowded.
반면에 아마도 평일에는 사람들이 덜 붐빌 것이다.

Oh | soldier, soldier won't | you | marry me.
오, 병사님, 병사님 저와 결혼해주시겠어요?

그런데 흔히 말하는 화제는 테마의 특수한 유형 가운데 하나로 볼 수 있다. 할리데이가 중국어를 이해한다고 해서 영어에 대한 그의 테마-레마 분석법이 중국어의 영향을 받았다고 단정 지을 수는 없다. 왜냐하면 단지 프라하 기능주의 언어학파의 방법을 계승하고 발전시켰을 뿐인지도 모르기 때문이다. 이러한 분석법을 따라서 중국어 문장에서 휴지 앞의 부분을 테마, 즉 정보전달의 출발점이라고 부르는 것이 중국어의 실제에 더욱 부합한다.

위 각 그룹의 예문에서 주의해야 할 점이 두 가지 있다. 하나는, 중국어는 테마-레마의 구분이 말을 할 때의 자연스러운 호흡에 더욱 부합하고, 위 [1c]-[6c] 각 그룹의 두 번째 예문에서 앞부분과 뒷부분의 글자 수 차이도 거의 없어서 길이도 대체로 같다는 것이다. 이것은 일종의 음운대칭인데, 이에 대해서는 Part2 제13장 '반두율(半逗律)'에 대한 논의에서 한층 더 상세하게 설명하겠다. 다른 하나는, 어기와 어조를 더하면 앞부분은 독립이 가능하다는 것이다. 예를 들면, 위의 [3c] '他兄弟变得呀！' [6c] '他们每年都！'가 그러하다. 중국어에 있어서 이 두 가지 주의할 점은 상당히 중요하다. 테마와 레마라는 한 쌍의 개념은 아직 주목을 받지 못하고 있어서, 이들 명칭을 사용하면 사람들은 흔히 영어의 테마 - 레마로만 이해한다. 그리고 '主位' 또는 theme라는 명칭은 모두 사람들로 하여금 자칫 축어적으로만 이해하게 함으로써 주체나 주제의 방향으로 생각하게 한다. 그렇다면 어떻게 하는 것이 좋을까? 『마씨문통(马氏文通)』에서 기사(起词)와 어사(语词)라는 명칭을 사용하여 각각 주어와 술어를 지칭한 것은 서양 언어의 주술구조를 그대로 가져와서 중국어에 억지로 적용한 것이다. 그런데 마젠중(马建忠)이 주어에 붙인 '起词'라는 명칭을 문자 그대로 해석하면, 뜻밖에도 중국어 문장에서 휴지 앞의 부분, 즉 말의 시작점이란 것에 대체로 부합한다. 주어에 대해 '주(主)'자를 쓰지 않고 '기사'라고 한 것이 중국어의 특징을 고려하고자 한 마젠중의 잠재의식에서 비롯되었는지 아니면 서양의 '주체(主体)'라는 개념에 대한 인식 부족에서 비롯되었는지는 알 길이 없다. 따라서 필자는 아예 위의 각 그룹 예문의 쉼표 앞과 뒤 두 부분을 각각 '기설(起说)'과 '속설(续说)'로 바꾸어 부를 것을 제안한다. Part2에서는 대화에서 출발하여 기설과 속설 두 부분으로 '하나의 쌍(一对)', 즉 '기설 - 속설 대(起说 - 续说对)'를 구성하는 것에 대해서 설명하고자 한다.

CHAPTER 03 중국어의 무종지문

이 장은 제2장 논의의 연장으로, 중요하기 때문에 단독으로 하나의 장을 안배하였다. 먼저 '사용문(用句)'부터 논의를 시작해보자.

❶ 사용문

'불완전문(零句)'의 개념은 중국어의 문장은 주어와 술어가 모두 갖추어질 필요가 없음을 강조한 것이다. '사용문(用句)'의 개념은 중국어의 문장은 화용의 범주에 속한다는 것을 강조한 것이다. 이들 두 개념은 각도나 주안점은 다르지만. 사실은 동일한 대상을 설명한다. 실제로 사람들에 의해 사용될 때 불완전문은 독립적일 수도 그렇지 않을 수도 있는데, 이는 종결 어조의 유무로 결정된다. 문장이 일정한 어조를 가지고 사용되면 그것은 사용문이 된다.

주더시(朱德熙 1985:74-75)는 "중국어 문장의 구성 원칙은 구의 구성 원칙과 기본적으로 일치한다", "문장은 독립된 구에 불과하다"라고 하여 구의 구조와 기능을 정확하게 묘사하면 결국 문장의 구조도 사실상 정확하게 묘사한 수 있다고 지적하였다 구를 기본으로 하는 '구중심'의 이러한 사상은 '불완전문이 기본'이라고 하는 자오위안런(赵元任)의 주장을 계승하고 있다. 구와 문장의 관계에 있어서 중국어와 인도유럽어는 '큰 차이'가 있다. 그것은 인도유럽어는 '조합관계(组成关系)'이고, 중국어는 '실현관계(实现关系)'라는 것이다. 주더시는 이를 그림으로 다음과 같이 나타냈다.

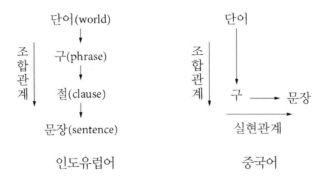

조합관계는 부분과 전체의 관계로, 문장은 구로 구성된다. 실현관계는 추상적인 것과 구체적인 것의 관계이며, 추상적인 구가 구체적으로 사용되면 문장으로 실현된다.[1)]

구가 단독으로 문장이 될 수 있는가의 문제는 중국어에서 순수한 문법의 문제가 아니라 표현이나 화용의 문제이다. 영어 문장 He fly a plane은 문법에 전혀 맞지 않지만, 중국어의 구 '他开飞机(그는 비

---

1) 저자주: 만약 중국어의 관점에서 영어를 본다면 영어의 '조합관계'는 '간접적 실현관계'가 되고, 중국어의 '실현관계'는 '직접적 실현관계'가 된다. 선쟈쉬안(沈家煊 2009a)에서는 '직접적 실현관계'를 '구성관계(构成关系)'로 바꾸어 불렀으나, '간접적 실현관계'는 여전히 '실현관계'라고 불렀다. 명칭은 바뀌었지만 실질은 변함이 없음을 밝힌다.

행기를 조종한다)'는 일정한 문맥(질문에 대답, 대구(对举), 억양 추가)이 갖추어지기만 하면 문장이 될 수 있다. 뤼수샹(吕叔湘 1979:28)에 따르면, 구는 정적 단위(静态单位)이자 예비단위(备用单位)이고, 문장은 동적 단위(动态单位)이자 사용 단위(使用单位)이다. 이는 주더시의 주장과 기본적으로 일치한다. 쟝왕치(姜望琪 2006)는 여기서 한 발 더 나아가 중국어의 '句子'는 영어의 sentence(문장)와는 다르며, 사실상 영어의 utterance(발화)에 해당한다고 주장하였다. 영어에서 sentence는 이미 utterance와 분리되어 하나의 추상적인 문법단위로 변화 발전한 반면, 중국어의 '句子'는 아직까지 구체적인 단위인 사용 단위로 남아 있다는 것이다. 이에 필자는 '사용문(用句)'이라는 명칭으로 utterance를 번역할 것을 제안한다. 하나의 글자라도 어조를 붙여서 사용하면 하나의 사용문이 된다. 또한 한 토막의 말이라도 막힘없이 단숨에 이루어진 것이면 역시 하나의 사용문이 된다.

중국어 문장이 사용문이라면 '문장완결(完句)'이라는 개념은 분명히 통사론의 개념이 아닌 화용론의 개념이다. '완결되는(完)' 것은 인도유럽어의 sentence가 아닌 사용문인 것이다. 과거에는 이 부분이 명확하게 정리되지 못해서 곤혹스럽고 골치가 아픈 경우가 많았다. 예를 들어, 문장 '吃了饭'은 완결되지 않고, 여기에 '了'를 추가하여 '吃了饭了(밥을 먹었다)'라고 해야 비로소 완결되기 때문에 '了'는 '문장완결 성분(完句成分)'으로 보았다. 그렇다면 하나의 견해가 불완전하다는 것을 어떻게 판단할 것인가? 흔히 일반적 문맥이나 중성(中性)적 문맥을 근거로 한다고 말한다. 그렇다면 이는 다시 말해 일반적 문맥이나 중성적 문맥에서 '吃了饭'이라는 문장은 단독으로 사용될 수 없다는 것이다. 하지만 이는 설득력이 없는 주장이다. 아래의 두 문맥을 예로 들어보자.

문맥A: 현재 식전인 상황으로 을이 산책은 식후에 하는 것이 좋다고 생각한다.

  갑: 散步去！ 산책하러 가자!
  을: 吃了饭。 밥 먹고 나서.

문맥B: 현재 식후인 상황으로 을이 식후에 곧바로 산책하는 것은 좋지 않다고 생각한다.

  갑: 散步去！ 산책하러 가자!
  을: 吃了饭了。 밥을 먹었잖아.

대부분의 사람들은 대체로 식후에 산책을 하기 때문에 문맥 A는 일반적인 경우이고, 문맥 B는 특수한 경우이다. 그런데 바로 일반적인 문맥에서 을의 대답은 오히려 '吃了饭'이다. 진위청(金宇澄)의 장편소설 『갖가지 꽃(繁花)』에서 '吃了饭'과 같은 문장의 용례를 보자.

  灶披间里, 金妹炒了两碗素菜。小毛倒了酒。
  부뚜막에서 진메이는 채소 두 그릇을 볶았다. 샤오마오는 술을 따랐다.

  雪芝娘讲到此地, 落了眼泪。
  쉬에즈 엄마는 여기까지 말하고는 눈물을 흘렸다.

  古太讲北方话说, 两位老总, 百忙中赶来, 我要先敬。于是三人吃了酒。
  구타이가 북방 말투로 두 사장에게 바쁘신 중에 오셨으니 제가 먼저 술을 권하겠다고 말했다. 그리고 세 사람은 술을 마셨다.

이들 '了'자 문장은 모두 '吃了饭'과 같은 유형이지만 그 자체로 이미 완전하며, 뒤에 '了'자를 추가하면 오히려 문장이 성립하지 않는다. 따라서 중국어의 문장이 '완전'한지 여부는 전적으로 용법의 문제이므로 그것이 말하여지는 상황과 문맥을 살펴보아야 한다. '吃了饭'과 '吃了饭了'는 각각 그것이 사용된 문맥에서는 모두 완결되었고, 완결된 것이 사용문이라는 것을 인정할 수밖에 없다.

지금부터는 무종지문無終止文(Run-on Sentences, 流水句)[2])에 대해 논의하고자 한다. 중국어 무종지문의 속성은 사용문이다. 뤼수샹 (1979:27)은 절과 문장을 논할 때 '流水句'라는 명칭을 사용하였다. 다음은 그의 설명이다.

> 문장이 아닌 절을 기본단위로 하는 것이 대체로 중국어에 부합한다. 왜냐하면 중국어 구어에는 무종지문이 특히나 많으므로 절과 절이 연결되어 있어서 끊을 수도 있고 연결할 수도 있는 곳이 상당히 많기 때문이다. 동일한 옛 소설에 대해 구두점을 다르게 찍어 놓은 몇 종의 판본을 비교해 보면, 한 판본에서는 마침표를 쓴 부분을 다른 판본에서는 쉼표를 썼거나 그 반대인 경우를 흔히 볼 수가 있다.

1960년대 초에 뤼수샹은 '문단구조(句段结构)'를 사용하여 중국어 문법을 분석하는 구상을 제시하였다. 문단(句段)은 휴지나 어조로 경계를 지은 불완전문이나 절을 말한다. 판지옌(范继淹 1985)은 이 구상에 따라 기준을 만들어 문단을 분류했지만, 아쉽게도 후속 연구가 진행되지 못하였다. 무종지문에 대한 연구가 정체된 채 진전되지 못한 한 가지 중요한 원인은 바로 후밍양·징쑹(胡明扬·劲松 1989)이 말

---

2) 역자주: 무종지문(Run-on Sentences, 流水句)는 두 개 또는 그 이상의 단문으로 이루어진 것으로, 중간에 쉼표만 있고 접속사는 없는 문장을 말한다.

한 바와 같다. 즉, 이를 연구하기 위해서는 일련의 통사적인 기본 문제들을 살펴보아야 하는데, 중국의 문법 이론과 분석 방법 및 분석 구조가 기본적으로 서양에서 온 것이기 때문에 중국어화하기 위해서는 길고 긴 여정이 필요하다. 이는 아마도 몇 대에 걸친 힘든 노력을 거쳐야 비로소 가능할 것이다.

근래에 들어와 무종지문에 대한 연구가 새로이 주목을 받고 있다. (王洪君 2011, 沈家煊 2012a, 沈家煊·许立群 2016, 王文斌·赵朝永 2016, 许立群 2018) 이 장에서는 이러한 연구를 바탕으로 무종지문의 특성을 단연성(断连性), 지칭성(指称性), 병치성(并置性), 사슬성(链接性), 운치성(韵致性)으로 귀납하여 차례로 설명하고자 한다.

❷ 단연성

끊을 수도 있고 이을 수도 있으며, 끊어질듯 하면서도 이어짐을 뜻하는 단연성(断连性)은 무종지문의 상징적인 특징이다. 이는 소설 『갖가지 꽃』의 한 단락을 보면 쉽게 이해할 수 있다. 아래 부분은 춘상(春香)이 샤오마오(小毛)에게 자신이 절름발이 남자 집에 시집가는 이야기를 하는 장면으로, 모두 47개의 쉼표를 연달아 사용하고 있다. 여기서 쉼표 하나가 한 개의 절을 나타내는데, 이들은 대부분 자오위안런이 말한 불완전문에 해당한다.

我只能答应, 两个人坐一部黄鱼车, 我帮娘裹紧了被头, 旁边摆氧气橡皮袋, 路上冷风一吹, 我娘接不上气, 我就送氧气管子, 一路小心, 到了昌化路, 帆布棚外面, 两只大炉子烧火, 棚里摆了砧板，碗盏，生熟小菜，新房间，位于底楼前厢房，男家已经布置停当，公婆住的客堂，拆了大床，摆了两桌，其他几桌，借邻居房间，我走进去，新倌人已经坐定，我搀扶娘也坐定当，每次有客人来，新倌人起来招呼，然后坐下去，笑一笑，有礼貌，等大家吃了喜酒，我送娘爬上黄鱼车，然后回到新房间，男人稳坐床沿，看我进来，帮我脱了衣裳，这天夜里，简直不谈了，直到第二天一早，总算看明白，新倌人是翘脚，走一步，踮三记，过了半个月，我娘过世，我从火葬场出来，立刻逃回莫干山路，从此不回昌化路男家。

나는 승낙을 할 수 밖에 없었다. 우리 두 사람은 삼륜차를 탔고, 나는 어머니를 이불로 꽁꽁 쌌다. 옆에는 산소가 든 고무주머니를 놓아두었다. 가는 도중에 찬바람이 불어오자 어머니는 숨을 헐떡였다. 나는 즉시 산소 호스를 어머니에게 갖다 댔다. 가는 내내 조심스러워 하면서 창화로에 이르렀다. 돛을 만드는 천으로 씌운 천막 밖 큰 난로 두 개에 불을 지폈다. 천막 안에는 도마, 사발과 잔, 차가운 음식과 뜨거운 음식이 차려져 있다. 신방은 1층 앞 별채에 위치해 있다. 남자 집은 이미 정리를 다 마쳤다. 시부모님이 묵던 응접실에는 큰 침대를 해체해서 치우고 두 개의 탁자를 놓았다. 나머지 차 탁자는 옆집 방을 빌려서 놓았다. 내가 들어가니 신랑은 이미 자리를 잡고 앉아 있었다. 나도 어머니를 부축하여 자리 잡고 앉았다. 손님들이 올 때마다 신랑은 일어나 인사를 한 다음 다시 앉았다. 웃으며 예의를 갖춘다. 모두들 결혼 축하주를 마시고 나자, 나는 어머니를 삼륜차에 태워 배웅하였다. 신방으로 돌아오니 남자는 침대 가장자리에 앉아 있었다. 내가 들어오는 것을 보고는 내가 옷을 벗는 것을 도왔는데, 그날 밤은 정말 완전히 엉망이었다. 이튿날 이른 아침이 되어서야 신랑이 한걸음 걷고 발을 세 번 곧추세워야 하는 다리가 휜 사람이라는 것을 알게 되었다. 보름 뒤 어머니는 세상을 떠났다. 나는 화장장에서 나와 곧바로 모간산로로 돌아왔고, 그 후로 다시는 창화로의 남자 집으로 돌아가지 않았다.

이러한 무종지문은 『갖가지 꽃』에서 흔히 볼 수 있으며, 쉼표가 가장 많은 것은 65개에 달하는 것도 있다. 이들 쉼표 가운데 상당히 많은 것들은 삭제가 가능하며, 삭제 후에는 하나의 문장으로 연결할 수가 있다. 예를 들면, '新房间位于底楼前厢房, 拆了大床摆了两桌, 这天夜里简直不谈了。(신방은 1층 앞 별채에 위치하였는데, 큰 침대를 해체해서 치우고, 두 개의 탁자를 놓았지만, 그날 밤은 정말 완전히 엉망이었다.)'이다. 쉼표를 연이어 사용하는 것과 상반되는 것은 마침표를 빈번하게 사용하는 것이다. 아래 두 단락을 예로 들어 보자.

我的家乡是水乡。出鸭。高邮大麻鸭是著名的鸭种。鸭多, 鸭蛋也多。高邮人也善于腌鸭蛋。高邮咸鸭蛋是出了名。

내 고향은 물의 고장이다. 오리를 생산한다. 까오여우(쟝쑤(江苏)성 중서부의 도시)의 청둥오리는 이름난 오리 품종이다. 오리가 많으니 오리 알도 많다. 까오여우 사람들은 오리 알도 잘 절인다. 까오여우 절인 오리 알은 유명하다.　　　　　　　　　　　汪曾祺『端午的鸭蛋』

这一本书。有关寓意。有关心灵的历史。有关人所走上的路途。而人所做出的努力,　通常是未尽。也许这已经是结果一种。莲花。这个名字, 非常映衬。

이 책 한 권. 비유적인 의미에 관한 것이다. 심령의 역사에 관한 것이다. 사람이 나아가는 길에 관한 것이다. 하지만 사람이 기울이는 노력은 늘 미진하다. 어쩌면 이것은 이미 결실의 일종일지도 모른다. 연꽃. 이 이름이 너무나 잘 어울린다.　　　　　　　　　安妮宝贝『莲花』

위 예에서 마침표들은 모두 쉼표로 바꿀 수가 있다. 이 경우에 주된 의미는 변하지 않고 어투의 변화만 있을 뿐이다. 영어에서는 쉼표를 연달아 쓴 문장을 run-on sentence, 마침표를 자주 쓴 것을 choppy sentence라고 부르는데, 글을 쓸 때는 이러한 문장들을 되도록이면 피한다. 하지만 중국어에서는 이러한 문장들이 오히려 자연스럽고 좋은 문장이다.

문장을 끊을 수도 있고 이을 수도 있는 원인에 대해서는 자오위안런(赵元任 1968a:61-62)에서 이미 밝힌 바가 있다. 중국어는 불완전문이 기본이 되는데, 이 불완전문은 두 개가 서로 연결되어 하나의 완전한 문장을 만들 수도 있고, 또 따로 독립할 수도 있다. 문장과 문장 사이에는 휴지와 어조 외에 다른 형식적인 표지가 없다. 따라서 연결어(关联词)의 유무가 단문과 복문을 판별하는 기준이 될 수는 없다. 예를 들어보자.

这个人也不跟朋友打招呼！
이 사람은 친구에게도 인사 안 해!
这个人！也不跟朋友打招呼！
이 사람! 친구에게도 인사 안 해!

天气很好，但是我不能出去。
날씨는 좋지만, 나는 나갈 수가 없다.
天气很好。但是我不能出去。
날씨가 좋다. 하지만 나는 나갈 수가 없다.

위 예문 중 아래 두 예문에서, '好'자가 완전한 3성이고 뒤에 완전한 휴지가 있으면, 이는 두 개의 문장이 된다. 그런데 '好'자가 완전한 3성이거나 반3성이면서 발음을 길게 끌면 병렬 복문이 된다. 요컨대, 중국어 문장을 판단할 때 주어 - 술어가 모두 갖추어져 있는지 여부는 중요하지 않으며, '휴지와 어조라는 두 가지 요소가 가장 중요하다'. 『수호전(水滸传)』제43회 이규(李逵)가 호랑이를 때려잡는 단락을 예로 들어 보자.

那一阵风起处, 星月光辉之下, 大吼了一声, 忽地跳出一只吊睛白额虎来。

바람이 부는 그 곳, 별빛과 달빛 아래, 크게 울부짖는 소리 나더니, 치켜 올라간 눈과 흰 이마의 호랑이 한 마리가 별안간 튀어나왔다.

귀사오위(郭绍虞 1979:144)는 이를 인도유럽어의 주술구조로 바꾸어 말하면 다음과 같이 표현할 수 있다고 하였다.

李逵在星月光辉之下 …… 猛觉一阵风起, 听到一声大吼, 看到一只吊睛白额虎忽地跳了出来。

이규는 별빛과 달빛 아래서 …… 갑자기 바람이 한 차례 이는 것을 느꼈고, 한 가닥 크게 울부짖는 소리가 들리는가 싶더니 치켜 올라간 눈과 흰 이마를 가진 호랑이 한 마리가 갑자기 튀어나오는 것이 보였다.

바꾸어 표현한 단락은 원래의 단락과 문법적으로 통하고 의미도 동일하다. 하지만 중국어의 혼을 상실함으로써 무미건조하고 생기가 없어져 버렸다. 이는 외국 문법을 근원으로 삼아 서양 언어의 틀로써 중국어 문법을 연구함으로써, 주객을 전도시킨 것이다. 이는 마치 안개 속에서 꽃구경을 하는 것처럼 한 겹의 거리가 있는 것과 같다. 중국어의 무종지문은 주술문을 수용할 수 있지만, 주술문은 무종지문을 포괄할 수 없다는 것을 위의 예문 변환이 분명하게 보여준다.

무종지문은 문장을 여러 군데에서 끊을 수도 이을 수도 있기 때문에 '의도적인 처리'를 통해서 여러 가지 상이한 독백의 단락을 구성할수가 있다. 다음은 필자가 구상한 예이다.

老王呢？又生病了吧。也该请个假呀。走不动了吧。儿子女儿呢？上班忙吧？请个保姆么。工资低呀。先借点呢？犟脾气一个呀！……

라오왕은? 또 병이 났지. 또 휴가를 내어야겠군. 못 움직이지. 아들딸은? 출근하느라 바쁘겠지? 가정부를 한 사람 구하든가 해야지. 월급이 적군. 일단 좀 빌릴까? 고집쟁이 같으니라고!……

모두 열 개로 끊어진 위 문단은 인접한 두 문장을 임의로 연결할수가 있는데, 여기서는 두 가지 연결 방법만 예로 들어보기로 한다.

老王又生病了，请个假又走不动，儿子女儿上班忙，请个保姆么工资低，先借点呢又是犟脾气一个。

라오왕은 또 병이 나서, 휴가를 내고도 움직일 수가 없는데, 아들딸은 출근하느라 바쁘고 가정부를 구하자니 월급이 적어서, 우선 좀 빌리자니 또 고집불통이다.

老王呢，生病也该请个假呀，走不动了儿子女儿呢？上班 忙就请个保姆么，工资低就先借点。犟脾气一个呀！

라오왕 말이야, 아프면 휴가를 내야지, 움직이지를 못하는데 아들딸은? 출근하느라 바쁘면 가정부라도 구하고, 월급이 적으면 우선 좀 빌리기라도 해야지. 고집쟁이 같으니라고!

위의 예는 무종지문의 각 절이 모두 완전문의 술어가 될 수 있다는 것을 나타낸다. 이는 첫 번째 절인 '老王呢'도 예외는 아니어서, '老张不在老王呢(라오장이 없으면 라오왕은)'와 같이 그 앞에 '老张不在(라오장은 없다)' 등의 주어를 추가할 수가 있다. 또한 무종지문의 각 절은 완전문의 주어가 될 수도 있는데, 이는 마지막 절인 '犟脾气一个呀'도 마찬가지여서 '犟脾气一个也得改改么(고집불통도 좀 고쳐야지)'와 같이 뒤에 술어가 되는 문장을 또 추가할 수가 있다.

중국어의 유연성을 말한다면, 무종지문의 단연성은 가장 중요한 유연성 가운데 하나이다.

③ 지칭성

앞의 제2장 3절 '주어와 술어의 유형'에서 중국어 완전문의 술어는 주어와 마찬가지로 지칭성(指称性)을 가지며, 이는 술어의 유형이 제약을 받지 않는(명사성 어구도 술어가 될 수 있다) 원인이라고 설명하였다. 술어도 역시 지칭어라는 것은 무종지문의 단연성으로부터 직접 유추할 수가 있다. 이는 무종지문의 각 절은 모두 완전문의 주어가 될 수 있으며, 주어는 당연히 지칭어이기 때문이다. 따라서 완전문의 술어가 되는 절을 포함한 모든 절은 다 지칭어가 된다. 우리는 이로부터 "놀랍도록 명명백백한"(赵元任의 말) 결론 하나를 얻을 수가 있다. 그것은 바로 중국어 무종지문의 구성이 아래와 같다는 것이다.

$$S \rightarrow S'지칭 + S'지칭 + S'지칭 \cdots\cdots$$

무종지문을 구성하는 절 S'(대부분 불완전문)는 모두 지칭성을 가지므로 S'지칭으로 표기하였다. 지칭성은 무종지문의 또 다른 중요한 특징이다. 의도적으로 잘 짜여진 주술문은 서로 인접하는 두 개의 절로 이루어져 있기 때문에 주어와 술어는 모두 지칭성을 가진다.

인도유럽어는 주술대립, 즉 주어와 술어가 대립하기 때문에 주어는 지칭어이고 술어는 서술어라는 관념이 뿌리 깊다. 이 때문에 중국어의 술어도 역시 지칭어라고 말하면, 무종지문에 바탕을 두고 전개한 앞의 추론에도 불구하고, 여전히 이해하기 어려워하는 사람들이 많다. 따라서 여기서는 이에 대해 중점적으로 설명하고자 한다.

중국어의 술어가 지칭어라는 결론은 주술문의 성분 분석에 착안하여도 마찬가지로 얻어질 수 있다. 어떤 사람들은 '了, 着, 过'가 중국어 동사의 접미사인데, 이들 접미사를 가진 동사구가 술어가 되는데도 어떻게 그것이 지칭어인지 의문을 제기한다. 이에 대한 필자의 대답은 역시 지칭어라는 것이다.

他 (是) 喝了农药。 그는 농약을 마셨다(마신 것이다).
他 (是) 去过西藏。 그는 시짱(西藏)에 가 보았다(갔었던 것이다).
他 (是) 做着饭呢。 그는 밥을 하고 있다(하고 있는 것이다).

중국어는 거의 모든 술어 앞에 판단동사 '是(……이다)'를 붙여 술어를 '是'의 지칭성 목적어로 만들 수가 있다. 그런데 '是'가 나타나지 않는 경우에도 술어의 지칭성은 여전히 존재한다. 단지 겉으로 드러나지 않을 뿐이다. '是'자는 드러나지는 않지만 어디에나 있다. 어떤 사람들은 술어 앞의 '是'를 단지 강조의 표지로만 여겨서 영어 문장 I do like it에서 강조표지 do와 유사하다고 한다. 그러나 이러한 억지 비교는 언어사실에 위배된다. 영어 동사 do는 명사성 목적어만 가질 수 있으므로 뒤에 동사성 어구가 오면 강조 표지가 되지만, 중국어의 목적어는 원래부터 동사도 가능하기 때문이다. 예를 들어보자.

我想家, 也想吃。나는 <u>집</u>도 그립고, <u>먹는 것</u>도 그립다.
我怕爸, 是怕打。내가 <u>아버지</u>를 무서워하는 것은, <u>때리는 것</u>을 무서워
하는 것이다.
他爱马, 也爱骑。그는 <u>말</u>을 좋아하고, <u>(말)타는 것</u>도 좋아한다.

따라서 술어 앞의 '是'는 판단을 강화하는 역할을 하면서, 그 자신의 성질도 판단동사이다.

'是'와 마찬가지로 동사 '有(있다)'와 '在(있다)'도 술어 앞에 올 수있다. 하지만 이것은 일반적인 경우에는 잘 나타나지 않고 주로 강조할 때 나타난다.

我 (有) 去过西藏。나는 시짱을 가 보았다.
她 (在) 做着饭呢。그녀는 밥을 하고 있다.

이때 '是', '有', '在'는 모두 부사나 어기사가 아닌 동사이다. 이는 선쟈쉬안(沈家煊 2017a)에서 이미 '구조의 동일성 원칙(结构的平行性原则)'을 근거로 증명한 바 있다.

주어와 마찬가지로 술어도 지칭어라는 것은 **주어와 술어가 중국어에서는 하나로 합쳐질 수 있음**을 의미한다. 또 다시 『갓가지 꽃』 중의 두 단락의 문장을 예로 들어보자. 한 단락은 아침부터 밤까지 위 아래층에서 사람들의 소리가 끊이지 않는 서민 아파트의 모습을 묘사하고 있다.

木拖板声音, 吵相骂, 打小囡, 骂老公, 无线电声音, 拉胡琴,
吹笛子, 唱江淮戏3), 京戏, 本滩4), 咳嗽, 量米烧饭炒小菜, 整副

猪肺套进自来水龙头，嘭嘭嘭拍打。钢钟盖，铁镬子声音，斩馄饨5)馅，痰盂罐拉来拉去，倒脚盆，拎铅桶，拖地板，马桶间门砰一记关上，砰一记又一记。

　　나무 깔판 소리, 싸우면서 서로 욕하고, 아이를 때리고, 남편을 욕하는 소리, 라디오 소리, 호금 키고, 피리 불고, 회극, 경극, 본탄을 공연하고, 기침하고, 쌀을 계량해서 밥을 짓고, 반찬을 만들고, 돼지 허파의 기관 부분을 수도꼭지에 끼워 넣어 물을 채우고, 쾅쾅쾅 두드린다. 강철 종 뚜껑, 솥뚜껑 소리, 훈툰 소를 다지고, 가래통을 이리저리 끌고 다니고, 발 씻은 대야의 물을 따르고, 물통을 들고 바닥을 닦고, 화장실 문을 쾅 하고 닫아서 잠그고, 쾅하고 또 다시 닫는다.

　　다른 한 단락은 거(葛)선생님이 매일 같이 '나이트 토쿄(夜东京)'라 는 이름의 식당에 와서 앉아있는 모습을 묘사하고 있다.

　　　　面对一只小圆台，端端正正看报，吃咖啡，品茶，三七分头，金丝边眼镜，冬天中式丝绵袄，板丝呢西装裤，夏天，长袖高支衬衫，派力司翻边背带西裤，表情一直笑眯眯……

　　작은 원형 테이블에 앉아, 단정하게 신문을 읽고, 커피를 마시고, 차를 음미하며, 3대7 가르마 머리를 하고, 금테 안경을 쓰고, 겨울에는 중국식 명주 솜옷에, 모직 정장바지를 입고, 여름에는, 긴 팔 와이셔츠에, 팰리스(palace) 멜빵 정장바지를 입고, 표정은 줄곧 빙그레 미소를 짓고 있는데……

---

3) 역자주: 江淮戏(강회희): 장쑤(江蘇)지방 전통극의 하나로 회극(淮剧)이라고 도 함.

4) 역자주: 本滩(본탄): 本地滩簧(본지 탄황(장쑤(江蘇)성 남부·저장(浙江)성 북부에서 유행하던 설창예술의 하나)의 약칭.

5) 역자주: 馄饨(훈툰): 얇은 밀가루 피에 고기소를 넣고 싸서 찌거나 끓여서 먹 는 음식.

그 외 왕쩡치(汪曾祺)의 『번화가 유민(闹市闲民)』 중의 한 단락도 마찬가지다.

　　他一生经历了很多大事。远的不说，敌伪时间，吃混合面6)。
傅作义7)。解放军进城，扭秋歌，呛呛七呛七。开国大典，放礼花。
没完没了的各种运动。三年自然灾害，大家挨饿。"文化大革命"。
"四人帮"。"四人帮"垮台。……

　　그는 일생 동안 많은 큰일을 겪었다. 오래 된 것은 차치하고, (항일
전쟁 시기) 일본 침략군과 괴뢰 정권 시기에는 혼합면을 먹었다. 푸쭤이
도 겪었다. 해방군이 도시로 진격하니, 모내기 춤을 춘다, 창창칭칭. 건
국 행사에서 불꽃을 쏘아 올린다. 끝도 없는 각종 운동들. 3년간의 자연
재해에 모두들 배를 곯았다. '문화대혁명'이다. '사인방'이다. '사인방'이
실각하였다. ……　　　　　　　　　　　　　　　　　　　　『闹市闲民』

위의 세 단락은 모두 명사구와 동사구가 혼재되어 있지만, 각 절은
지위가 모두 동등한 지칭성의 절이다.

④ 병치성

무종지문과 관련된 '통사론의 기본 문제'로는 우선 통사의 귀환성
(recursion, 递归性)8)을 들 수 있다. 현재의 주류 문법 학설은, 통사의

---

6) 역자주: 混合面(혼합면): 저질 밀가루와 겨 등을 섞어 만든 국수의 일종으로
1944년 일본의 침략으로 식량이 귀하던 시기에 먹었던 음식.

7) 역자주: 傅作义(푸쭤이): 국민당 화북 토벌 총사령부 총사령관.

8) 역자주: 귀환(recursion)은 원칙적으로 얼마든지 문장 안에 새로운 구절을 삽
입할 수 있다는 것으로 언어 생산성의 한 특징이다.

귀환성이 인간의 천부적인 언어능력에 속하는 것으로 범언어적인 보편성을 가지며, 작은 문장에서 큰 문장까지의 생성 메커니즘은 무한 귀환성이라고 주장한다. 예를 들면, '如果狗叫, 邮递员会逃跑(개가 짖으면, 집배원은 도망을 갈 것이다)'라는 종속복문은 문장 안에 조건절을 하나씩 계속해서 삽입함으로써 확장이 가능하다.

[如果狗叫, [如果胆小, [如果狗主不在, […… [邮递员会逃跑]]]]].
[만약 개가 짖으면, [만약 간이 작으면, [만약 견주가 없으면, [집배원은 도망을 갈 것이다]]]]].

또 주어성 종속절 삽입 규칙을 반복적으로 사용하여 아래와 같은 문장을 생성할 수도 있다.

[That[that something is wrong]is possible]is known to the public.
직역: [[뭔가 잘못되었을] 수 있다는 것이] 대중에게 알려졌다.

그 밖에 관형어성 종속절 삽입 규칙을 반복적으로 사용하여 아래와 같은 문장을 생성할 수도 있다.

Mary loves a man [such that he has a daughter [such that she admires a boy]].
직역: 메리는 [[한 소년을 사랑하는] 딸을 가진] 한 남자를 사랑한다.

그러나 중국어가 만약 이러한 표현 방식을 사용한다면 직역한 위의 두 문장은 도저히 이해하기가 어려울 것이다. 에반스 & 레빈슨(Evans & Levinson 2009)은 모든 언어가 반드시 귀환의 방식을 사용하는 것은 아니고, 비종속절을 나열하는 방식으로 동일한 의미를 나타내는 언어도 있다고 주장하였다.

狗叫呢, 邮递员胆小呢, 狗主不在呢 …… 邮递员会逃跑。
개가 짖고, 집배원이 겁이 많고, 견주가 없다면 …… 집배원은 도망갈 것이다.

出了差错了, 有可能的呀, 大家都知道了。
뭔가 잘못되었다는 것이, 가능하다는 것을, 모두 다 알게 되었다.

玛丽爱一男人, 男人有一女儿, 女儿喜欢一男孩儿。
메리는 한 남자를 사랑하는데, 남자는 딸이 하나 있고, 딸은 한 소년을 사랑한다.

중국어는 바로 이와 같은 방식으로 표현하는 언어이다. 중국어 무종지문을 구성하는 일련의 절들은 대등하게 나열되어 있어서 절 사이의 의미관계가 통사적인 연결 형식에 의존하지 않는다. 이러한 무종지문의 의미는 '의합(意合)'과 사람들의 일반적인 인지 능력을 바탕으로 유추를 통해서 이해된다. 이것이 바로 무종지문의 병치성이다. '의합'이라는 단어는 왕리(王力)가 『중국문법이론(中国语法理论)』에서 사용하였다. 그는 이를 parataxis(병치)9)라고 명기하고는, '你死了, 我做

9) 역자주: 한국어에서 parataxis는 주로 '병렬'로 번역하며, 이를 병치라고도 한다. 하지만 저자와의 서신을 통해서 확인한 바에 따르면, 저자는 并列(병렬)을 juxtaposition 또는 parataxis에 해당하는 개념으로 보고, 并置(병치)는 co-ordination에 해당하는 개념으로 본다. 전자는 종속관계와 상반되는 개념으로, 주로 의미적인 각도에서 말한다. 형태변화가 있는 언어에서 병렬과 종속은 형식적으로 구분된다. 반면, 병치는 주술, 동목, 수식 등의 관계를 형식적으로

和尚(네가 죽으면, 나는 스님이 될 거야)'을 예로 들었다. 이를 통해서 우리는 왕리가 말하는 '의합'은 바로 병치를 가리킨다는 것을 알 수가 있다. 병치해놓았기 때문에 의합 하는 것이다. 랜돌프 퀴크(Randolph Quirk)의 『현대영문법(A Grammar of Contemporary English)』에서는 병치하는 성분 간에 공통된 문법적, 어휘적 특징은 없으며, 단순히 병치하는 것이 바로 상호 연관성의 표지라고 지적한다. 브라운&율(Brown & Yule 1983)도 결속(Cohesion, 衔接) 형식이 반드시 텍스트의 응집성(coherence, 连贯性)을 보장하는 것은 아니라고 하였다. 다시 말해, 응집성이 있는 하나의 텍스트 안에 결속 형식이 없을 수도 있으며, 이때는 결속성의 근원이 텍스트 외부에 있거나 성분들의 병치 자체가 바로 일종의 결속 수단이라고 주장하였다.(姜望琪 2005에서 재인용)

어떤 사람은 이것을 이유로 영어를 '수형구조(Tree-structure, 树形结构)'에, 중국어를 '죽형구조(Bamboo-structure, 竹形结构)'에 비유하고 있다. 수형구조는 단계가 있는 계층(层次) 구조이고, 죽형구조는 단계가 없이 평평한 편평(扁平) 구조이다.(潘文国 1997:198) 다음 『수호전(水浒传)』에 나오는 두 예와 그 영어 번역을 보자.

我正走不动，方欲再上山坡，只见松树旁边，转出一个道童，骑着一头黄牛，吹着管铁笛，正过山来。
내가 걸음을 겨우 옮길 수 있는 상태에서 이제 다시 산언덕을 올라가려 할 때, 소나무 옆에서 도동(도를 닦는 도사의 심부름을 하는 아이) 한 명이 황소를 타고 금속 피리를 불며 산을 넘어오고 있는 것이 보였다.

구분하지 않고, 단지 두 성분을 앞뒤로 나란히 배열하는 것을 말한다.

Just as I was about to continue up the slope, a novice, sitting on a yellow ox and playing a metal flute, came riding over the rise. Sidney Shapiro 번역본

내가 막 비탈길을 계속 올라가려고 할 때, 황소 위에 앉아 금속 피리를 불고 있는 한 도동이 언덕을 넘어오고 있었다.

시드니 샤피로(Sidney Shapiro)[10]의 『수호전』 공인 번역본은 영어의 표현 습관을 배려한 표준 영어로 번역하고 있다. 물 흐르듯 병치된 7개의 중국어 절을 영역본에서는 주술구조라는 주된 축을 바탕으로 접속사와 동사의 부정식, 그리고 분사형식을 추가하여 번역함으로써 주종관계가 명확하고, 단계가 분명하게 드러나고 있다.

鲁达再入一步, 踏住胸脯, 提起那醋钵儿大小拳头, 看着这郑屠道……

노달은 한 걸음 더 다가가서 백정 정씨의 가슴을 밟고는, 식초 사발만 한 크기의 주먹을 들어 올리고서 그를 바라보며 말했다. ……

Then Lu Ta went forward another step and as Cheng sprawled there, Lu put one foot in his breast. Lu Ta's fists, each as big as a coarse earthen bowl, were outstretched and his eyes glared down at Cheng and he said. …… Pearl S. Buck 번역본

노달은 한 걸음 더 앞으로 나아가자 정씨가 그곳에 누워 있었고, 노달은 한 발로 그의 가슴을 밟았다. 거친 토기 그릇만한 노달의 두 주먹이 앞으로 뻗어왔고, 눈은 정씨를 노려보면서 말했다. ……

---

10) 역자주: 시드니 샤피로(Sidney Shapiro, 1915-2014): 미국에서 태어난 중국 국적의 유대인 번역가로, 중국 이름은 '沙博理'이다.

펄벅(Pearl S. Buck)[11])의 공인 번역본은 중국어의 원래 모습을 대체로 배려한 것이지만, 그럼에도 불구하고 역시 영어 번역문에서 as, and, then 등과 같은 일련의 접속사 성분을 첨가하는 것은 피할 수가 없었다.

자오위안런(赵元任 1955, 1968a:350)은 중국어 접속사는 지위가 불확실하여 하나의 독립된 품사가 되기 어렵다고 하였다. '和', '跟', '同' 등 이른바 등위접속사는 모두 연결의 기능을 가진 전치사이며, 어구의 병렬은 주로 병치에 의존한다. 접속사 없이 '你吃饭吃面(밥 먹을 거야, 국수 먹을 거야)'이라고 묻는 말은 마치 요리 메뉴판을 낭독하는 것처럼 들린다. 서양 언어에도 가이우스 율리우스 카이사르(Gaius Julius Caesar)[12])의 명언 Veni, vidi, vici(왔노라, 보았노라, 이겼노라)와 같이 등위접속사를 사용하지 않는 경우가 있다. 그런데 이는 일반적인 경우가 아닌 특수한 사례에 해당된다. 이러한 예는 소설 『갖가지 꽃』에도 적지 않게 나온다.

岸边是船艗, 锚链, 缆绳。
강기슭은 뱃머리, 닻줄, 동아줄이다.

沪生叹气说, 阿宝是对我, 对姝华有啥意见。
후성은 탄식하며, 아바오가 나에게, 매이화에게 무슨 불만이 있느냐고

---

11) 역자주: 펄벅(Pearl S. Buck, 1892-1973): 미국의 소설가로 중국 이름은 赛珍珠이다. 중국에서의 유년 시절 경험을 바탕으로 쓴 소설 〈대지〉를 통해 중국의 역사와 문화를 소개하였다. 동서양 문화를 연결하는 다리 역할을 한 공로로 1938년 노벨문학상을 수상하였다.
12) 역자주: 가이우스 율리우스 카이사르(Gaius Julius Caesar, BC20-AD4): 로마 공화정 말기의 정치가이자 장군.

만했다.(对我和妹华(나와 메이화에게)라고 하지 않았다)

一般的结婚, 跟包(养), 有啥两样呢。
그렇고 그런 결혼이, 애인을 두는 것과, 무슨 차이가 있는가.('跟(……와)'
자 앞에서 끊었다)

市中心好房子, 又是撬又是敲, 完全变了样。
시내 중심가의 좋은 집은, 뜯고 부수고 하여, 모습이 완전히 변했다.('撬
和敲(뜯는 것과 부수는 것)'라고 하지 않았다)

我讲, 妹妹是打, 还是骂, 我不管。
내가 말하건대, 여동생이 때리든, 아니면 욕을 하든, 나는 신경 쓰지 않
을 거야.('是打或骂(때리거나 욕하다)'라고 하지 않았고, '还是(아니면)'
앞에서 끊었다)

'如果(만약)', '虽然(비록 …… 일지라도)', '因为(…… 때문에)' 등의
이른바 종속접속사는 일반적으로 사용하지 않는다. 『갖가지 꽃』의 예
를 살펴보자.

阿宝忙吧, [如果] 有心情, 现在来看我。
아바오 바쁘지. [만약] 생각이 있으면, 지금 나를 보러 와.

我 [如果] 早晓得, 就买一只蹄髈。
내가 [만약] 일찍 알았더라면, 돼지 족발 하나를 샀지.

[虽然] 学堂里停课, 也要起来。
[비록] 학당은 휴강이지만, 그래도 일어나야 한다.

我完全懂了, 为啥大妹妹, 情愿做了花蝴蝶到处飞, 到处笑, 到处
胡调, [因为] 也就轻松这一两年了。

난 완전히 이해했어. 왜 큰 여동생이 꽃나비가 되어 여기저기 날아다니고, 여기저기 웃고, 여기저기서 장난치고 싶어 하는지. [왜냐하면] 이 1-2년 동안은 홀가분하기 때문이야.

女人舞功好呢, 细心呢, 备一管白皮鞋油, 一把刷子呢, 一点印子看不见。
여자가 춤 솜씨가 좋다면, 세심하다면, 흰 구두약 한 통, 구둣솔 하나를 준비했다면, 아무런 자국도 보이지 않을 텐데.(세 개의 '呢'는 절 앞머리의 세 개의 '如果'와 같음)

접속사는 흔히 주어의 뒤에도 놓이기 때문에 연결의 기능을 가진 부사를 겸하기도 한다.

流水线项目如果成功, 姆妈出一口气。
생산라인 프로젝트가 만약 성공하면, 아주머니가 한숨 돌릴 텐데.

我如果早死, 思南路也就是吃光, 败光了。
내가 만약 일찍 죽는다면, 쓰난루도 흥청망청 다 말아먹고 가산을 탕진하게 될 거야.

孃孃如果讲出来, 真难为情。
엄마가 만약 털어놓는다면, 정말 난감할 것이다.

姐姐如果想变, 也是一条金鱼。
언니도 만약 변하고 싶다면, 역시 한 마리의 금붕어일 것야.

阿宝虽然大了, 还不懂男女事体。
아바오가 비록 다 자라긴 했지만, 남녀의 일은 아직 몰라.

또 라오서(老舍)의 작품 『정홍기하(正紅旗下)』의 예를 살펴보자.(괄

호 안의 접속사는 필자가 추가함)

鸽子是随心草儿, [如果] 不爱, [就是] 白给也不要; [如果] 爱, [就是] 十两八两也肯花。

비둘기는 각자 기호가 달라서, [만약] 좋아하지 않으면, [비록] 거저 주어도 받지 않겠지만, [만약] 좋아하면, [비록]열 냥, 여덟 냥도 아끼지 않고 쓴다.

对这些消息, 他[如果] 高兴呢, 就想一想; [如果] 不高兴呢, 就由左耳进去, 右耳出去。他 [如果] 想一想呢, [那] 是关心国家大事; [如果] 不去想呢, [那] 是沉得住气, [那] 是不见神见鬼。

이 소식들에 대해, 그가 [만약] 기분이 좋으면, 좀 생각해 볼 것이고, [만약] 기분이 나쁘면, 왼쪽 귀로 듣고 오른쪽 귀로 흘릴 것이다. 그가 [만약] 생각을 좀 해보겠다면, [그것은] 국가 대사에 관심이 있다는 것이고, [만약] 생각을 해 보지 않겠다면, [그것은] 감정을 누르는 것이고, [그것은] 의심을 가지는 것이다.

만약에 절과 절 사이의 논리적 관계에 따라서 곳곳에 접속사를 추가한다면, 오히려 읽기가 어색하고 부자연스러울 것이다. 구어의 경우에는 더더욱 그러하다. 다음 예를 보자.(许立群 2016에서 재인용)

曾文清：(回到桌前, 又查视那抽屉)这是耗子！这是耗子！
(走近思, 忍不住挥起那幅画) [尽管] 我早就说过, [因为] 房子老, [所以] 耗子多, [因此] 要买点耗子药, [但是] 你总是不肯。
쩡원칭: (테이블로 돌아가서 그 서랍을 또 뒤져보며)이건 쥐새끼야! 쥐새끼! (가까이 다가와 생각하더니 참지 못하고 그 그림을 흔들며) [비록] 내가 진즉에 말했잖아, [왜냐하면] 집이 낡아서, [그래서] 쥐가 많기

때문에, [따라서] 쥐약을 좀 사야 한다고, [그런데] 너는 도무지 들으려 하지 않았잖아.

曾思懿 : 老爷子, 买过了。(嘲弄) [但是] 现在的耗子跟从前不一样, 鬼得多。[所以虽然] 放了耗子药, [但是] 它就不吃, [反而] 专找人心疼的东西祸害。

쩡스이: 할아버지, 샀어요.(놀리며) [그런데] 요즘 쥐는 예전과 달라서, 아주 영악해요. [그래서 비록] 쥐약을 놓아두지만, [그렇지만] 쥐가 먹지를 않아요. [오히려] 사람들이 아끼는 물건들만 찾아서 해를 끼쳐요.

曹禺『北京人』

'삭제하는 데에 뛰어난 사람은 글자는 제거하지만, 의미는 남겨둔다 (善删者字去而意留)'(『文心雕龙·熔裁』)라는 말이 있다. 이는 접속 사를 사용하지 않거나 적게 사용하면서도 의미의 연관성은 논리적인 유추를 통해서 짐작할 수 있게 한다는 것을 의미한다. 애매모호하고 명확하지 않다는 문법학자들의 비판에도 불구하고, 이 말은 여전히 사람들이 즐겨 사용하는 구두 표현의 방식이어서 중국인들은 모두 다 이를 이해하고 사용할 수 있다.

강조할 점은, 무종지절(流水小句)의 병치에 있어 절은 명사성이든 동사성이든 상관이 없다는 것이다. 앞의 제3절에서 병치된 절은 모두 가 지칭어라고 설명하였다. 『갖가지 꽃』 속에 나오는 명사절과 동사절 이 뒤섞여 병치된 예를 또 다시 들어보자.

菊芬曼声细语, 热烘烘的两鬓, 小毛觉得心动。
쥐펀의 부드러운 속삭임, 화끈거리는 양쪽 귀밑머리, 샤오마오는 가슴이 설레임을 느꼈다.

窗外野草蔓生, 室内灰尘蜘蛛网。

창밖에는 들풀이 덩굴져 자라고, 실내에는 먼지와 거미줄투성이였다.

梅瑞情绪不高, 一身名牌, 眼圈发暗。
메이루이는 기분이 좋지 않아, 온 몸을 명품으로 치장하였지만, 눈가는 어두웠다.

上门维修的青年, 留短头发, 梳飞机头, 小裤脚管。
방문 수리하는 청년, 머리를 짧게 기르고, 비행기 머리로 빗고, 홀쭉한 바지를 입었다.

有时勉强看到, 5室阿姨半爿身体移动, 一条臂膊, 头发。
가끔은 5호실 아줌마가 몸의 반쪽을 움직이는 모습, 한쪽 팔, 머리카락을 마지못해 보기도 한다.

吴小姐紧靠阿宝, No.5香水气味, 眼睛紧闭, 低头不响, 身体微颤。
미스우는 아바오에게 바짝 기대었는데, 넘버5 향수 냄새에, 눈을 질끈 감고 고개를 숙이고는 아무 소리도 내지 못하고 몸을 떨었다.

我娘有气无力, 闷声不响, 拿起衣裳, 看我穿, 一把眼泪, 一把鼻涕……
우리 어머니는 맥없이, 숨을 죽이고 아무 소리도 내지 못하더니, 옷을 들고서, 내가 입는 모습을 보며, 눈물 한 줌, 콧물 한 줌……

더 중요한 것은, 언어 진화의 관점에서 보면 **중국어식의 편평구조가 귀환성 계층구조의 근원일 가능성이 높다**는 것이다. 아래의 예를 살펴보자.

猫追老鼠, 老鼠吃奶酪, 奶酪来自奶牛, 奶牛吃青草。
고양이는 쥐를 쫓고, 쥐는 치즈를 먹고, 치즈는 젖소에서 나오고, 젖소는 풀을 먹는다.

The cat chased the mouse that ate the cheese that came from the cow that grazed in the field.

고양이는 들판에서 풀을 뜯는 젖소에서 나는 치즈를 먹는 쥐를 쫓았다.

중국어는 대등하게 배열된 무종지문과 첫머리와 끝이 같은 단어로 서로 연결되는 전사반복前辭反復 방식을 활용하여 복잡한 의미를 표현한다. 반면 영어는 관형어 종속절을 끊임없이 끼워 넣는 방식을 사용한다. 이를 통해 영어의 관형절을 이끄는 that 표지는 의미가 비교적 실질적인 지시대명사 that에서 허화(虛化)된 것이지만, that이 복지(复指), 즉 대용代用의 지시대명사로 쓰일 경우에는 앞에 휴지가 있을 때 중국어의 전사반복 표현과 대체로 같아진다는 것을 알 수 있다. 영어 구어에서는 빨리 말을 하면 that을 삼켜버려서 the cat chased the mouse ate the cheese로 되기도 한다. 그렇게 되면 완전히 '鶴巢松树遍、人访荜门稀(학이 깃든 소나무는 널려 있건만, 사람이 찾아오는 사립문은 드물구나.)'(王维「山居即事」)와 같은 중국어 겸어문(递系句)이 된다.(제5절 '사슬성' 참조) 이는 영어의 옛 표현으로 셰익스피어 시대에는 매우 일반적인 현상이었다.

⑤ 사슬성

앞에서 살펴 본 전사반복 표현은 무종지문의 사슬성(链接性)과 관련이 있다. 사슬성이란 무종지문의 한 절이 선행절의 술어(续说)이자 후행절의 주어(起说)라는 것을 말한다. 과거에는 이를 화제 - 평언의 관점에서 '사슬식 화제구조(链式话题结构)'(董秀芳 2012)라고 불렀다. 즉, 연속으로 출현하는 화제구조에서 뒤 구조의 화제가 앞 구조의 평언(또는 평언의 일부)과 같다는 것이다. 이러한 사슬식 구조는 예로부터 있었는데, 예를 들면 다음과 같다.

名不正, 则言不顺；言不顺, 则事不成；事不成, 则礼乐不兴；礼乐不兴, 则刑罚不中；刑罚不中, 则民无所措手足。

명분이 바르지 않으면 말이 순리에 맞지 않다. 말이 순리에 맞지 않으면 일이 이루어지지 않는다. 일이 이루어지지 않으면 예와 악이 흥성하지 않는다. 예와 악이 흥성하지 않으면 형벌이 적절하지 않게 된다. 형벌이 적절하지 않으면 백성들은 손과 발을 둘 곳이 없게 된다. 『论语·子路』

古之欲明明德于天下者, 先治其国；欲治其国者, 先齐其家；欲齐其家者, 先修其身；欲修其身者, 先正其心；欲正其心者, 先诚其意；欲诚其意者, 先致其知；致知在格物。

예전에 온 세상에 밝은 덕을 밝히고자 한 사람은 먼저 자신의 나라를 다스렸다. 자신의 나라를 다스리고자 하는 사람은 먼저 자신의 집안을 반듯하게 하였다. 자신의 집안을 반듯하게 하고자 하는 사람은 먼저 자신의 몸을 닦았다. 자신의 몸을 닦고자 하는 사람은 먼저 자신의 마음을 바로잡았다. 자신의 마음을 바로잡고자 하는 사람은 먼저 자신의 의지를 참되게 하였다. 자신의 의지를 성실하게 하고자 하는 사람은 먼저 자신의 앎을 극한까지 확충시켰다. 그와 같은 앎의 확충은 사물을 탐구하는 데에 있다. 『礼记·大学』

무종지문은 끊을 수도 있고 이을 수도 있기 때문에, 쉼표는 남겨 둘 수도 있고 생략할 수도 있다. 따라서 아래의 사슬식 구조는 위의 예와 본질적인 차이가 없다.

逸则淫, 淫则忘善, 忘善则恶心生。

안일하면 방탕해지고, 방탕해지면 선한 행동을 잊고, 선한 행동을 잊으면 나쁜 마음이 생겨난다. 『国语·鲁语』

国君不可以轻, 轻则失亲 ; 失亲, 患必至。

군주는 경솔해서는 안 되는데, 경솔하면 가까운 사람을 잃고, 가까운 사람을 잃으면 틀림없이 우환이 닥치기 때문입니다. 『左传·僖公五年』

鬼不祟人则魂魄不去, 魂魄不去则精神不乱, 精神不乱之谓有德。 『韩非子·解老』

귀신이 사람에게 해를 끼치지 않으면 혼백이 빠져나가지 않을 것이고, 혼백이 빠져나가지 않으면 정신이 어지러워지지 않을 것이니, 정신이 어지럽지 않은 것을 일컬어 덕이 있다고 한다.

흥미로운 것은 앞뒤에 같은 형태의 연결항이 있는 무종지문은 동일한 형식끼리 통합되는 동형병합이 가능하다는 점이다. 그 예를 들어보자.

再说, 安老爷若榜下不用知县, 不得到河工 ; 不到河工, 不至于获罪 ; 不至获罪, 安公子不得上路 ; 安公子不上路, 华苍头不必随行 ; 华苍头不随行, 不至途中患病 ; 华苍头不患病, 安公子不得落难 ; 安公子不落难, 好端端家里坐着, 可就成不了这番英雄儿女的情节, 天理人情的说部。

게다가 안 나으리(安学海)께서 만약 급제하여 황제 알현 후 바로 지현으로 임용되지 않았다면, 제방공사 하는 곳으로 가지 않았을 것이다. 제방공사 하는 곳으로 가지 않았다면 죄를 얻는 지경에 이르지 않았을 것이다. 죄를 얻지 않았다면 안 공자(安骥)가 길을 나서지 않아 화씨 하인이 수행할 필요가 없었을 것이다. 화씨 하인이 수행하지 않았다면 도중에 병에 걸리는 지경에 이르지 않았을 것이다. 화씨 하인이 병에 걸리지 않았다면 안 공자가 곤경에 빠지지 않았을 것이다. 안 공자가 곤경에 빠지지 않았다면 아무 탈 없이 집에서 기거하고 있었을 것이다. 그렇게 되었다면 이 영웅 자녀의 이야기와 부모자식간의 인정을 담은 소설은 이루어 질 수 없었을 것이다. 『儿女英雄传』第三回

동형병합 이후에는 아래와 같이 일반적인 직렬식(串连式)의 무종지문이 된다.

> 再说, 安老爷若榜下不用知县, 不得到河工, 不至于获罪, 安公子不得上路, 华苍头不必随行, 不至途中患病, 安公子不得落难, 好端端家里坐着, 可就成不了这番英雄儿女的情节, 天理人情的说部。

또한 안 나으리께서 급제하여 황제를 알현한 뒤 곧바로 지현으로 임용되지 않았다면, 제방공사 하는 곳으로 가지 않아 죄를 얻는 지경에 이르지 않았을 것이니, 안 공자가 길을 나서지 않아도 되어 화씨 하인이 수행할 필요가 없었을 터이고, 도중에 병에 걸리는 지경에 이르지 않게 되어 안 공자가 곤경에 빠지지 않고 아무 탈 없이 집에서 기거하고 있었을 터이니, 그렇게 되었다면 이 영웅 자녀의 이야기와 부모자식간의 인정을 담은 소설은 이루어 질 수 없었을 것이다.

A, B, C, D 4개의 무종지절이 있다고 가정할 경우, 동형병합이 이루어지면 다음과 같은 구조가 된다.

$$A, B ; B, C ; C, D \rightarrow A, B, C, D$$

이것은 무종지문의 병치성에 의해 결정되는데, 술어절(续说小句)에서 주어절(起说小句)로 전환되는 것은 형식의 제약을 받지 않는다.

이는 또한 무종지문의 지칭성에 의해 결정되기도 한다. 이때 술어절과 주어절은 모두 지칭어가 되며, 동형병합 역시 품사나 구조유형의 제약을 받지 않는다.

하나의 완전문은 인접하는 두 개의 절이 합쳐져서 이루어지지 때문에 중국어 특유의 겸어식 문장은 역시 이러한 사슬식 무종지문에서 동형병합이 이루어진 압축형식(緊縮形式)이기도 하다. 예를 들어보자.

星垂平野, 平野阔 ; 月涌大江, 大江流。
→ 星垂平野阔, 月涌大江流。
별은 평야에 드리우고, 평야는 드넓다. 달은 큰 강에서 솟아오르고, 큰 강은 흘러간다.
→ 별은 광활한 평야에 드리우고, 달은 흘러가는 큰 강에서 솟아오른다.

牛马行, 行无色 ; 蛟龙斗, 斗不开。
→ 牛马行无色, 蛟龙斗不开。
소와 말이 가는데, 가는 모습이 분간이 되지 않네. 교룡이 싸우는데, 싸움을 떼어 놓을 수가 없네.
→ 소와 말이 가는 모습이 분간되지 않고, 교룡이 싸우는 것을 떼어놓을 수가 없네.

'星垂平野'가 완전문인 이유는 주어(起说) '星垂'와 술어(续说) '平野'가 합쳐져서 이루어졌기 때문이고, '平野阔'가 완전문인 이유는 주어 '平野'와 술어 '阔'가 합쳐져서 이루어졌기 때문이다. 또 동형병합으로 압축된 '星垂平野阔'는 바로 '兼语句'라고도 불리는 겸어문(递系句)이다. 이때 '平野'는 겸어로 주어와 술어를 겸한다. '月涌大江流'의 생성방식도 이와 마찬가지다. 중요한 것은, '牛马行无色'와 '蛟龙斗不开' 역시 같은 생성방식인데, 과거에는 이들을 연동문(连动

句)이라고 불렀다는 것이다 이는 겸어가 명사인지 동사인지의 차이를
지나치게 중시하였기 때문이다. 즉, 겸어가 명사일 때는 겸어문이라고
부르고 동사일 때는 연동문이라고 부른 것이다. 이제 주어와 술어가
모두 지칭어라는 것을 알았으니, 연동문을 겸어문에 포함시켜서 겸어
문의 한 하위 부류로 보는 것이 충분히 가능하다. 이에 대해서는 Part2
제12장 '광의의 겸어식'에서 상세하게 설명할 것이다.

⑥ 운치성

무종지문은 사용문인데, 어기와 어조를 가지지 않는 사용문은 없으
므로 무종지문은 운치성(韻致性)을 가진다. 소설 『갖가지 꽃』의 작가
는 현재 문어의 파장이 번역어투의 영향으로 '음조'가 결여되어 있다
고 진단하였다. 그는 만약 전통 속에서 그 역량을 찾을 수 있게 된다
면 '반짝이는 운치'를 갖게 되어 글자와 행간에서 '기운과 기풍'이 드
러날 것이라고 하였다. 『갖가지 꽃』은 전형적인 중국어 화본식(话本
式)[13]의 무종지텍스트(流水语篇)여서 읽고 있으면 따라서 율동을 하
는 듯한 쾌감이 느껴진다.

운치(韻致)는 리듬(节奏)을 떠날 수 없는데, '강세 박자(Stress
timing)' 리듬 유형에 속하는 영어와 달리 중국어는 '음절 박자(Syllable
timing)' 리듬 유형에 속한다. 자오위안런은 중국어의 단음절은 매우

---

13) 역자주: 화본: 송대(宋代)에 생긴 백화 소설로 통속적인 글로 쓰여져 주로 역
     사 고사와 당시의 사회생활을 제재로 하였음. 송(宋)·원(元) 민간 설화인(說
     話人)이 설창(說唱)하던 저본(底本)이 되었음]『中韓辭典』高麗大學校 民
     族文化研究院, 2002년.

유연하고 의미를 가지며, 변화가 크지 않은 단위라고 말한 바 있다. 그는 현대중국어에서 음절은 여전히 매우 유연하고 대다수가 완전한 성조를 가지고 있으며, 음절과 음절의 길이, 그리고 강약의 변화가 여타 많은 언어에 비해 상당히 작다고 하였다. 이 때문에 연속되는 말의 리듬은 높은 단음조를 나타내어 일종의 '균등한(均匀的)' 리듬의 경향을 가진다는 것이다.(赵元任 1975) 중국어는 단음조이지만 단조롭지는 않은데, 그 이유는 바로 성조 자체가 이미 억양과 고저를 나타내기 때문이다. 자오위안런은, 음성과 음악은 밀접한 관계가 있기 때문에 중국어 노래를 만들 때 가사의 4성을 고려하지 않을 수가 없다고 하였다. 이는 마치 영어나 독일어처럼 성조를 사용하지 않는 언어에서는 반드시 경음과 중음을 염두에 두는 것과 마찬가지라는 것이다. 그는 "결국 외국 문자로 노래할 때는 외국 음을 사용하고, 중국 문자로 노래할 때는 중국 음을 사용하여야 한다"고 하였다.(赵元任 1994:53, 130) 필자의 음악적 감각으로는, '중국풍(中国风)'이 비교적 짙은 노래들은 모두 경전을 읊조리는 듯한 어조를 은은하게 가지고 있다. 이러한 독송조의 선율은 한 글자가 한 음을 가지는 중국어 성조에서 직접 유래하였다고 할 수 있다.(苗晶 2002:29) 예를 들어, 따오랑(刀郎)이 작사·작곡한 '서해연가(西海情歌)'는 애잔하면서도 감미로운 선율로 엄청난 호평을 받으며 중국 선전(深圳)에서 개최되는 유명한 뮤직 어워드인 '뮤직 프로젝트(音乐工程)' 2010년도 TOP10 가요에 선정된 바 있다. 이 노래는 4/4 박자로, 주요 부분을 발췌해 보면 기본적으로 각 글자가 1/2박자의 시간을 차지하고 있기 때문에 불교의 염불 가락과 매우 유사한 느낌을 들게 한다.

○○—还记—得你 ǀ 答应过我不会让我 ǀ

○○아직 기억해 너가 ┃ 내게 한 약속 나로 하여금

把你找不见—可你 ┃ 跟随那南归的候鸟 ┃
너를 못 찾게 하진 않을 거라던 언약 하지만 너는 ┃ 남쪽으로 돌아가는
철새 따라

飞得那么远—爱像 ┃ 风筝断了线—拉不 ┃
그렇게나 멀리 날아가 버렸어 - 사랑은 마치 ┃ 줄 끊어진 연과 같아서 끌
어당길 수가 없어

住—你许下的诺— ┃ —言—— ——○我在 ┃
너가 한 언 ┃ 약을 —— ——○나는

苦苦等待雪山之巅 ┃ 温暖的春天—等待 ┃
눈 쌓인 산꼭대기의 따뜻한 봄을 애타게 기다리네 — 기다리네

高原冰雪融化之后 ┃ 归来的孤雁—爱再 ┃
고원의 얼음과 눈 녹은 뒤에 돌아오는 외기러기를 - 사랑은 다시

难以续情缘—叫不 ┃ 到—我们的—从—— ┃
인연을 이어가기가 어려워 - 돌아갈 수 없어 우리의 옛——

前———————— ┃
날로————

'가수(歌手)'라는 TV 프로그램에서 궁리나(龚丽娜)와 왕페이위(王佩瑜)가 함께 부른 '무혼(武魂)' 역시 중국적인 정취가 물씬 풍긴다. '力拔山兮气盖世(힘은 산을 뽑고 기개는 세상을 덮을 만하건만), 时不利兮骓不逝(시운이 불리하니 추도 앞으로 나아가지 않네), 骓不逝兮可奈何(추가 나아가지 않으니 어찌하면 좋으랴), 虞兮虞奈若何(우여! 우여! 너를 어찌하란 말이냐)'의 네 구절을 구구절절 한 글자, 한

글자 끊어서 노래하니 사람들을 전율케 하는 효과가 있는 것이다.

　질서정연하고 가지런한 단음조는 또 두 가지 결과를 초래하기도 한다. 하나는 빈틈없고 사용하기 쉬운 어구를 만들기가 쉽다는 것이다. 이는 아동들이 중국어 구구단을 암기하는 시간이 영어 구구단보다 훨씬 짧은 이유를 설명해준다. 그리고 또 하나는 거의 모든 음절이 의미를 가지고 있다는 것이다. 이로 인해 야기되는 결과는 중국인들이 음절수에 유달리 민감하여 시를 짓거나 산문을 쓸 때 '음절수를 기반으로 작품을 구상하게 된다'는 점이다.

　개략적으로 집계한 바에 따르면, 『갖가지 꽃』은 각 문장이 평균적으로 5글자이고, 7글자 이상의 문장은 단지 12%에 불과하며, 10글자를 넘는 문장은 극히 드물다. 문장들 대부분이 글자 수가 많지 않은 단문들로 병치되어 있으며, 길이도 대체로 같기 때문에 리듬감이 매우 강하다.(沈家煊 2017f:53-61) 예를 들어보자.

　　男人讨娘子, 洞房花烛, 样样事体, 由男人做主.
　　남자가 아내를 얻어 신혼 방에 화촉을 밝히면, 모든 일은 남자가 주체가
　　된다.

　　苏安翻了面孔, 我总算明白, 姓苏跟姓徐的, 穿了连裆裤子.
　　수안이 태도를 바꾸고 나서야 나는 마침내 수씨와 쉬씨가 한통속이라는
　　것을 알게 되었다.

　　金妹穿无袖汗衫, 端菜进来, 颈口流汗, 一双藕臂, 两腋湿透.
　　진메이는 민소매 셔츠를 입고 반찬을 들고 들어왔는데, 목에는 땀이 흐
　　르고, 희고 통통한 두 팔뚝 양쪽 겨드랑이가 흠뻑 젖어 있다.

　　我娘有气无力, 闷声不响, 拿起衣裳, 看我穿, 一把眼泪, 一把鼻
　　涕⋯⋯

엄마는 무기력하게 아무 말씀 없이 계시다가, 옷을 집어 들고 내가 입는 것을 보시고는, 눈물 한 움큼, 콧물 한 줌……

领袖语录, 朗朗上口, 革命形势, 样样懂, 身披军大衣, 样子像领导, 真是奇怪。

수령어록을 또랑또랑하게 읊고, 혁명의 정세를 낱낱이 꿰고 있었으며, 군용 외투를 걸치고 있는 모습이 지도자를 닮아서 정말 이상했다.

汪小姐走进这种大墙门, 花花草草, 吃吃唱唱, 悲金悼玉, 酒胆包天, 难免思春。

왕씨 아가씨가 큰 담장 대문을 들어가니, 호사스런 모습으로, 먹고 마시고 노래하면서, 설보차를 불쌍히 여기고 임대옥을 애도하는데, 술기운에 기댄 용기가 하늘을 뒤덮을 정도이니, 이성에 눈을 뜨는 것을 피하기가 어렵지.

春香的房子 …… 马上要装煤气, 还有啥缺点, 国际饭店, 也不过如此, 姆妈真眼热。

춘향이네 집은 …… 곧 가스 설비를 시공하는데, 무슨 부족함이 더 있겠는가, 국제호텔이라 해도 이 정도에 불과할 터이니, 엄마는 정말 부러워한다.

치궁(启功)은 다음과 같이 말하였다.

음악에는 강한 박자(板)와 약한 박자(眼)[14]가 있다. 강한 박자 두 개가 이어지는 경우도 있고, 하나는 강한 박자 하나는 약한 박자인 경우도 있다. 또 강한 박자 하나에 약한 박자 둘인 경우도 있

---

14) 역자주: 중국 전통극이나 음악의 박자. 매 소절 중에 가장 강한 박자를 '板', 그 외의 약한 박자를 '眼'이라 하는데 '一板三眼'은 4박자를, '一板一眼'은 2박자를 가리킴.

고, 강한 박자 하나 약한 박자 셋인 경우도 있다. 하지만 일반적으로 4개의 박자를 벗어나지는 않는다. 왜 4박자에서 그치는가? 왜냐하면 일상생활에서 박자가 더 이상 많으면 숨을 연결할 수가 없기 때문이다. 중국어는 하나의 쉼표가 곧 하나의 '구절(句)'이 되므로, 글자 수가 아무리 많아도 항상 4박자를 넘을 수 없다. 모든 말은, 설령 싸움을 하는 말다툼이더라도 자세히 들어보면 역시나 항상 이러한 리듬이 있다. 긴 문장 가운데 4박자가 넘는 것은 보통 전후 두 단락으로 나눈다.(启功 1997:58-59)

따라서 중국어는 긴 관형어를 사용하는 것이 익숙하지 않으므로 길어지면 나누어서 전후 문상의 길이를 대제로 같게 만든다. 예를 들어 보자.(『갖가지 꽃』에서 인용)

只有裹了金莲, 束了胸的女人, 可以思春。
발에 전족을 하고, 가슴을 동여맨 여자만이 이성을 그리워할 수 있었다.

到处是一对一对, 抱紧的无声男女。
곳곳이 쌍쌍으로 꼭 껴안고 있는 소리 없는 남녀이다.

恢复不到三十年代, 亭子间的风景了。
30년대의 다락방의 모습으로는 회복될 수 없다.

碰到这种一声不响, 只落眼泪的女人, 第一趟。
이러한 아무 말이 없는, 눈물만 흘리는 여자를 만나기는 처음이다.

또 중국어는 동사 뒤에 최대 하나의 구 성분만 올 수 있다는, 이른 바 '동사 후 제약(动后限制)'이 있다. 이러한 특이한 제약은 다른 VO 형(동사 - 목적어 어순) 언어에서는 거의 찾아 볼 수 없고, 중국어가 유인하다.(张敏 2019) 이는 중국어 표준어와 방언 모두 동사 뒤에 보충 설명하는 성분이 2개 이상 오는 것을 용납하지 않음을 말한다. '打了他一巴掌(그에게 뺨 한 대를 때렸다)'과 같은 일부 예외의 경우가 있기는 하지만, 이는 서북 방언에서는 용납되지 않는 표현이다. 일부 지역에서 통하는 '放了一些书在桌子上(책 몇 권을 책상 위에 놓았다)'과 같은 예외도 북방지역 말에서는 용납되지 않는다. 사실 이러한 표현들은 모두 둘로 나누어서 '打了他, 一巴掌(그를 때렸다, 뺨 한 대를)'과 '放了一些书, 在桌子上(책 몇 권을 놓았다, 책상 위에)'으로 말할 수 있는데, 이렇게 나누게 되면 더 이상 예외가 아니다. 이 문제는 중국어 동사의 타동성과 관련이 있는데, 이에 대해서는 제9장에서 다시 서술하기로 한다.

나누거나 붙일 때 운치와 리듬은 감정 및 의미 표현과 밀접한 관련이 있다. 『갖가지 꽃』의 예를 보자.

陆总说, …… 今儿我碰到小妹, 那种好感觉, 十几年没有了。
루회장은, …… 오늘 내가 샤오메이를 마주쳤는데, 그 좋은 느낌은 십여 년 동안 없었다고 말했다.

'那种好感觉(그 좋은 느낌)'와 '十几年没有了(십여 년 동안 없었다)'는 주술관계인데, 둘로 나눈 뒤에는 구절의 길이가 비슷하여 리듬감이 생긴다. 이와 동시에 '今儿我碰到小妹, 那种好感觉!'와 같이 '那种好感觉'도 역시 '今儿我碰到小妹'에 대한 평언이 된다. 만약 이 구절을 연결하여 '那种好感觉十几年没有了'라고 말하게 되면 이러한 감탄의 어조는 사라져 버린다.

小毛说, …… (女工)想帮我汰衣裳, 缝被头。樊师傅说, 当心, 已婚
女人, 喜欢这一套。

샤오마오는, …… (여공이) 내 옷을 빨아주고, 이불을 꿰매주고 싶어 한
다고 하였다. 판선생님은, 조심하라며, 기혼여성들은, 그런 수작을 좋아
한다고 하였다.

위 문장에서는 왜 주어 '已婚女人(기혼여성들은)'와 술어 '喜欢这
一套(그런 수작을 좋아한다)' 사이를 나누었을까? '当心, 已婚女人'
은 또 앞의 샤오마오가 한 말에 대한 평언으로 경고의 어조를 가진다.
그런데 만약 이들을 연결하여 '已婚女人喜欢这一套'라고 하면 경고
의 어조가 상당히 약해져 버린다. 『갖가지 꽃』에는 또 리리(李李)가
친(秦)씨 아가씨와 싱가포르 남자의 맞선을 주선한 내용이 나온다. 여
기서 친씨 아가씨가 지나치게 유식한 티를 낸 것을 두고, 리리가 아바
오(阿宝)에게 한 말이 '秦小姐, 实在是弄过头了。(친씨 아가씨 말이
죠, 정말 너무 심했어요.)'이다. 작가는 이 문장에서 절묘하게 쉼표를
첨가함으로써 "嗳, 这个秦小姐!(어휴, 이 친씨 아가씨!)"라는 어투를
만들고 있다. 또 하나 좀 더 좋은 예는, 한 무리의 사람들이 창수(常
熟)에 있는 쉬(徐)사장의 저택에 가서 집을 구경하고 식사를 하는 장
면이다. 여자가 장식품이 되는 것이 뭐가 나쁘냐는 왕(汪)씨 아가씨의
말에, 쉬사장이 감탄을 하면서 왕씨 아가씨가 정말로 개성이 있다고
칭찬을 한다. 그리고는 바로 이어서 다음 부분이 나온다.

汪小姐羞怯说, 徐总懂我, 就可以了。苏安不响。

왕씨 아가씨는 수줍어 머뭇거리면서, 쉬사장님이 저를 알아주시기만 하
면, 그만이라고 말했다. 쑤안은 아무 말이 없었다.

여기서 '徐总懂我' 뒤의 쉼표를 결코 가벼이 보아서는 안 된다. 그것이 뒤의 '就可以了'를 있으나마나 한 덧붙이는 말로 만들어 버렸기 때문이다. 즉 이 쉼표 하나로 인해서 쉬사장의 환심을 사고 싶으면서도 또 수줍어하며 머뭇거리는 왕씨 아가씨의 말투와 표정이 방관자의 눈에 생생하게 살아나게 된 것이다.

각 절의 글자 수를 통제하는 것은 단지 운치와 리듬의 한 요소일 따름이고, 한 문장 안에서 긴 절과 짧은 절이 함께 조화를 이루어야 비로소 변화무쌍한 정취가 생긴다. 『갖가지 꽃』에는 길고 짧은 절이 반복되는 경우가 적지 않으며, 특히 단락의 끝부분에는 한두 글자로 된 평언을 자주 사용하고 있다.

口里一面讲, 身体一面靠紧, 滚烫。
입으로는 말하면서, 몸이 바짝 붙었으니, 달아오른다.

阿宝叹息说, 这个苏安, 真是徐总长期利用的一件道具, 悲。
아바오는 탄식하면서, 이 사람 쑤안은 쉬사장이 오랫동안 이용해 온 도구라며, 슬프다고 말했다.

芳妹, 真也是厉害角色, 老公不太平, 每夜就多交公粮。好办法。
팡메이는 정말로 역시 대단한 사람이야. 남편이 밖에서 딴 짓을 하니, 밤마다 자기에게 시중을 많이 들라고 시키는군. 좋은 방법이다.

全部是, 年夜饭的好小菜嘛, 两冷盆, 四热炒, 一砂锅, 一点心。赞。
전부 다, 섣달 그믐날 가족 식사로 먹기에 좋은 요리군, 찬 요리 두 접시, 볶음 요리 네 가지, 뚝배기 요리 하나, 디저트 하나. 훌륭해.

작가 차오나이첸(曹乃谦)은 텍스트 속에 한 글자로 된 문장을 삽입하는데 뛰어났다. 이에 대해 노벨문학상 심사위원이자 중국어 학자 말름크비스트(Malmqvist, 马悦然)[15])는 "음악 연주와 흡사하다", "대화 사이의 침묵을 대단히 교묘하게 이용한다"고 평가하였다.(许立群 2016:218에서 재인용) 예를 들어보자.

"苦。咱可是苦了一辈子。可受苦人不苦那能叫受苦人?" 他停了一会儿接住说 : "仇。咱可是跟谁也没结下个那。要说他。" 贵举老汉把眼睛紧紧盯住站在当地的那个低着头的后生, 说, "他。他原本儿就不是地主。他原本儿就是贫农。他。他是我的儿子。是我的儿子。不信你们去问问他妈。"

"고생. 우린 정말 한평생 고생했습니다. 그런데 고생한 사람이 고되지 않으면 고생한 사람이라고 할 수 있겠습니까?" 그는 잠시 멈추었다가 말을 이어나갔다. "원한. 우린 정말 누구와도 원한을 맺지 않았어요. 그 사람 얘기를 할게요." 꾸이쥐 노인은 그 자리에서 고개를 숙인 채 서 있는 허우성을 노려보면서 말했다. "그 사람. 그 사람이 원래는 지주가 아니었어. 그 사람이 원래는 빈농이었지. 그 사람. 그 사람은 내 아들이야. 내 아들이라고. 못 믿겠으면 자네들이 그 애 엄마한테 가서 물어 봐."

曹乃谦『到黑夜想你没办法』

한 글자로 된 문장 뒤에는 모두 휴지가 있는데, 이는 의미가 심장하다. 휴지의 추가 여부와 위치, 휴지의 길이는 모두 어구 결합의 긴밀함과 느슨함의 변화, 말투의 빠름과 느림의 변화를 유발한다. 중국어 리듬의 유형은 긴축이완형(松紧型) 또는 완급형(徐疾型)인데, 이에 대해서는 커항(柯航 2018)을 참고하기 바란다. 대화 속의 휴지와 침묵은 모두 감정을 전달하고 생각을 표현하는 기능이 있는데, 이에 대해서는

---

15) 역자주: 고란 말름크비스트(Goran Malmqvist, 1924-2019) 스웨덴 한림원 회원이자 중국 전문가.

제8장 '대화분석' 절에서 서술할 것이다. 운치는 쌍성첩운(双声叠韵) 및 평측대응(平仄对应)과 관련이 있으며, 이는 Part2 제13장에 '성운 대'라는 제목의 절에서 논하고자 한다.

　요컨대, 무종지문의 단연성, 지칭성, 병치성, 사슬성, 운치성의 다섯 가지 특징은 서로 연결되고 함께 얽혀 있다. 이 장에서 따로 나누어서 설명한 것은 단지 서술의 편의를 위해서일 뿐임을 밝힌다.

　이상으로 무종지문의 연구에 관한 새로운 진전을 살펴보았다. 이를 통해 우리는 주술구조의 필요성을 한층 더 인식하게 되었고, 주술구조 를 넘어서기 위해서 더욱 더 충분한 준비를 하게 되었다.

억지 비교가 야기한 문제

    중국어에도 인도유럽어처럼 주술구조가 있다고 하는 것은 일종의 억지 주장일 뿐이다. 왜냐하면 중국어에는 주술구조라고 정의를 내릴 수 있는 형식적인 근거가 없기 때문이다. 주술구조의 틀에 중국어를 끼워 맞출 경우에 봉착하게 되는 어려움과 이로 인해 야기되는 문제, 특히 최근 몇 년간 논의에서 제기되었던 주요 쟁점은 능격형식(施格型), 중간형식(中动式), 사건구조(事件结构), 관계절(关系从句)의 4가지이다. 이 장에서는 이에 대해 차례로 설명하고자 한다.

① 능격형식

    언어의 구조유형을 능격형(Ergative language, 施格型)과 대격형 (accusative language, 受格型)으로 구분하는 것은 딕슨[1](Dixon 1972) 에서 유래한다. 능격형과 대격형을 구분하기 위해서는 먼저 세 개의 문장성분 A, S, O를 확정하여야 한다. A는 타동사의 주어이고, S는 자

---

1) 역자주: 로버트 말콤 워드 딕슨(Robert Malcolm Ward Dixon, 1939-) 영국의 언어학자.

동사의 주어이며, O는 타동사의 목적어이다. 명사에 격표지가 있는 언어는 이로써 두 종류로 나뉜다. 하나는 모두가 잘 아는 대격언어로, 영어가 이에 해당된다.

    a. He works. 그는 일한다.
    b. He likes her. 그는 그녀를 좋아한다.

자동사 work의 주어 he와 타동사 like의 주어 he는 모두 주격 형식이지만, 타동사의 목적어 her는 목적격 형식이다. S와 A는 동격으로 S=A로 표기하지만, O는 독특한 대격형식을 가지고 있는 언어를 대격언어라 한다. 다시 호주 원주민의 디르발(Dyirbal)어를 살펴보자.

    a. ŋuma   banaga+nyu.
        父亲   回来
        아버지   돌아오다
        父亲回来了。 아버지께서 돌아오셨다.

    b. ŋuma   yabu+ŋgu   buṛa+n.
        父亲   母亲   看见
        아버지   어머니   보았다
        母亲看见父亲了。 어머니가 아버지를 보았다.

ŋuma(아버지)가 a에서는 자동사의 주어이고, b에서는 타동사의 목적어인데, 둘 다 격 표지가 없는 절대격(absolute case, 通格)형식이다. 즉, S와 O는 동격으로 S=O로 표기되지만, b에서 타동사의 주어 A에 해당하는 yabu(어머니)는 독특한 능격표지 ŋgu를 가진다. 이것이 능격형 언어이다.(어떤 사람은 '作格型'으로 번역한다)

딕슨의 방법은 인도유럽어와 같은 대격 언어를 참고대상으로 하였기 때문에 당연히 뚜렷한 유럽 중심적(Eurocentric) 시각이 존재한다.(Croft 2001의 평론 참고) 이후에 연구자가 그의 정의 가운데 A를 행위자(施事)에 가까운 문장성분으로 고치고, O를 피행위자에 가까운 문장성분으로 고치기는 했지만(O를 P로 고침), 기본적으로는 여전히 인도유럽어식의 주술구조를 출발점으로 하고 있다. 이 출발점은 3가지 전제를 포함한다. 하나는 주어와 술어의 이분과 주어와 목적어의 대립을 전제로 한다는 것이다. 또 다른 하나는 일반적으로 주어는 행위자이고, 목적어는 피행위자여서 행위자와 피행위자의 대립을 전제로 한다는 것이다. 그리고 나머지 하나는 동사는 타동과 자동으로 이분됨을 전제로 한다는 것이다.

그러나 이러한 출발점으로 다른 언어를 묘사하는 것은 문제가 많다. 첫째, 언어유형론적으로 볼 때 주어가 모든 언어에 보편적으로 존재하는지 여부는 줄곧 논쟁이 있어온 문제이다. 팔머(Palmer 1994:14-15)는 능격 언어에서 어떤 성분이 주어인지에 대해서는 두 가지 상반된 견해가 존재한다고 지적하였다. 하나는 능격 성분 A를 주어로 보는 것이고, 다른 하나는 절대격[2]성분 S=O를 주어로 보는 것이다. 그러나 이 두 가지 견해는 모두 문제가 있다. 만약 A를 주어로 본다면 자동사절에는 목적어만 있고 주어는 없게 되고, 이와 반대로 S=O를 주어로 본다면 A가 목적어가 되므로, 이 결과는 더욱 수용하기가 어렵다. 중국어의 경우, 이른바 주어는 사실상 화제로, 행위자가 아닌 주어의 비율이 높게는 50%에 이른다.(赵元任 1968a:45) 따라서 주어가 없는 문장도 정상적인 문장이고, 주술술어문은 여러 개의 주어를 가지기도 한다.

---

2) 역자주: 주격과 목적격이 같은 형태인 것.

둘째, 중국어는 '행위자 피행위자 동일어휘(施受同辭)'인 언어이다. 이는 문장 속의 명사성 성분에 행위자와 피행위자를 구분하는 형식 표지가 없을 뿐만 아니라 동사 역시도 이러한 형식적인 구분이 없음을 말한다. 동일한 형식의 동사에 대해 그 앞의 성분이 행위자일 수도 있고, 피행위자일 수도 있는 것이다. 이와 관련하여 자주 드는 예는 다음과 같은데, 상세한 것은 제9장에서 다시 서술하기로 한다.

鸡不吃了。닭이 (모이를) 먹지 않는다/(나는)닭은 먹지 않는다.
母亲的回忆。어머니의 추억(어머니가 생각하는 추억/어머니에 대한
　　　　　추억)
我想死你了。나는 당신이 그리워 죽겠어요.
你想死我了。나는 당신이 그리워 죽겠어요.
把特务抓了。스파이를 잡았다.
把特务跑了。스파이를 놓쳤다.

셋째, 중국어 동사는 타동사와 자동사의 엄격한 구분이 없다. 중국어 동사는 타동사로 목적어의 종류만 다를 뿐 모두가 목적어를 가질 수 있다는 것이 학계의 보편적인 관점이다. 예를 들면, '来一趟(한 번 오다)', '忙五天(5일 동안 바쁘다)'은 각각 동량목적어와 시량목적어를 가진다는 것이다. 이러한 관점은 타동사를 '목적어를 가질 수 있다(可以带宾语)'라고 하는 정의에서 출발한다. 그런데 만약 타동사를 '반드시 목적어를 가져야 한다(必须带宾语)'로 정의한다면, 반대로 거의 모든 동사는 타동사가 아니라고 말할 수 있다. '咱们交个朋友(우리 친구 하자)'를 예로 들어보자. 이는 단독으로 '咱们交'만 따로 떼어 내어서 말할 수 없고, 반드시 '交'의 목적어가 와야 하는 것처럼 보인다. 그런데 '咱们交不交朋友?(우리 친구 할래 안 할래?)'라는 질문에 '咱

们交(우리 친구 하자)'라고 대답하는 대화 상황에서는 '交'가 목적어를 가지지 않을 수도 있다. 또 '他伸出两个指头(그는 손가락 두 개를 펼치다)'에서도 '他伸出'를 따로 떼어 내서 말할 수는 없고 반드시 '伸出'의 목적어가 와야 하는 것처럼 보인다. 그런데 어조나 어기사를 추가한 '伸出!(펴라!)' '他伸出了(그가 폈다)'는 또 가능한 표현이다. 이에 어떤 사람은 타동, 자동을 구분하는 것과 전후 문장이나 어기, 어조는 무관하다고 항변한다. 하지만 특정한 전후 문장 속에서 사용되지 않는 말이 어디 있는가? 또 조금이라도 어기나 어조를 띠지 않는 말이 어디 있는가? 사실 이것은 무종지문의 단연성과 관계가 있다.

> 这台跑步机跑过三个大胖子。
> 이 러닝머신은 3명의 뚱보가 뛰었다.

> 这台跑步机跑过, 三个大胖子。
> 이 러닝머신에서 뛰었다, 3명의 뚱보가.

'跑过'는 그 뒤에서 끊으면 자동, 끊지 않으면 타동이 된다. 그러므로 중국어의 동사는 사전에 타동, 자동을 표기할 수가 없다.

능격성과 대격성의 양분에 관한 외국의 이론이 중국어 문법학계에 소개되자마자 어떤 사람은 중국어는 능격 언어라고 주장하였다. 이는 아마도 중국어의 경우 피행위자가 주어가 되는 것이 보편적이기 때문일 것이다. 이후 이와 관련된 활발한 논의가 전개되었고, 다양한 의견들이 제시되었다. 뤼수샹(吕叔湘 1987)은 중국어에는 근거로 삼을만한 형태적인 수단이 없는데도 중국어를 어느 한 유형의 언어라고 말하는 것은 모두 일종의 억지 비교를 통한 주장에 불과하다고 지적하였다. 억지 비교로 인해 초래된 문제는 아주 많다. '胜(이기다)'과 '败

(지다)'라는 두 단어의 용법에 대한 분석을 예로 들어보자.

> 中国队大胜韩国队。중국팀이 한국팀에게 대승을 거두었다.
> 中国队大败韩国队。중국팀이 한국팀을 대패시켰다.
> 中国队大胜。중국팀이 대승을 거두었다.
> 韩国队大败。한국팀이 대패했다.

위 예를 통해 동사 '胜'의 용법은 대격형에 속하고, 동사 '败'의 용법은 능격형에 속한다고 말할 수 있다. 따라서 이는 이미 중국어를 단순히 능격형 언어라고 말할 수 없다는 것을 보여준다. 더욱 심각한 문제는, 이때 '大败(크게 패하다)'를 '惜败(아쉽게 패하다)'나 '险败(아슬아슬하게 패하다)'로 바꾸기만 해도 결과가 완전히 달라진다는 점이다.

> 中国队惜败韩国队。중국팀이 한국팀에게 아쉽게 패하였다.
> 中国队惜败。중국팀이 아쉽게 패하였다.

> 中国队险败韩国队。중국팀이 한국팀에게 아슬아슬하게 패하였다.
>   중국팀이 한국팀을 아슬아슬하게 이겼다.
> 中国队险败。중국팀이 아슬아슬하게 이겼다.
> 韩国队险败。한국팀이 아슬아슬하게 이겼다.

'大胜'과 마찬가지로 '惜败'('惨败(참패하다)'도 있음)는 대격형이 되었다. 그런데 '险败'('完败(완패하다)'도 있음)는 중국팀이 졌다는 것과 한국팀이 졌다는 두 가지 의미가 모두 있는 것으로 보이므로 대격형인지 능격형인지를 확정하기가 어렵다. 이는 '大', '惜', '惨', '险'

등과 같이 주관적인 감정을 나타내는 글자들이 문장의 의미를 이해하는 데 직접적으로 영향을 미침으로써 글자의 의미 차이가 동사 유형의 차이를 압도한 경우이다.(完权 2012)

또 반대 방향의 억지 비교도 있다. 자동사로 구성되어 하나의 논항을 가지는 단항문(单项句)에 상응하는 이항문(二项句)이 있는지 살펴보자.

客人来了。　　　　　　　　孩子哭了。
손님이 왔다.　　　　　　　　아이가 울었다.
家里来了客人。　　　　　　　*家里哭了孩子。
집에 손님이 왔다.

父亲死了。　　　　　　　　　父亲病了。
아버지께서 돌아가셨다.　　　　아버지께서 병이 나셨다.
王冕死了父亲。　　　　　　　*王冕病了父亲。
왕면은 아버지를 여의었다.

어떤 사람은 단지 위 사실만을 근거로 자동사를 두 종류로 나누었다. (이에 따르면) 왼쪽 그룹의 '来(오다)'와 '死(죽다)'는 비대격 동사에 속하고, 오른쪽 그룹의 '哭(울다)'와 '病(병이 나다)'은 비능격 동사에 속한다. 그런데 상황은 이렇게 간단하지가 않다. '哭'와 '病'도 논항이 2개인 이항문이 많이 존재하기 때문이다.(刘探宙 2009) 예를 들어보자.

在场的人哭了一大片。
현장에 있던 사람들이 온통 울었다.

(非典的时候)小李也病了一个妹妹。
(사스가 유행일 때) 샤오리도 여동생 하나가 병에 걸렸다.

郭德纲一开口, 我们仨就笑了俩。
궈더강이 입을 열자마자, 우리 셋 중에 둘이나 웃었다.

不到七点, 我们宿舍就睡了两个人。
7시도 안 되어, 우리 기숙사에는 벌써 2명이 잠들었다.

今天上午这台跑步机一连跑过三个大胖子。
오늘 오전에 이 러닝머신은 연달아 3명의 뚱보가 뛰었다.

立定跳远(全班)已经跳了三十个同学了。
제자리멀리뛰기는 (반 전체에서) 이미 30명의 학생이 뛰었다.

这次流感小班的孩子咳嗽了五六个。
이번 독감에 유아반의 아이 대여섯 명이 기침을 했다.

이에 어떤 사람은 이 문장들이 모두 특정한 문맥에서 말한 것으로 화용론의 연구 대상이기 때문에 문법 분석의 범위 밖에 있다고 해명한다. 하지만 모든 문장은 다 특정한 문맥 상황에서 말해진다고 할 수 있다. 이렇게 해명하는 사람들이 다른 곳에서 문법적인 논증을 할 때는 이 견해를 오히려 문장의 합법성을 증명하는 증거로 제시함으로써 스스로 자기모순에 빠지기도 한다. 중국어의 동사는 자동과 타동의 구분이 엄격하지 않으며, 또 이러한 구분이 중국어에 있어서는 중요하지도 않다.

요컨대, 중국어가 능격 언어인지 대격 언어인지를 논하는 데 있어서 이러한 억지 비교가 어느 정도 일리가 있어 보이는 것도 사실이다. 하지만 아무래도 중국어에 확실히 들어맞지 않는다는 느낌을 주는 것은 피할 수가 없다. 이처럼 억지로 끼워 맞추는 것은 마치 발을 깎아서 신발에 맞추고, 신발 위로 가려운 곳을 긁는 것과 흡사하다.

언어 진화의 측면에서 보면, 원시언어의 절 구조는 하나의 자동사와 하나의 명사가 결합하여 구성된 이중슬롯(dual slot, 双插槽) 구조일 가능성이 매우 높다. 명사는 원래 주격과 목적격의 차이가 없었으나, 이후 두 방향의 비교적 복잡한 타동구조로 변화, 발전하게 되었다. 능격언어는 자동사 절대격이 그대로 유지된 채 하나의 능격 성분이 추가된 반면, 대격언어는 목적격이 진화되어 나와 목적격 성분이 늘어나게 되었다.(Progovac 2015, 吴玲兰 2018) 이를 통해 볼 때 중국어가 언어의 원시 구조 형태에 더 가까운데, 이에 대해서는 Part2 제14장 '원시문법' 절에서 서술하고자 한다.

② 중간형식

주술구조를 근간으로 하는 언어에서는 문장의 능동식과 피동식을 구분하는데, 능동식과 피동식의 형식적인 차이는 주술구조의 근간적인 지위를 확립하는 근거 중의 하나이다.(제1장 참조) 영어의 경우, They beat him(그들이 그를 때렸다)은 능동문이고, 이를 피동문으로 바꾸면 He was beaten by them(그는 그들에게 맞았다)이 된다. 여기서 피행위자가 되는 대명사 목적어 him은 목적격 형식인데, 피동문의 주어가 되면 주격 형식을 취한다. 또 술어에는 조동사 be를 추가하고, 주어와 형태가 일치해야 하며, beat는 beaten으로 바뀌어야 한다. 능동식과 피동식을 구분하는 의미의 기초는 행위자와 피행위자의 구분이고,

피동문은 행위자가 아닌 피행위자가 주어가 된다. 이른바 '중간형식(middle construction, 中动式)'이란 능동식과 피동식으로 양분되는 구조의 바탕 위에 형식과 의미의 불일치를 보완하기 위해서 추가한 중간 범주를 말한다. 영어에서는 주로 다음과 같은 유형의 문장을 가리킨다.

> The book sells well. 그 책은 잘 팔린다. 这本书卖得好。
> The bread cuts easily. 그 빵은 잘 잘린다. 这种面包容易切片。
> The soup smells good. 그 수프는 냄새가 좋다. 这汤闻着挺鲜美。

이들 문장은 능동문의 형식이지만, 의미적으로는 오히려 피행위자가 주어가 된다. 형태가 발달한 일부 언어에서는 술어 동사에 특별한 중간동사 형태표지가 있지만, 영어 동사에는 이러한 형태표지가 없다. 따라서 영어에 중간형식이 있다고 하는 것도 이미 어느 정도는 억지 주장에 해당되며, 중국어에 중간형식이 있다고 하는 것은 일종의 완전한 억지 주장이다. 먼저, 어떤 사람은 중국어의 중간구문을 '起来/上去'문으로 한정하였다. 즉 영어 The soup smells good에 비추어 보면, 중국어에는 '汤闻上去很鲜美(국은 냄새를 맡아보니 아주 맛있겠다)', '这辆车开起来很舒服(이 차는 운전해보니 아주 편하다)'가 있다는 것이다. 그런 다음 중간구문을 '난이(难易)'문으로 확대한다. 영어 The bread cuts easily를 참작하여, 중국어에는 '面包很容易切片(빵은 쉽게 잘린다)', '这个手续很难办(이 수속은 처리하기가 아주 어렵다)'이 있다고 하였다. 또 다시 이를 '能'자문을 포함한 조동사문으로 확대한다. 예를 들면 '橘子皮还能做药(귤껍질은 약으로도 쓸 수 있다)', '这本书应该认真读(이 책은 열심히 읽어야 한다)'', '这笔钱不准动(이 돈은 건드려서는 안 된다)'와 같다. 그리고 다시 이를 '这本书值得读

(이 책은 읽어볼 만하다)'와 같은 '值得'문으로 확대한다. 그런데 이렇게 확대해 나가기 시작하면 끝이 없다. 또 어떤 사람은 '牛筋鞋底耐磨(소 힘줄로 만든 신발 밑창은 마모에 강하다)'를 중간구문에 포함시키면서 '这本书卖得动(이 책은 잘 팔린다)'(The book sells well과 더 가까움)과 '这辆车开得快(이 차는 빨리 운행할 수 있다)'(The car drives fast와 더 가까움)는 배제하는 자기모순을 자초하는 경우도 있다. 그 이유는 단지 후자가 중국어에서 흔히 볼 수 있는 동보구조이기 때문이라는 것이다.

또 어떤 이는 중국어에 중간형식이 있다는 관점을 옹호하기 위해서, 그 범위를 사태(事态)를 나타내는 판단문으로 제한하면서 사건(事件)을 나타내는 평서문(陈述句)은 배제하였다. 예를 들면, '橘子皮能做药(귤껍질은 약을 만들 수 있다)'는 판단문으로 중간형식인 반면에, '橘子皮做了药(귤껍질은 약을 만들었다)'는 평서문으로 중간형식이 아니라는 것이다. 그런데 사실 중국어의 평서문은 모두가 다 판단문이다. 앞에서 언급한 바와 같이, 중국어는 '橘子皮(是)做了药(的)(귤껍질은 약을 만들었다)'처럼 술어 앞에 항상 판단을 강화하는 동사 '是'자를 추가할 수 있고, 또 뒤에는 항상 '的'자(역시 판단을 강화하는 것임)를 추가할 수 있다.

요컨대, 중국어에서 피행위자가 주어가 되는 것은 특수한 상태(特殊态)가 아닌 일반적인 상태(常态)이다. 중국어는 형태 차이가 없어 행위자와 피행위자가 동일한 어휘를 사용하므로 '被'자문만 있을 뿐 피동문(被动句)은 없다. 그 예를 살펴보자.

陶陶说, 现在我 [被] 扫地出门, 等于民工。
타오타오는 지금 자기가 재산을 다 빼앗기고 집에서 쫓겨나면 잡부나

다름없다고 말했다.   金宇澄『繁花』

你就写他 [被] 偷车的事情。
너는 그럼 그 사람이 차를 도둑맞은 일을 써.   赵元任『中国话的文法』例

이 두 예문 모두 '被'자가 생략되어 나타나지 않지만 문장은 여전히 피동의 의미를 나타내고, 피동의 의미를 강조할 때에만 '被'자를 추가 하여 '뜻대로 되지 않음(不如意)'의 의미를 나타낸다. '명동포함설(名 动包含说)'에 따르면, '被'자 뒤의 동사성 성분 '扫地出门(땅을 쓸고 문을 나서다)'과 '偷车(차를 훔치다)'를 어떠한 상태를 지칭하는 동사 '被'의 지칭성 목적어로 분석하는 것이 충분히 가능하다. TV에서 방영 하는 『법률 교실(法律讲堂)』이라는 프로그램이 있다. 「술을 파는 소 녀가 마약을 복용당하다(卖酒少女被吸毒)」는 이 프로그램에 나오는 한 스토리의 제목이다. 이는 한 소녀가 다른 사람이 필로폰을 타놓은 술을 마신 사건을 보도한 것인데, 이때 '吸毒(마약을 복용하다)'는 바 로 '被'의 목적어가 된다.

영어와 비교하여 보자.

He had no boots and shoes to ´mend.
그는 수선할 부츠와 신발이 없었다.

他没有要修的鞋。
그는 수선할 신발이 없다.

He ´looked at the boots and shoes to be mended.
그는 수선될 부츠와 신발을 보았다.

他看着要修的鞋。
그는 수선할 신발을 보고 있다.

영어에서 이 두 문장의 능동식 to mend와 피동식 to be mended는 호환이 불가능하다. 전자는 사람이 구두를 수선한다는 의미이고, 후자는 구두가 사람에게 수선된다는 의미로 행위자와 피행위자가 서로 다른 형태의 단어를 사용하기 때문이다. 하지만 중국어는 이 두 경우 모두 '要修的'이다.(钱歌川 1981:119) 아래는 외국 유학생(영국, 러시아, 일본, 한국)이 중국어를 배우면서 자주 범하는 오류들이다.

* 你的文章被修改完了。
* 我的书被出版了。
* 口语课是被王老师讲的。
* 今天晚饭被妈妈做的。

따라서 옌천쑹(严辰松 2011)은 "중국어는 원래 능동과 피동이란 것이 없으니, 중간형식은 더더욱 말할 필요가 없다"고 결론지었다. 중국어는 '중간형식'의 개념이 필요 없거나 행위자와 피행위자가 동일한 형태의 단어를 사용하므로 형식상 모두 중간구문이라고 할 수 있다. 그런데 억지 비교의 방법을 사용하여 특별히 중간형식을 중국어에 도입한 결과, 논란이 지속되었고 번거로움만 가중시키고 말았다.

❸ 사건구조

탈미(Talmy 2000)는 이동 사건의 언어적 표현 방식을 두 가지 유형으로 나눔으로써 끊임없는 토론을 불러 일으켰다. 하나의 이동 사건 '병이 동굴 밖으로 떠내려왔다(The bottle floated out of the cave. 瓶子漂出洞口)'를 예로 들어보자.

영어	The bottle floated out of the cave.
스페인어	La botella salió de la cueva flotando.
	(The bottle exited from the cave, floating.)
중국어	瓶子漂出洞口。

영어 문장은 병의 '이동'과 이동의 '방식'이라는 두 가지 의미 요소를 융합하여 하나의 동사 float로 만들었고, 이동의 '경로' 요소는 단독으로 전치사 out of로 나타내고 있다. 의미적으로 이동 사건은 하나의 주主사건과 하나의 부剛사건을 포함한다. 물체의 이동과 이동의 경로인 '병이 동굴 밖으로 나오다'는 사건을 틀(frame)을 나타내는 주사건이고, 이동의 방식인 '뜨다'는 주사건에 부가된 부사건이다. 구조적으로 영어의 술어 동사 float는 문장의 핵심어(core)이고, 전치사구 out of the cave는 술어 동사의 위성어(satellite), 즉 부가어이다. 따라서 영어는 '위성어 틀 언어(satellite-framed language, 附加语构架语言)로, 주사건은 부가어를 통해 표현된다. 영어와 같은 유형의 언어로는 독일어, 러시아어, 북아메리카의 아추게위(Atsugewi)어 등이 있다. 스페인어의 구조유형은 이와 정반대이다. 문장의 술어인 동사의 핵심은 salió(exit)인데, 이는 '이동'과 '경로'의 두 요소가 병합된 것이다. '방식'은 단독으로 동사의 분사형식인 flotando(floating)에 의해 표시된다. 따라서 스페인어는 '핵심어 틀 언어(core-framed language, 核心语构架语言)에 속하고, 주사건은 핵심어에 의해 표현된다. 이와 같은 유형의 언어로는 프랑스어와 일본어 등이 있다.

사건구조의 유형에 관한 이론은 중국 국내 학자들의 관심과 흥미를 불러 일으켰지만, 중국어가 어느 유형에 속하는가에 대해서는 상당한 견해 차이를 보였다. 논의의 쟁점은 '漂出'라는 결합의 구조적 성질에 대한 판단이다. '漂'를 핵심 동사로 보고, 이에 따라 '漂出'를 동보구조로 보는 사람은 중국어가 영어와 같은 유형인 위성어 틀 언어에 속한다고 말한다. 반면, '出'를 핵심 동사로 보고, 이에 따라 '漂出'를 수식구조로 보는 사람은 중국어가 스페인어와 같은 유형인 핵심어 틀 언어에 속한다고 말한다. 이들 두 관점은 모두 나름대로의 이유와 증거가 있지만, 어느 한쪽도 다른 한쪽을 설득시키지 못하였다. 이후에 영어와 스페인어도 하나의 유형에만 속하는 것이 아니라 두 가지 유형의 표현 방식이 모두 다 있다는 것이 발견되었다. 필자는 중국어도 두 가지 유형이 혼합되어 있기는 하지만, 위성어 틀 언어에 보다 더 가깝고 방향보어가 경성인 경우가 많아서 이미 상당한 정도의 문법화가 일어났다고 생각하였다.(沈家煊 2003) 하지만 이것이 학계의 정론은 아니다. 문제는 영어나 스페인어 같은 언어는 동사의 형태를 기준으로 하기 때문에 구체적인 어느 한 문장이 어느 유형에 속하는지 명확하게 판단할 수 있지만, 중국어는 그렇지가 않다는 점이다. 구체적인 한 문장 '瓶子漂出洞口'를 예를 들면, 학자들마다 나름의 이유가 있어서 어느 유형에 속하는지를 판단하기가 어렵다.

　주술구조를 근간으로 하는 언어는 술어 부분에 핵심(head)이 있는데, 그것의 지위는 술어의 다른 부분보다 높다. 예를 들어, He was beaten by them 속의 was라는 핵심은 주어와 형태의 일치를 유지한다. 문장이 의문문으로 바뀌면 핵심은 Was he beaten by them(그는 그들에게 맞았나요)과 같이 문두로 와야 한다. 부정문으로 바뀌면 He wasn't beaten by them(그는 그들에게 맞지 않았다)과 같이 부정성분이 핵심에 추가된다. 술어 부분에서 핵심과 비핵심의 불평등한 지위는 주술구조를 확립하는 하나의 중요한 근거가 된다.(제1장에서 서술하였으며, 핵심은 연산자라고 칭함) 그러나 '这东西花钱买来搁着不用当

摆设(이 물건은 돈을 들여 사와서는 놓아두 채 쓰지는 않고 장식품으로 삼는다)', '吃过晩饭丢下碗开门出去玩不回家(저녁밥을 먹고는 그릇을 내버려둔 채 문을 열고 놀러 나가서 집에 돌아오지 않는다)'와 같이 중국어의 술어는 연동식이 특히 많다. 이 경우에 여러 개의 동사가 연속으로 배열되기 때문에 형식적으로는 핵심을 구분할 수가 없다. '漂出'는 형식적으로 두 동사 '漂'와 '出'가 병치되어 있어서 주종(主从)으로 나누어지지 않는다. 따라서 의미를 통해 이 둘의 강약을 판단할 수밖에 없다. 뤼수샹(呂叔湘 1979:83)은 연동식 전후의 의미 강약은 세 가지 경우가 있다고 주장하였다.

> 전약후강(앞이 약하고 뒤가 강하다)
>> 坐车回家 차를 타고 집에 가다
>> 赶着做活 서둘러서 일하다
>
> 전강후약(앞이 강하고 뒤가 약하다)
>> 买菜去 채소를 사러 가다
>> 写个信[去]试试 편지를 써 보다
>> 说着玩儿 농담하다
>
> 강약불분(강약을 구분하기 어렵다)
>> 躺着不动 누워서 움직이지 않다
>> 留着有用 남겨두면 쓸모가 있다
>> 喝酒喝醉了 술을 마셔서 취하다

중요한 것은 강약을 구분할 수 있는 대다수의 상황이 실제 사용할 때는 여전히 강약을 확정하기 어렵다는 점이다. 예를 들어, '坐车回家(전약후강)'와 '写个信试试(전강후약)'의 경우, 만약 '坐车(차를 타다)'

와 '写个信(편지를 쓰다)' 뒤에 짧은 휴지가 있으면 '回家(집에 가다)'는 약간 약하게 말하고, '试试(시도해보다)'는 약간 강하게 말한다. 이때 '坐车回家'는 전강후약으로 변하고, '写个信试试'는 전약후강으로 변한다. 그런데 휴지와 강약은 모두 연속적인 정도의 차이일 뿐이어서 명확하게 끊을 수가 없다. 따라서 종합적으로 말하면, 전후 성분의 강약이 대체로 비슷하기 때문에 어느 것이 핵심성분이고 어느 것이 종속성분인지를 확정하는 것은 중요하지가 않다고 할 수 있겠다. 중요한 것은 '走出(家乡)((고향을)떠나다)'와 '出走(他乡)((타향으로)떠나다)', '进击(진격하다)'와 '击进(쳐들어오다)'에서 볼 수 있듯이 어순이다.

역사적으로 보면, 중국어의 동사 - 보어구조(动补式)와 부사 - 중심어구조(状中式) 두 가지 종속구조는 모두 병렬식 연동구조(并列连动式)에서 기원한다. 병렬식 연동구조는 역사적으로 두 가지 방향으로 변천하였다. 하나는 '推而远之(그것을 밀어내어 멀리하다) → 推远(멀리 밀다)'과 같이 전강후약의 동사 - 보어 방향이다. 다른 하나는 '坐而论道(앉아서 도를 토론하다) → 坐论(앉아서 논하다)'처럼 전약후강의 부사어 - 중심어 방향이다. 하지만 이러한 변천은 철저하지 않다는 것을 알아야 한다. 종속관계는 형식으로만 결정되는 것이 아니어서, 동사 - 보어구조의 보어항은 허화 정도가 높다고 해도 '瓶子出洞(병이 동굴 밖으로 나왔다)'과 같이 대부분 단독으로 술어 동사가 될수 있다. 따라서 '漂出'가 여전히 병렬 연동구조로 분석되고 이해되는 것을 배제할 수가 없다. 또 '漂没漂出(밖으로 떠내려왔니)'라고 말할수 있다는 것으로 '漂'가 핵심임을 증명할 수는 없다. 왜냐하면 병렬구조의 '喜欢(좋아하다)'과 수식구조의 '快跑(빨리 뛰다)'도 '喜不喜欢(좋아하니)', '快不快跑(빨리 뛰니)'라고 말할 수 있기 때문이다. 이 문제 역시 중국어는 행위자와 피행위자가 동일한 단어를 사용하고, 피행

위자 주어가 자연스러운 현상이라는 것과 관련이 있다. 예를 들어, '大
风吹掉了帽子(세찬 바람이 모자를 날려버렸다)'는 '大风吹了(세찬
바람이 불었다)'라고는 말할 수 있지만, '大风掉了'라고는 말할 수 없
다. 이는 마치 '吹掉(날려버리다)'의 핵심이 '吹(불다)'임을 나타내는
것처럼 보인다. 하지만 이를 피행위자 주어문인 '帽子吹掉了(모자가
(바람에) 날려 떨어졌다)'로 바꾸면, 오히려 '帽子掉了(모자가 떨어졌
다)'가 가능한 표현이고, '帽子吹了'는 불가능에 가까운 표현이 된다.

위의 논의들은 우리로 하여금 사건구조의 유형을 이야기할 때, 주술
구조를 위주로 하지 않고, 술어에서 핵과 종속을 구분하지 않으며 행
위자와 피행위자가 동일한 동사 형태를 사용하는 언어라는 점 또한
고려해야 할 필요가 있음을 인식하게 만들었다. Part2 제9장 '지칭어
대'에서 중국어의 '행위자 피행위자 동일어휘성(施受同辞性)'에 대해
서 보다 더 심층적인 논의를 진행하고자 한다.

④ 관계절

20세기의 언어유형론은 어순을 통해 언어의 유형을 고찰하였다. 그
중요한 개념 중의 하나가 바로 함축적 보편성(implicational universals,
蕴涵共性)이다. 이것은 언어유형의 변이가 받는 제약을 설명할 수 있
으며, 그 서술형식은 P → Q로 나타낸다. 예를 들어, '한 언어의 명사
가 지시대명사 앞에 위치하면, 명사도 관계절(Relative clauses, 关系从
句) 앞에 위치한다'라는 함축적 보편성이 있다. 이를 논리적 함축식으
로 나타내면 '명사 - 지시대명사 어순(P) → 명사 - 관계절 어순(Q)'이
된다. 이 함축식은 논리적으로 존재 가능한 네 가지 어순 가운데 하나
를 배제한다. 즉, '명사 - 지시대명사 어순'과 '관계절 - 명사 어순'이 공

존하는 언어는 존재하지 않는다는 것이다.

현재의 유형론 이론에 따르면, 주어-동사-목적어(SVO) 어순의 언어는 모두 관계절이 일률적으로 그것이 수식하는 중심어 명사의 뒤에 위치하는데, 중국어는 유일한 예외이다. 이는 몇 차례 대규모로 진행된 세계 언어 조사에서 모두 동일하게 얻어진 결과이다.(呉福祥 2012) 중국어는 영어와 마찬가지로 SVO 언어이다. 영어로 He is a man *you can safely depend on*(그는 네가 안심하고 의지할 수 있는 사람이다)이라고 할 때는 관계절이 뒤에 위치한다. 하지만 이의 중국어 표현 '他是一个你可以信赖的人(그는 네가 믿어도 될 만한 사람이다)'에서는 종속절이 앞에 위치한다. 중국어는 또한 위에서 말한 함축적 보편성을 위배한다. '老王这人(라오왕 그 사람)' 같은 경우 지시대명사 '这'가 명사의 뒤에 위치하는데, 이는 외국의 언어유형론자들을 상당히 곤혹스럽게 한다. 그런데 우리 역시도 그 이유를 설명할 수가 없다.

이 문제는 관계절의 확정과 관련이 있다. 위의 중국어 문장보다 더 자연스러운 표현은 '他的为人, 你可以信赖(그의 사람 됨됨이는, 네가 믿어도 된다)'인데, 이는 흔히 말하는 피행위자 주어문이다. 하지만 이때 '你可以信赖(네가 믿어도 된다)'를 '为人(사람 됨됨이)'의 후치 관계절이라고 말할 수 없는 것도 아니다.(方梅 2004) 이와 유사한 예는 상당히 많다.

那位女同志, (她)昨天来过了, 怎么又来了?
그 여자 분은, (그 여자는)어제 왔었는데, 왜 또 오셨지?

他在找一个人, (他)走路一拐一拐的, 已经找了半天了。
그는 한 사람을 찾고 있는데, (그는)절뚝절뚝거리며 길을 걸으면서 이미 한참을 찾았다.

她拿出一件件首飾, (它们)都是价值连城, 统统投入江中。

그 여자는 장신구들을 하나하나씩 꺼냈고, (그것들이) 모두 값이 아주 비싼 것들인데도, 몽땅 강물 속으로 던져버렸다.

위 예문은 모두 세 개의 단락으로 되어 있는데, 이들은 모두 무종지문 안의 절로 대부분이 불완전문이다. 따라서 중국어는 주어와 술어를 모두 갖출 필요가 없으며, 절과 절은 나눌 수도 있고 연결할 수도 있다. 위 예문에서 밑줄 친 부분은 모두 앞의 명사를 보충설명하는 절이기 때문에 중국어에서 관계절이 뒤에 놓이는 것은 완전히 정상적인 상태라고 말할 수 있다. 일반적으로 '有个人在摘桃子(어떤 사람이 복숭아를 따고 있다)'라고 말하고, '有个在摘桃子的人'이라고는 말하지 않는다. 따라서 이른바 중국어는 예외라고 하는 문제는 근본적으로 거짓된 문제이다. 또한 중국어는 예로부터 이미 이러한 표현 방식을 사용하고 있었다. 예를 들어보자.

客有歌于郢中者, 其始曰下里巴人, 国中属而和者数千人。
나그네로 초나라의 수도 영에서 노래를 부르는 사람이 있었는데, 그가 처음에 〈하리파인〉(아주 쉬운 통속적인 노래)을 부르자, 나라 안에 무리를 지어 따라 부르는 사람이 수천 명이었습니다. 『楚辞·宋玉对楚王问』

土下得竹笋一林, 凡数百茎, 根干相连, 悉化为石。
죽순 한 무더기를 땅속에서 캐보니, 모두 수백 가닥으로 뿌리와 줄기가 서로 이어졌는데 다 돌로 변해있었다. 『梦溪笔谈·异事』

혹자는 동한(东汉) 지루가참(支娄迦谶)[3]이 번역한 『도행반야경(道行般若经)』이 '특수 관형어(特殊定语)'를 포함하고 있다는 것을 발견

---

3) 역자주: 후한시대에 중국에 온 불경 번역 승려.

하였다.(张与竞·张幼军 2018)

> 是辈人其福佑功德不小, <u>闻般若波罗蜜者</u>, 何况乃学持诵念。
> <u>반야바라밀을 듣는 이 사람들은</u> 복과 공덕이 작지 않은데, 하물며 독송
> 까지 배우고자 함이랴!

산스크리트어와 영어 번역문을 통해 보면, '闻般若波罗蜜者'는 선
행어 '是辈人'의 후치 관계절인데, 영어는 those …… who …… 문장구
조이고, 이는 산스크리트어의 te …… imām …… 문장구조와 대응한다.
중국어는 관형어와 관계절이 모두 앞에 있어야 하는데, 여기에서는 뒤
에 위치하기 때문에 '특수(特殊)'라는 말을 사용한 것이다. 그런데 무
종지문으로 보면, 이것은 원문의 모습을 살리면서 중국어의 습관에도
부합하는 번역 방법이다.[4] 한편, 위광중(余光中 1987)은 '영어식 중국
어(英式中文)'를 비판하였다. 그는 사마천(司马迁)이 말한 '籍长八尺
余, 力能扛鼎, 才气过人(항적(항우, 籍은 이름이고 羽는 字))은 키가
여덟 척이 넘고, 힘은 큰 삼발이 솥을 들어 올릴 수 있으며, 재주와
기개는 보통 사람을 뛰어넘는다)'(『史记·项羽本纪』), '广为人长, 猿
臂, 其善射亦天性也(이광은 키가 크고, 팔은 원숭이 팔처럼 길었으
며, 그 활을 잘 쏘는 재능 또한 천성이다)'(『史记·李将军列传』)를 예
를 들고 있다. 그는 이 두 문장을 영어식으로 바꾸면, '项籍是一个身
高八尺, 力能扛鼎, 同时也才气过人的汉子(항적은 키가 여덟 척이
고, 힘은 큰 삼발이 솥을 들어 올릴 수 있으며, 동시에 재주와 용기도

---

4) 저자주: 치궁(启功 1997: 49)은 '如是我闻(나는 다음과 같은 소식을 들었다)'
을 예로 들어 불경번역가들이 '중국어를 억지로 산스크리트어의 구조방식에
맞추는 것(强华为梵)'이 아니라, '산스크리트어의 특징을 중국어에 융합하는
것(融梵为华)'에 주의를 기울였다고 설명하였다.

일반 사람을 뛰어넘는 장부다)', '李广是一个高个子、手臂长得好像猿臂, 天性就会射箭的人(이광은 키가 크고, 팔은 원숭이 팔처럼 길며, 천성적으로 활을 잘 쏘는 사람이다)'이 될 것이라고 주장하였다.

페인(Payne 1997:326)은 많은 언어에서 수량사와 형용사 수식어가 수식을 받는 명사의 앞에 오지만 후치 관계절이 존재한다고 지적하였다. 이러한 강한 경향성은 하나의 보편적인 화용 원칙에서 기인한다. 그것은 길이가 길고 음성이 복잡한 성분, 즉 묘사성이 강하고 신정보를 많이 제공하는 성분은 후치하는 경향이 있다는 것이다.

연구가 심화됨에 따라 어순유형론의 한 가지 선천적인 부족함도 드러나게 된다. SVO(주어 - 동사 - 목적어), SOV(주어 - 목적어 - 동사) 등의 어순 명칭은 품사와 문장성분의 종류가 혼재된 것이다. 이는 영어와 기타 인도유럽어에서는 큰 문제가 없다. 왜냐하면 이들 언어는 명사는 주어나 목적어, 동사는 술어에 각각 대응하는 등 품사와 문장성분이 대체로 일대일의 대응을 하기 때문이다. 하지만 중국어는 다르다. 이는 주더시(朱德熙 1985:4, 64)가 지적한 바와 같이, 중국어의 품사와 문장성분 사이에는 일대일 대응관계가 존재하지 않는 것과 같다. 생성문법이 처음 대두되었을 때, 주더시는 생성문법의 가장 기본적인 문장 전사규칙인 S → NP + VP가 중국어에는 '통하지 않는다'라고 예리하게 지적하였다. 중국어의 상황은 다음과 같다.

S → NP+VP
我不去。나는 가지 않는다.
卖菜的来了。채소 장수가 왔다.

S → NP+NP
小王上海人。샤오왕은 상하이 사람이다.

这本书他的。이 책은 그의 것이다.

S → VP+VP

光哭没用。울기만 해서는 소용없다.

不撞墙不罢休。난관에 부딪히지 않고는 그만두지 않는다.

S → VP+NP

逃, 孬头。도망치는 것은, 겁쟁이다.

打开抽屉, 一张借条。서랍을 여니 한 장의 차용증이다.

이는 NP와 VP의 결합으로 만들어질 수 있는 문장의 모든 가능성을 보여준다. 그런데 '象鼻子长(코끼리는 코가 길다)', '她肚子大了(그녀는 배가 불러졌다)'와 같이 중국어는 주술구조도 술어가 될 수 있으므로 여기에는 주술구조가 술어가 되는 규칙 하나를 더 추가할 필요가 있다. 하지만 현행 어순유형론의 틀로는 이 규칙을 수용할 수가 없다. 그렇다면 '羊肉我不吃(양고기는 나는 먹지 않는다)'라는 문장의 어순은 OSV일까 아니면 SSV일까?

요컨대, 위의 4가지 문제(이들 4가지 문제 외에도, 주어와 화제의 분리와 통합 문제, 단문과 복문의 구분 문제도 있음)를 초래하는 근본적인 원인은 인도유럽어의 주술구조를 억지로 가져와서 중국어와 비교했다는 데 있다. 중국어에서 능격형식, 중간형식, 사건구조의 유형을 논하는 것은 모두 일종의 억지 비교에 불과하다. 중국어에 대량으로 존재하는 무주어문, 행위자 주어문, 주술술어문, 연동문, 겸어문, 무종지문은 모두 주술구조 중심의 문법 틀로 개괄할 수 있는 범위를 넘어선다. 그렇지만 필자는 이 문제들에 대한 선행 연구를 부정할 생각은 없다. 연구의 초기 단계에서는 잠시 억지 비교를 하는 것도 무방하고 또 심지어는 필요하다고 생각한다. 그것이 문제를 발견하고 사고를 촉진시킬 수 있기 때문이다. 하지만 어지 비교는 결국 어지 비교일 뿐, 진지하게 받아들여 계속 끌어안고 갈 수는 없다. 과학적인 방법은 억지 비교법(比附法)이 아닌 순수한 비교법(比较法)이다.(沈家煊 2017e)

연결에서 대응으로

Part1을 마치기 전 Part1, Part2 사이의 과도기적인 맥락으로, 먼저 주어와 술어는 수평적인 연결관계 외에도 수직적인 대응관계를 가진다는 인식상의 진전을 설명하고자 한다. 이는 주술구조를 뛰어넘는 출발점이라고 할 수 있다.

1 명사와 동사의 형식적 대응

위 글에서 언급했듯이, 인도유럽어에서 주어 - 술어, 명사 - 동사라는 두 쌍의 범주는 기본적으로 대응하고 있다. 따라서 문장은 주어+술어, 즉 NP+VP와 같으며, 양자는 전후 연결관계이다.

그런데 '생성문법'의 연구 결과, 문장의 심층구조에는 NP와 VP 사이에 또 형식적인 대응관계도 존재한다는 것을 발견하였다.(Abney 1987) 중국어의 경우, 심층구조에서 NP와 VP의 유사성은 다음과 같다.

出版了这本书。이 책을 출판했다.(VP)

[了$_I$ [出版$_V$ [这本书 $_{Comp}$]]$_{VP}$]$_{IP}$

出版的这本书。출판된 이 책.(NP)

[**的**ₐ [出版ₙ [这本书 Comp]]ₙₚ]ₐₚ

이러한 분석법은 '了'와 '的'를 각각 두 심층구조의 중심으로 본 것이다. '了'는 기능범주 I(시태)이고, '的'는 기능범주 D(수식)이며, 시태동사구 IP는 동사구 VP에 대한 기능범주 I의 확장이고, 수식 명사구 DP는 명사구 NP에 대한 기능범주 D의 확장이다. 동사 '出版(출판하다)'과 보어(Comp) '这本书'를 합쳐서 동사구 VP를 구성하고, 명사 '出版(출판)'과 보어 '这本书'를 합쳐서 명사구 NP를 구성하였다.

필자가 보기에는 이 두 가지 구조의 유사성을 발견하고 개괄한 점이 생성문법의 가장 통찰력 있는 장점 중의 하나이다. 그런데 이러한 유사성의 개괄을 중국어에 적용하면서 하나의 문제에 봉착하였다. 개괄의 전제는 DP 속의 '出版'의 절점(node, 节点)이 명사 N이라는 것을 인정하는 것이다. 그렇지 않으면 VP와 NP의 유사성이 존재하지 않게 됨으로써 IP와 DP의 유사성도 존재하지 않는다. 이를 보완하는 방법은 명사화라는 통사 조작의 단계를 하나 추가하여 동사 '出版'을 명사 '出版'으로 바꾸는 것이다.(위의 심층구조에는 나타나지 않는다) 그런데 여기서 문제는 중국어 '出版'의 경우 영어의 publish → publication처럼 명사화 되는 것이 사실상 불필요하다는 점이다. 그러나 '명동포함설'에 따르면, 중국어의 명사는 동사를 포함하므로 '出版'이 동태명사가 되기 때문에 이 문제는 해결된 것으로 보인다. 생성문법에 의하면, 문장의 주어는 DP이고, 술어는 IP인데, DP와 IP가 대응관계라고 말하는 것은 주어와 술어가 대응관계라고 말하는 것과 같다.

영문법은 동사를 중심으로 하므로 생성문법에서는 NP와 VP의 대응을 설명할 때 NP를 VP쪽으로 붙여서 생각한다. 그런데 중국어는 명사를 근간으로 하는 언어이다. 우리 역시 중국어의 '的'와 '了'의 대응 관계를 말할 때(沈家煊 2016a:352, 王冬梅 2014) VP를 NP쪽으로 붙여서 일종의 특수한 NP로 간주한다. 이 경우 표층에는 NP와 VP의 체계적인 대응이 있지만, 심층구조를 설정하지도 않았고 동사의 명사화를 가정할 필요도 없다.

喝的酒 마신 술
喝了酒 술을 마셨다

信他写的 편지는 그가 쓴 것이다
信他写了 편지는 그가 썼다

上个星期他来的 지난주에 그는 온 것이다
上个星期他来了 지난주에 그가 왔다

瓦特发明的蒸汽机 와트가 발명한 증기기관
瓦特发明了蒸汽机 와트가 증기기관을 발명했다

'명동포함설'에 따르면, '喝的(마신(것))', '写的(쓴(것))', '来的(온 (것))', '发明的(발명한(것))'은 사물이나 사태를 지칭하는 NP이고, '喝了(마셨다)', '写了(썼다)', '来了(왔다)', '发明了(발명했다)'는 활동이나 사건을 지칭하는 NP이다.(위 제2장 4절 '명동포함' 참조)

② 주어와 술어의 경계성 대응

생성문법이 심층구조에서의 NP와 VP의 대응관계에 주목하기는 하지만, 연구의 초점은 여전히 양자의 연결관계에 있으며, 그 이론 역시 문장은 주어가 술어와 연결되어 이루어진다는 기초적인 가설 위에 세워진 것이다.

$$S \rightarrow NP + VP$$

생성문법과 대립하는 학파인 '인지문법' 역시 NP와 VP 사이의 대응관계를 발견하였다. 랭애커(Langacker)의 「명사와 동사(Nouns and Verbs)」(Langacker 1987)는 인지문법의 기초를 다진 글이다. 이 글의 중요한 공헌은, NP와 VP가 개념적으로 수직 방향의 대응관계를 가지고 있음을 지적하고, 아울러 인간의 인지라는 각도에서 이러한 대응관계를 강조하였다는 점이다.

NP

↓

VP

구체적으로 말하면 이러한 대응관계는 경계(boundedness)상에 나타난다고 할 수 있다. 개념적으로는 NP가 나타내는 사물이 공간적으로 '유계(bounded, 有界) – 무계(unbounded, 无界)'의 차이를 나타내고, VP가 나타내는 동작은 시간적으로 '유계 – 무계'의 차이를 나타낸다. 언어 형식적으로는 경계가 있는(有界) 개체명사(apple)는 관사 a를 가질 수 있지만, 경계가 없는(无界) 물질명사(water)는 이를 가질 수 없다. 또 이에 대응하여 유계의 동사(jump)는 지속상(durative aspect, 持续体)이 있지만, 무계의 상태동사(like)는 지속상이 없는 것으로 나타난다.

	무계	유계
명사	water	apple
동사	like	jump
	*a water	an apple
	*He is liking it.	He is jumping on it.

사물의 공간 경계성과 동작의 시간 경계성은 서로 대응한다. 이론적으로 말하면 대응관계는 상호적인 것이어서 NP는 VP에 대응하고, VP는 NP에 대응된다. 그런데 위에서는 왜 단일방향의 화살표로 나타낸 것일까? 인지문법의 '개념은유' 이론에 따르면 시간은 공간의 대응 투사[1]이다. 이때 은유의 투사 방향은 '구체적인 공간 → 추상적인 시간'이지, 그 반대 방향이 아니라는 것이 인간의 인지 특성이기 때문이다. 시간에서의 동작을 공간에서의 사물로 여기는 것을 서양에서는 존재론적 은유(ontological metaphor)라고 하는데, 이 역시 단일방향이다.

유계와 무계라는 한 쌍의 개념과 관련하여, 선쟈쉬안(沈家煊 1995, 2004)에서는 랭애커의 연구를 기초 위에 약간의 진전을 보인다. 그것은 형용사도 성질과 상태의 개념에 있어 대응하는 경계 구분이 있다고 지적한 점이다. 예를 들면 다음과 같다.

---

1) 저자주: 중국어 단어 '空间(공간)'과 '时间(시간)'은 중국인의 시공관을 아주 잘 설명해 준다. '间(閒)(사이)'자는 문틈으로 달빛이 보임을 나타내는 공간적인 의미이지만, 시간도 역시 일종의 '间'이다. '공자께서 냇가에서 말씀하셨다. 가는 것이 이(물)와 같구나.(子在川上曰, 逝者如斯夫.' 시간은 일종의 유동적인 공간인 것이다.

무계	유계
红	红彤彤
빨갛다	새빨갛다
干净	干干净净
깨끗하다	매우 깨끗하다
红脸 /干净衣服	*红彤彤脸 /*干干净净衣服
빨간 얼굴/깨끗한 옷	
*红一张脸/*干净一件衣服	红彤彤一张脸/干干净净一件衣服
	새빨간 얼굴/매우 깨끗한 옷 한벌

중국어의 형용사는 형태상 보통형식과 중첩형식의 두 가지로 구분된다. 보통형식은 성질을 나타내고, 무계의 성질과 상태를 표현한다. 반면, 중첩형식은 상태를 나타내고, 유계의 성질과 상태를 표현한다. 랭애커는 당시에 형용사는 무계-유계의 대응 구도 안에 넣지 않았다. 이는 아마도 영어는 red와 redish와 같은 극소수의 형용사만이 형태 구분이 있을 뿐, 중국어처럼 이들 구분이 체계를 이루지는 않기 때문인 듯하다.

NP와 VP 사이에 경계성 대응관계가 있지만, 문장의 주어가 NP이고 술어가 VP이므로 하나의 자연스러운 추론은 주어와 술어 사이에도 역시 경계성의 대응관계가 있다는 것이다. 랭애커는 다음과 같은 한 쌍의 예를 들고 있다.

유계	무계
Mary capsized the boat.	John pushed cart for hours.
메리는 보트를 전복시켰다.	존은 몇 시간동안 카트를 밀었다.
There was a capsizing of the boat.	For hours there was (*a) pushing the cart.
보트가 전복되어 있었다.	몇 시간 동안 카트를 밀고 있었다.

술어 capsized the boat(보트를 전복시켰다)는 유계인데, 주어로 바뀐 후에도 유계이므로 관사 a를 추가할 수가 있다. 그런데 술어 pushed the cart for hours(몇 시간동안 카트를 밀었다)는 무계인데, 주어로 바뀐 후에도 무계이므로 관사 a를 추가할 수가 없다. 이후 탈미(Talmy 2000:55)는 이러한 대응관계를 '경계성 대응원칙(界性的对应原则)'이라고 명확하게 표현하였다. 주어와 술어 사이, 동사와 목적어 사이, 관형어와 중심어 사이는 모두 이 대응원칙을 따른다. 주어와 술어의 경우 다음과 같이 서술한다.

> 술어가 진술하는 동작이 유계이면, 주어가 나타내는 사물도 그에 상응하여 유계로 인식한다. 술어가 진술하는 동작이 무계이면 주어가 나타내는 사물도 그에 상응하여 무계로 인식한다. 그 역도 역시 성립한다.

필자는 전에 다음과 같은 중국어 예증을 제시한 바 있다.

무계	유계
老虎吃人。	老虎吃人了。
호랑이는 사람을 먹는다.	호랑이가 사람을 먹었다.
纸薄, 一捅就破。	纸薄薄的, 一捅就破了。
종이는 얇아서 찌르자마자 찢어진다.	종이는 아주 얇아서, 찌르자마자 찢어졌다.

술어 '吃人(사람을 먹다)'는 무계의 VP이므로 주어 '老虎(호랑이)'도 무계 NP로 이해하여 호랑이를 범칭한다. 그런데 술어 '吃人了(사람을 먹었다)'는 유계의 VP이므로 주어 '老虎'도 유계의 NP로 이해하여 한 마리의 호랑이를 특칭한다. 술어 '薄(얇다)'는 무계의 형용사이

므로 주어 '紙(종이)'도 무계의 NP로 이해하여 종이를 범칭한다. 술어 '薄薄的(아주 얇다)'는 유계의 형용사이므로 주어 '紙'도 유계의 NP로 이해하여 어떤 한 겹의 창호지를 특칭한다.

이 분야의 연구는 탈미가 처음 시도를 하였지만, 연구를 이어가는 사람이 아직까지는 적고 문제점도 많아서 앞으로 연구는 더욱 심화되어야 할 것이다. 여기서 강조하고자 하는 것은, NP와 VP의 대응관계로부터 주어와 술어의 대응관계를 도출한 것이 바로 주어와 술어는 단지 연결관계일 뿐이라는 전통적인 관념을 뛰어넘었다는 점이다. 또한 유념해야 할 것은, 인지문법에서는 시간이 공간의 투사라는 점을 강조하기 때문에 NP와 VP의 대응관계에서 NP가 원본이 되고, VP는 복사본이 된다는 점이다. 이 점이 VP를 중심으로 하는 생성문법과의 중요한 차이이다.

③ 상태묘사어와 중첩형태

중국어는 형용사도 명사, 동사와 마찬가지로 경계성의 구별이 있다는 것이 밝혀졌는데, 얼핏 보면 이는 단지 경계성 대응의 범위 확장에 불과해 보인다. 하지만 자세히 살펴보면 한자와 단어의 중첩이 중국어 문법에서 차지하는 중요성을 인식하게 하므로 그 의미가 상당히 크다. 이 부분은 품사의 유형론 연구에서부터 논의를 시작하여야 한다. 품사 체계에서 형용사의 지위와 관련하여, 언어유형론에서 널리 유행하는 하나의 관점이 있다. 그것은 바로 명사와 동사가 양끝으로 나뉘고, 형용사는 중간에 위치한다는 딕슨(Dixon 2004)의 관점이다.

명사 — 형용사 — 동사

어떤 언어는 형용사가 명사와 가깝거나 명사와 합쳐져서 하나의 부류가 되고, 또 어떤 언어는 형용사가 동사에 가깝거나 동사와 합쳐져서 하나의 부류가 된다. 이는 단어의 형태를 근거로 한다. 그러나 중국어는 이러한 '명사 - 형용사 - 동사'의 모델에 잘 부합하지 않는다. 중요한 사실은, 중국어의 형용사는 중첩을 통해 상태를 묘사하는 성질의 형용사(상태묘사어(摹状词)나 묘사어(状词)라고 약칭)로 변할 수 있다는 점이다. 이러한 수단은 전통적으로 말하는 명사와 동사에도 동일하게 적용되어서 명사나 동사 역시 중첩 후에 상태묘사어로 변한다. 단음절의 명사나 동사가 중첩되어 상태묘사어가 되는 경우의 예는 다음과 같다.

명사	水 물	端上来一盆疙瘩汤, <u>水水</u>的。 수제비 한 접시를 내어 왔는데, <u>촉촉하다</u>.
	油 기름	袖口胸前<u>油油</u>的, 脏得很。 소맷부리와 앞가슴이 <u>반질반질</u>, 매우 더럽다.
	丝 실	湖面上漂浮着<u>丝丝</u>霞光。 호수 위에 <u>은은한</u> 노을빛이 떠 있다.
	虎 호랑이	眼睛瞪得<u>虎虎</u>的。 눈을 <u>휘둥그레</u> 뜨다.
동사	跳 뛰다	头又开始<u>跳跳</u>的痛。 머리가 또 <u>지끈지끈</u> 아프기 시작한다.
	飘 나부끼다	<u>飘飘</u>白雪飞扬在空中。 <u>팔랑팔랑</u> 흰 눈이 공중에서 흩날린다.
	飞 날다	他走进走出, 忙得<u>飞飞</u>。 그는 <u>들락날락</u>, 날아다니듯 분주하다.
	抖 떨다	手臂<u>抖抖</u>地指着干粮筐。 팔은 <u>부들부들</u> 떨면서 양곡 바구니를 가리키고 있다.

쌍음절 명사나 동사가 중첩 후에 상태묘사어로 변하는 경우 가운데 AABB식의 예는 다음과 같다.

명사	妖精 요괴	妖妖精精的 요사스럽다
	山海 산과 바다	山山海海的 온통 산이고 바다다
	浪涛 파도	浪浪涛涛的 파도가 치다
	山岭 산봉우리	山山岭岭的 온통 산봉우리다
	分秒 분초	分分秒秒的 분초를 다투다
	枪炮 총포	枪枪炮炮的 무기들이다
	哥妹 남매	哥哥妹妹的 오빠 여동생이다
	兴头 흥취	兴兴头头的 신이 나다
	谷糠 쌀겨	谷谷糠糠的 온통 거친 음식이다
동사	拉扯 잡아당기다	拉拉扯扯的 잡아끌고 당기다
	吵嚷 큰소리로 떠들다	吵吵嚷嚷的 시끌벅적하다
	嘀咕 소곤거리다	嘀嘀咕咕的 재잘재잘 거리다
	念叨 투덜거리다	念念叨叨的 중얼중얼 거리다
	哼唧 흥얼거리다	哼哼唧唧的 흥얼흥얼하다
	摇摆 흔들거리다	摇摇摆摆的 뒤뚱뒤뚱 거리다
	指点 지적하다	指指点点的 손가락질하다
	裁剪 재단하다	裁裁剪剪的 재단하고 자르다
	闪灭 깜빡하다	闪闪灭灭的 깜빡깜빡하다

이 사실은 자오위안런(赵元任 1968a:110)에서 이미 지적되었다. 그는 중첩의 기초 형식은 단독으로 존재하는지 여부, 그리고 그것의 품사와는 상관이 없다고 하면서, 그 예로 '婆婆妈妈的(이러쿵저러쿵하

다)’, ‘三三两两的(삼삼오오 짝을 짓다)’, ‘客客气气的(정중하다)’를 들고 있다.(동사 중첩의 예는 들지 않았다) 또 이는 중첩이 되기 전 기초 형식이 가지는 구조유형과도 상관이 없다. 수식구조의 ‘高兴(기쁘다)’과 ‘阔气(호화롭다)’는 각각 ‘高高兴兴’, ‘阔阔气气’로 중첩할 수 있고, 동목구조의 ‘抱怨(원망을 품다)’, ‘遗憾(유감스럽다)’도 각각 ‘抱抱怨怨’, ‘遗遗憾憾’으로 중첩할 수 있다. 따라서 궈사오위(郭绍虞 1979:613)는 중첩 자체를 일종의 독립된 구조라고 여겼다. 위와 같은 사실들에 근거하여, 중국어의 품사는 먼저 상태묘사어와 비상태묘사어(非摹状词)로 구분되며, 상태묘사어는 중첩형식이고, 비상태묘사어는 ‘대명사(大名词)’로 총칭하는 보통형식(简单形式)의 명사, 동사, 성질사(性质词)라는 것을 인정하여야 한다.

상태묘사어 — 대명사(大名词) 〈 명사 동사 성질사

이 구도에서는 상태묘사어가 한 축이고, 대명사가 다른 한 축이며, 상태묘사어와 대명사의 구별이 명사, 동사, 성질사의 구별보다 훨씬 더 분명하고 중요하다. 성질사는 과거에 말하던 성질형용사이고, 상태묘사어는 과거에 말하던 상태형용사이다.

과거에는 많은 사람들이 ‘명사 - 형용사 - 동사’ 모델에 근거하여 중국어는 형용사가 명사와 동사의 사이에 위치하면서 동사에 가깝다고 여기거나 형용사를 동사에 귀속시켰다. 이때 근거가 되는 것은 단지 형용사가 직접 술어가 될 수 있다(BE와 같은 연결사를 추가할 필요가 없음)는 것뿐이었다. 이는 명동이분과 주술대립이라는 가설에 근거한 것으로 의도적이든 의도적이지 않든 두 가지 더욱 중요한 사실을 간과하고 있다. 그것은 중국어의 동사는 모두 명사와 같이 직접 주어와 목적어가 될 수 있다는 것과 중국어 술어의 유형은 제약을 받지 않아서 명사도 술어가 될 수도 있다는 것이다. 위에서 말한 명사, 동사, 성질사는 중첩 후에 모두 상태묘사어가 된다는 중요한 사실 역시 간과하였음은 물론이다. 그 밖에 둥슈팡(董秀芳 2018)은 중국어사(汉语史)의 실례를 통해 단음절의 명사(苦, 蓝, 牢, 村, 亲)와 동사(破, 警, 荡, 踞)는 모두 같은 형태의 형용사로 진화하였다고 논술하였다. 그런데 이러한 진화는 현재에도 여전히 빈번하게 발생하고 있다.

중국어 사전의 의미 풀이 방식을 통해서도 중첩된 상태묘사어가 중국어에서 얼마나 중요한 지위를 차지하는지를 알 수 있다. 의미를 풀이 할 때 중국어는 명사와 동사의 구별이 중요하지 않다. '批评'을 예를 들면, '批评'은 '장점과 단점에 대한 평론(对优缺点的评论)'이라는 명사로 해석하든 아니면 '장점과 단점을 평론하다(评论优缺点)'라는 동사로 해석하든 상관이 없다. '我接受你的批评'(나는 너의 지적을 받아들인다)'이든 아니면 '老师严厉地批评我(선생님이 나를 호되게 꾸짖었다)'든 상관이 없는 것이다. 하지만 영어 criticize(비평하다)와 criticism(비평)은 반드시 따로 해석하여야 한다. 마찬가지로, '地震(지진)'도 '지각의 진동(地壳的震动)'으로 해석하든 아니면 '지각에 진동이 발생하다(地壳发生震动)'로 해석하든 상관이 없다. 예를 들어 '昨夜零时唐山地震(어젯밤 0시 탕산에 지진이 일어났다)'이든 아니면 '这次地震破坏很大(이번 지진은 피해가 매우 크다)'이든 역시 상관이 없다. 그렇지만 상태묘사어의 의미를 풀이할 때에는 '形容(형용하다)' 또는 '的样子 (······ 한 모양)'이라는 전용 의미 해석을 위한 글자를 특별히 추가해야 한다. 『현대한어사전(现代汉语词典)』을 예로 들어보자.

厚墩墩: 形容很厚。아주 두꺼움을 형용함.

沉甸甸: 形容沉重。무거움을 형용함.

稀稀拉拉: 稀疏的样子。드문드문한 모양.

黑不溜秋: 形容黑得难看。거무칙칙해서 보기 싫음을 형용함.

　　명사와 동사의 중첩은 상태를 묘사하는 것 외에 또 다른 의미를 나타내기도 한다. 예를 들면 전체를 가리키는 의미(遍称义)(天天(매일), 家家户户(가가호호))와 시도의 의미(尝试态)(闻闻(냄새를 맡아보다), 琢磨琢磨(궁리해보다))가 있다. 그러나 형용사의 중첩은 상태묘사의 의미만 나타낼 뿐이다. 이로써 중국어 형용사의 위상에 대한 애초의 판단 역시 주술구조를 근간으로 하고 명사와 동사의 대립을 바탕으로 하는 인도유럽어 관념의 지배를 받은 것이지만, 이는 중국어의 실제 모습과 큰 차이가 있다는 것을 알 수 있다. **글자와 단어 중첩은 중국어 문법 자체의 일종의 형태적 수단이다.** 이것이 과거에는 마치 '깊은 규중에서 길러져 사람들이 아직 알지 못 하는(养在深闺人未识)' 자식과 같았다. 하지만 이제는 중첩이 중국어 품사체계의 구도와 관련하여 상당히 큰 의미가 있다는 점을 반드시 인식하여야 한다. Part2에서는 중첩이라는 형태수단을 대화와 '대언격식'이라는 관점에서 살펴보고자 한다. 이를 통해 중첩이 가장 효과적인 대화 '공명(共鸣)' 방식의 일종이고, 가장 간단한 대칭격식이라는 점을 발견할 수 있을 것이다.

소결 : 블룸필드의 이론

1 성찰 뒤의 인식

상술한 바를 종합하여 중국어 주술구조의 유무에 관한 문제를 돌이켜 본 뒤에 얻은 인식은 다음과 같이 요약할 수 있겠다.

1) 무주어문은 정상적인 문장이다. 주술구조도 술어가 될 수 있으며, 그 지위는 다른 구조와 대등하다.
2) 동사는 자유롭게 주어와 목적어가 될 수 있고, 술어의 유형은 제약을 받지 않아서 명사도 술어가 될 수 있다.
3) 주어의 문법적 의미는 화제이고, 술어는 화제에 대한 평언이다. 중국어에서 화제는 광의의 개념으로 정보전달의 '주어(起说)' 부분을 가리키고, 그 뒷부분은 '술어(续说)'가 된다.
4) 중국어의 명사는 '대명사(大名词)'로 동사(동태명사)를 포함한다. '명동포함(名动包含)'의 실질은 지칭어가 술어를 포함하는 '지술포함(指述包含)'이므로 술어 역시 일종의 지칭어이다.
5) 주어와 술어가 합쳐진 완전문(整句)은 일문일답의 두 불완전문으로 이루어지며, 일문일답은 광의의 '유발 - 응답'으로 이해해야 한다.

6) 중국어에는 무종지문이 특히 많다. 무종지문은 단연성(斷連性), 지칭성(指稱性), 병치성(并置性), 사슬성(链接性), 운치성(韵致性)의 특징을 가지는데, 이들은 서로 관련을 맺으며 함께 뒤얽혀 있다.

7) 주어와 술어는 연결관계 외에 대응관계도 있는데, 중국어에서는 이러한 대응관계가 더욱더 광범위하고 직접적이다.

8) 중국어의 품사는 먼저 상태묘사어와 비상태묘사어로 구분되며, 중첩은 일종의 문법적인 형태수단이다.

자세히 생각해 보면, 이 여덟 가지 인식이 의미하는 바는 상당히 크다. '동사는 자유롭게 주어나 목적어가 될 수 있고, 술어의 유형은 제약을 받지 않는다'는 점만 두고 보더라도, 중국어는 주어가 동사이고 술어가 명사인 문장도 성립한다는 것을 알 수 있다. 이와 관련한 예는 '一推, 白板((패를)내밀었는데, 백판이었다)', '打开抽屉, 一张借据(서랍을 여니 한 장의 차용증이다)' 등과 같이 위에서 이미 많이 제시하였다. 그렇다면 '她也买了一对玉镯'라는 문장을 주어와 술어로 나눌 때 '她, 也买了一对玉镯(그녀는 옥팔찌 한 쌍도 샀다)'가 유일한 절단 방식은 아닌 것이다. 이 문장은 '她也买了, 一对玉镯(그녀도 샀어, 옥팔찌 한 쌍)'로 나누는 것도 충분히 가능한데, 이때는 '一推, 白板' 등과 **동일한 문형**에 속한다.

이러한 인식들은 점차 심화되고 있으며, 앞과 뒤의 인식은 또 서로 연결되어 있다. 1)-4)는 주로 중국어에서 주어와 술어와의 대립을 해소하고 동사의 중심적인 지위를 없애는 것이다. 5)부터는 중국어에서 주술구조와 지위가 유사한 것이 무엇인지를 직접적으로 설명하였는데, 가장 중요한 것으로 다음 두 가지가 있다. 하나는 주술구조를 대화의 상호작용적인 각도에서 봄으로써 정적인 구조 분석을 뛰어넘어 중국어의 문장을 '사용문(用句)'이라고 인식하는 것이다. 다른 하나는 sentence의 편협한 범위를 뛰어넘음으로써 중국어 무종지 텍스트의 특징에 대한 인식에 중요한 진전을 가져온 것이다. 또한 주어와 술어는 대응관계에 있고, 중첩은 중국어 자체의 한 형태수단인데, 이를 주술구조에 억지로 끼워 맞춤으로써 일련의 문제를 초래하였다는 것을 인식하게 되었다. 이러한 것은 모두 Part2 '주술구조를 넘어서(超越主谓结构)'를 위해 사실과 이론의 발판을 마련한 것이다. 이제는 최후의 중요한 한 걸음만이 남아 있을 뿐이다.

❷ 블룸필드의 주술구조 이론

맺음말로 블룸필드(Bloomfield)[1]의 논문 「주어와 술어(Subject and predicate)」(Bloomdeld 1917)의 주된 관점을 인용할 필요가 있다. 미국 구조주의 언어학의 거장인 그는 일찍이 다음과 같이 지적한 바 있다.

> 우리의 어감이 논단과 비논단의 언사를 분명하게 구분할 수 있는 것 같음에도 불구하고, 언어학 이론은 주어와 술어의 성질에 대해 아예 제대로 설명하지 못하였다.

블룸필드는 '모든 문장은 주어와 술어의 두 부분을 포함한다'는 것이 통설이지만, 사람들의 어감은 이에 맞지 않는 경우가 많다고 말하였다. 예를 들면, 하나의 라틴어 단어로 이루어진 일어문一語文(one

---

1) 역자주: 블룸필드(Leonard Bloomfield, 1887-1949) 미국의 저명한 언어학자.

word sentence, 独词句)인 cantat는 '어떤 사람이 노래를 부르고 있다'라는 의미를 나타낸다. 이는 주어와 술어의 두 부분으로 나누어지지 않는데, 영어 she is singing(그녀는 노래를 하고 있다)의 표현 방식도 이와 같다. 그런데 이때 she에 강세를 주어서 **she** is singing이라고 말하게 되면 주어와 술어로 나누어진다. 하지만 이는 일반적인 표현이 아닌 특수한 사례에 해당된다. 따라서 문장은 하나의 감정(an affect)을 표현하는, 즉 한 차례의 감정 기복이 일으키는 단어라고 정의해도 무방하다. 이 견해는 원시인은 시적 언어로 생각을 표현한다는 예스퍼슨(Jespersen 1922)[2]의 주장과도 일치한다. 이는 또 신생아의 입에서 나오는 옹알이는 시라며, '마음속에 움직임이 있어 입에서 소리를 내는 것을 시라고 한다(动于心, 声于口, 谓之诗)'(杨竹剑 2004에서 재인용)라고 한 김성탄(金圣叹)[3]의 견해와도 일치한다.

블룸필드는 또 라틴어의 cantat와 beatus ille(그는 바쁘다)를 예로 들어, 인도유럽어계 여러 언어의 옛 단계에서는 평서문이 주어와 술어로 나누어지지 않는다고 지적하였다. 논리학에서 subject와 predicate라고 부르는데, 언어학에서도 마찬가지로 subject와 predicate라고 부르는 것은 자연스러운 용어의 유용이다. 하지만 이는 단지 용어만을 유용하였을 뿐, 그것의 성격이 같을 수는 없다.

블룸필드는 또 라틴어 beatus ille(그는 바쁘다)와 러시아어 mužík běden(농부는 가난하다)는 모두 동사를 한정하지 않은 일종의 **등식형**(equational type, 等式型) 문장이며, 주어 명사와 술어 동사는 **대등항**(equated terms, 对等项)으로 보아야 한다고 말했다. 통사론은 이러한

---

2) 예스퍼슨(Otto Jespersen, 1860-1943) 덴마크의 언어학자이자 영어학자.
3) 역자주: 김성탄(金圣叹, 1610-1661) 중국 명말 청초의 문예비평가.

문장에 대해서 신중하게 생각하고 증거 제시를 가능한 한 피하지만, 이 문장은 실제로는 흔히 말하는 일반적인 말이다. 그의 이 견해는 특히 중시할 필요가 있다. 왜냐하면 중국어 동사는 한정형식과 비한정형식의 구분이 없으므로, 문장의 주어(起说)와 술어(续说)가 '대등항'이 되기 때문이다. 대등항에 대해서는 Part2 제9장 '지칭어대'를 통해 상세하게 설명하고자 한다.

블룸필드는 또 He is a lucky fellow(그는 정말로 행운아이다)와 같은 감탄문과 Mary bought a hat(메리는 모자 하나를 샀다)와 같은 평서문은 구조적으로 논리 판단문 Man is mortal(사람은 모두 죽는다)과 시로 비슷하다고 하였다. 따라서 언어학에서는 전자 역시 주술구조로 간주한다. 하지만 주술구조의 확대는 모든 문장을 논리 판단으로 분석하려는 이성화된 전통의 고착화와 일상화를 초래하였다. 언어의 주어와 술어가 논리적인 주어와 술어를 나타낼 수는 있지만, 여기에 국한되지는 않는다. 다양한 휴지, 길이, 음조, 강세를 사용하여 He is a lucky fellow라고 말을 할 때, 대부분은 논리적인 판단이 아니다. 영어 예문 The hat was priced at five dollars. A woman went in and bought it.(그 모자의 가격은 5달러였다. 한 여자가 들어가서 그것을 샀다.)의 경우, 논리적으로는 두 문장 모두 주술문이지만 언어학적으로 보면 두 번째 문장은 논리적인 주어의 선택이 잘못되었다. 왜냐하면 뒤에 이어지는 말은 그 여자가 아닌 그 모자에 관한 것이어야 하기 때문이다. 따라서 위의 문장은 The hat was priced at five dollars. It was bought by a woman who entered the store in order to buy it.(그 모자의 가격은 5달러였다. 그것은 그것을 사기 위해 가게에 들어간 한 여성에게 팔렸다.)라고 말해야 할 것이다. 이처럼 논리적인 주어를 잘못 선택한 경우는 아주 흔하다. 또 then Mary bought a hat이라는 문장이 서술한

'심리적인 틀과 …… 논리적인 판단 사이에는 거리가 상당히 멀며', 서술자의 '내면의 눈'이 관찰한 것은 구체적이고 다채로운 영상이다. 이것은 우리에게 '玛丽买了, 一顶帽子(메리가 샀다, 모자 하나를)'와 같은 중국어의 문장 끊어 읽기 방식이 메리가 고개를 끄덕이며 값을 지불하고는 붉고 아름다운 모자 하나를 가져가는 시각적인 이미지에 더욱 가깝다는 생각을 갖게 만든다.[4]

블룸필드는 '언어학 연구의 기본 원칙 중 하나는, 우리가 한 언어를 분석할 때 그 언어가 나타내지 않는 구분을 주입할 권리는 없다'고 강조하였다. 그는 또 언어학자들은 과정의 결과나 기록을 중시할 것이 아니라 심리학의 원칙을 준수하여 어구가 실제로 만들어지는 심리 과정과 사람들의 어감을 중시해야 한다고 강조하였다. 그의 이 같은 견해는 오늘날 중국어의 문법을 어떻게 볼 것인지와 일반적인 문법이론을 어떻게 구축할 것인지에 대해서, 또 집착을 줄이고 활발하게 생각하는 것에 대해서 여전히 중요한 가이드라인으로서의 의미를 가진다.

집착을 줄이고 활발하게 생각하는 것과 관련하여, 여기에서 매튜스(Matthews)[5]가 『통사론(Syntax)』(Matthews 1981:255)에서 분석한 라틴어 시 「버질 에클로게스(Virgil *Eclogues*)」의 한 구절을 인용하고자 한다.

---

4) 저자주: 루즈웨이(陆志韦 1963)는 '我们先读论语孟子(우리 먼저 논어, 맹자를 읽자)'라는 문장을 나눌 때 첫 번째로 끊는 지점이 반드시 '们'의 뒤일 필요가 없으며, '读'의 뒤도 가능하다고 하였다. 그는 '们'의 뒤에서 끊는다는 것은 이 문장이 하나의 주술구조라는 것을 먼저 인정하는 것이라고 하였다.
5) 역자주: 매튜스(P. H. Matthews) 영국의 언어학자.

```
        ⌒⌒⌒⌒⌒⌒⌒⌒⌒⌒⌒⌒⌒⌒⌒⌒⌒
Ultima    Cumaei        venit       iam  carminis   aetas
last-Nom  Cumaei-Gen   come-3spast  now  song-Gen   age-Nom
The last age of the Cumaean song has now arrived.
```

"이것은 일종의 대칭격식이기 때문에 주술구조 분석에 사용되는 '직접성분 분석법'을 여기서는 사용할 수가 없다. 가운데는 동사구 venit iam (has now arrived/이제 도착했다)이고, 양쪽에 있는 Cumaei와 carminis는 합쳐져서 명사구 the Cumaean song(쿠마에의 노래)이 되고, ultima와 aetas는 합쳐져서 명사구 the last age(말기)가 된다. 이 두 개의 명사구는 또 다시 합쳐져서 하나의 더 큰 명사구 the last age of the Cumaean song(쿠마에 노래의 말기)이 된다. 이것은 시의 한 구절인데, 산문이라면 일반적인 주술문으로 나타낸다. 하지만 매큐스는 산문도 "이러한 표현을 배제하는 규칙은 없다"(격표지가 있기 때문이다)고 하였다. 여기서 활모양의 선으로 이어진 두 개의 단어 항목은 서로 의존관계에 있다. 그 중 하나는 지배항이고 하나는 의존항이며, 지배항과 의존항은 주종의 관계이다. 따라서 매튜스(Matthews 1981:84)는 의존관계 분석법과 계층구조 분석법은 서로 통하며 대체로 대등하다고 주장한다.

Part2에서는 중국어가 지금까지도 시적 언어의 특색을 그대로 유지하고 있음을 논할 것이다. 아울러 대칭 표현이 일상 언어의 관습적 표현방식이자 주와 종을 구분하지 않는 병치 대칭의 격식을 형성하며, 이 대칭적인 병치항은 서로 의존하는 '대등항'이라는 것도 함께 논술하고자 한다.

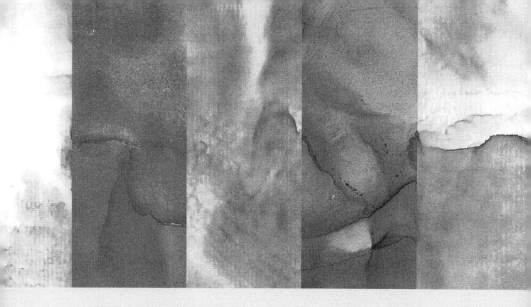

PART 2
주술구조를 넘어서

CHAPTER 07

대언의 지위와 성질

Part1에 따르면, 생성문법은 명사구와 동사구의 형식적 대응을 발견하였지만 문장의 기저부에만 그것을 인성하였고, 인지문법은 주어와 술어 사이에 개념적인 대응관계가 있다는 것을 강조하였지만 '경계성(界性)'의 대응에만 국한하였다. 주어와 술어의 형태적인 일치(agreement)는 주어와 술어를 사슬처럼 연결시키기 때문에 연결관계(接续关系)는 주어와 술어의 가장 중요한 관계가 된다.

Part1에서 이미 설명한 바와 같이, 주술구조로는 중국어를 포괄하려고 해도 단지 일부분만 가능할 뿐이다. 중국어에 다량으로 존재하는 무주어문, 다주어문, 명사술어문, 무종지문, 연동문, 겸어문 등은 주술구조로는 포괄할 수가 없다. 이와 관련하여 치궁(启功 1997:3)은 하나의 비유를 제시하고 있다. 어린아이의 덫 놓기 게임에서 작은 생쥐를 잡기 위해서 대나무 덫을 사용하는 것은 당연히 문제가 없겠지만, 커다란 판다를 잡기 위해서는 덫을 더 큰 것으로 바꾸어야 한다는 것이다. 인도유럽어의 주술구조라는 작은 덫으로는 중국어의 대문법(大语法)을 잡을 수가 없으며, 이를 잡기 위해서는 반드시 주술구조의 틀을 벗어나는 커다란 틀을 사용해야 한다. 중국어의 '대문법' 개념에 관해서는 선쟈쉬안(沈家煊 2016a:4.4절, 2017d)을 참고할 수 있는데, 그 주요 내용은 다음과 같다. 첫째, 통사론의 범위를 넘어서서 품사론과 통사론, 그리고 문장론(章法)을 관통해야 한다. 둘째, 음성과 문법, 의미, 화용을 하나로 합쳐서 함께 사용하는 것을 기본으로 한다.

쉬퉁창(徐通鏘 2005:231)은 중국어의 대구에 근거하여 음성, 문법, 의미, 화용이 하나로 합쳐진 '대(对)'가 중국어 문장을 구성하는 조건이라고 하였다. 그는 둘씩 서로 짝을 이루어야 비로소 문장을 이룬다[1]고 지적하면서, 이것이 "중국어 문법이론 연구에서 개척이 필요한 중요한 영역"이라고 주장한 바 있다. 주술구조를 뛰어넘기 위해서는 중국어의 대문법은 대언(对言)문법(dui-speech grammar)이고, 인도유럽어의 주술구조와 대응하는 구조는 대언격식(*dui*-speech format, 对言格式)이라는 점을 체계적으로 논증할 필요가 있다.

이 책에서는 주로 두 가지 의미로 '대언'이라는 명칭을 사용하였다. 하나는 각종 형식의 대화(dialogue)를 가리키는데, 이는 언어가 대화에 뿌리를 두기 때문이다. 다른 하나는 '대를 이루는 표현'(parallel expression)을 가리키는데, 여기에는 전통적으로 말하는 대구와 호문(互文)이 포함된다. 이 장에서는 후자의 의미를 서술하고, 전자의 의미는 다음 장에서 서술하기로 한다.

대언문법의 한 가지 핵심 관점은 다음과 같다. 인도유럽어의 문법은 주술구조를 근간으로 하지만, 중국어의 대문법은 대언격식을 근간으로 한다. 주술구조는 연결(续)을 위주로 하고 연결하는 가운데 대(对)가 있지만, 대언격식은 대를 근본으로 하고 대를 이루는 가운데 연결이 있다. 원시언어는 바로 이러한 대언 형식의 언어이며, 이 원천에서부터 출발하여

---

1) 저자주: 선샤오룽(申小龙 1988:3-7)도 중국어에는 '구조 대응법'이 있다고 하였다.

언어의 진화에 갈래가 나타났다. 일부 언어는 방향을 바꾸어 주술구조로 발전하여 인도유럽어가 되었고, 또 일부 언어는 앞으로 나아가 대언격식으로 발전하여 중국어가 되었다. **대언의 격식화는 곧 중국어의 '문법화'이다.**

명칭을 '대언구조(对言结构)'가 아닌 '대언격식(对言格式)'이라고 부르는 이유는 구조(structure)라는 개념이 지나치게 편협하기 때문이다. 구조는 주로 연결성의 '결합관계'를 나타내며, 흔히 음운구조나 통사구조, 의미구조와 같은 '언어 성분의 어떤 특정 서열 형식'만을 특칭한다.(Crystal 1997) 격식(format)의 개념은 단계가 구조보다 높아 '일정한 규격 양식'(『现代汉语词典』)을 총칭한다. 따라서 중국어 대언 형식이 동시에 나타내는 '결합관계(组合关系)'와 계열관계(类聚关系)를 모두 포괄할 수가 있다.

논증은 대문법의 시야 속에서 현대 언어학의 안목으로 4자격(四字格), 선후행문(上下句), 호문 회문(互文回文), 대구 나열(对仗排比), 중언 첩어(重言叠词), 전사반복(顶真续麻), 기승전결(起承转合) 등 전통적으로 중시된 중국어 현상에 대해 새롭게 조명하고 해석을 할 것이다. 본 장에서는 의미를 분명하게 하고 형태를 완전하게 하는 대언의 '명의완형(明义完形)'에 대해 중점적으로 설명하고자 한다.

① 대언명의

중국어에서 둘씩 서로 대를 이루어 말하는 대언 표현은 서양인들이 인식하는 범위를 크게 초월한다. 서양인들의 시각에서는 주어와 술어가 연결(接续)되어야 비로소 하나의 완전한 의미를 나타내고, 형식적으로 완전한(well-formed) 것이 된다. 그런데 중국어에는 형식적으로 정해진 주술구조란 없으며, 진정으로 형식적인 규정을 가지는 존재는 대언성(对言性)의 구조이다. 중국인에게 있어서 언어의 선형성(线性)이나 연결성(接续性)은 말하지 않아도 알 수 있는 것들이다. 하지만 단순한 성분 결합은 감정이나 생각을 표현하기에는 부족하며, 대언이야말로 하나의 완전한 의미를 표현할 수 있고 형식적으로도 완전하다. 따라서 대언이 아니고서는 의미를 명확하게 나타내고 형식을 완전하게 만들 수가 없다. 여기서는 먼저 대언을 통해 의미를 명확하게 하는 대언명의 (对言明义)의 사례를 살펴보기로 한다.

1.1 호문견의

대언명의는 전통사회에서는 호문견의(互文见义)라고 불렀고, 약칭하여 호문(互文)[2]이라고 하였다. 이는 과거에는 옛 시와 문장에서 흔히 사용하는 일종의 수사기법으로 여겨졌다. 이에 대한 해석은 '앞뒤 구절이 서로 보충하며 문장을 이루고, 드러나지 않으면서 은근하게 완전한 문장의 의미를 나타낸다.(参互成文, 含而见文)'는 것이다. 위아래 두 문장 또는 한 문장 안의 두 부분이 각각 다른 일을 말하는 것처럼 보이지만, 실제로는 위의 문장에는 아래 문장에서 곧 나올 단어가 들어 있다. 또 아래 문장에는 위의 문장에서 이미 나온 단어가 들어 있어서 서로 설명하고 보완하면서 하나의 같은 일을 말하고 같은 의미를 나타낸다. 이는 다시 말해, '비록 구와 글자가 간혹 다르지만 대

---

2) 역자주: 앞뒤 문장의 뜻이 서로 뒤섞여 의미를 보충하면서 하나의 완전한 뜻을 표현하는 수사법. 고대 시가나 산문에 많이 쓰임.

를 이루는 둘의 의미는 같다(虽句字或殊, 而偶意一也)'는 것이다. (『文心雕龙·丽辞』) 따라서 글을 이해할 때는 어느 한쪽으로 치우치거나 위아래를 따로 떨어뜨려서는 안 되고 앞뒤를 잘 살펴야 한다. 다음은 자주 언급되는 옛 시문에 나타난 호문으로 이루어진 예이다.

东西植松柏, 左右种梧桐。
동서 좌우로 소나무와 잣나무, 오동나무를 심는다.　　　　『孔雀东南飞』

当窗理云鬓, 对镜贴花黄。
창문 앞에서 거울을 보며 머리를 빗고 이마에 노란 꽃잎을 붙인다.
　　　　　　　　　　　　　　　　　　　　　　　　「木兰辞」

迢迢牵牛星, 皎皎河汉女。
아득히 멀리서 밝게 빛나는 견우성과 직녀성.　　　　『古诗十九首』

杀人如不能举, 刑人如恐不胜。
모조리 죽이지 못할까 걱정하고 혹독한 형벌을 다 쓰지 못할까 염려하듯이 사람을 죽이고 형벌에 처하였다.　　　　『史记·项羽本纪』

受任于败军之际, 奉命于危难之间。
군대가 패전한 즈음, 위태롭고 어려운 시기에 임무를 부여받고 선제의 명을 받들었습니다.　　　　诸葛亮『出师表』

僮仆欢迎, 稚子候门。
아이 종과 어린 자식이 반갑게 맞이하며 문에서 기다리네.
　　　　　　　　　　　　　　　　　　　　　陶渊明『归去来兮辞』

将军角弓不得控, 都护铁衣冷难着。
장군과 도호들은 각궁(소나 양의 뿔로 장식한 활)의 활시위를 당길 수가 없고, 쇠 갑옷이 차가워 입기 힘드네.　　　岑参『白雪歌送武判官归京』

岐王宅里寻常见, 崔九堂前几度闻。

기왕의 저택과 최구의 집 대청 앞에서 그대를 자주 보았고, 노래를 몇
번 들은 적이 있지요. 　　　　　　　　　　　　　　杜甫『江南逢李龟年』

年年岁岁花相似, 岁岁年年人不同。

해마다 꽃은 서로 비슷하건만 사람은 같지 않구나. 　　刘希夷『有所思』

明月别枝惊鹊, 清风半夜鸣蝉。

밝은 달과 맑은 바람이 가지에서 나뭇잎 떨구니 까치를 놀라게 하고, 한
밤에 매미를 울리는 구나. 　　　　　　　辛弃疾『西江月·夜行黄沙道中』

居庙堂之高则忧其民, 处江湖之远则忧其君。

조정의 높은 직위에 있으나 강호의 먼 곳에 거처하나 그 백성을 걱정하
고, 그 임금을 걱정하였다. 　　　　　　　　　　　范仲淹『岳阳楼记』

'东西植松柏, 左右种梧桐'은 동서와 좌우로 모두 소나무와 잣나무,
오동나무를 심는다는 하나의 의미이다. 또 '当窗理云鬓, 对镜贴花黄'
은 창을 마주하고 거울을 보며 머리를 빗고 화장을 한다는 하나의 의
미이다. 이들은 구와 구 사이의 호문인데, 구 안에서의 호문도 있다.

秦时明月汉时关。

진나라 때나 한나라 때나 똑같은 밝은 달이요, 옥문관이네.

　　　　　　　　　　　　　　　　　　　　　　　　　王昌龄『出塞』

烟笼寒水月笼沙。

안개와 달빛은 차가운 물, 모래를 뒤덮었네. 　　　　　杜牧『泊秦淮』

主人下马客在船。

주인과 손님이 말에서 내려 배에 있네. 　　　　　　白居易『琵琶行』

마지막 예는 백거이(白居易)「비파행(琵琶行)」의 한 구로, 주인과 손님이 함께 말에서 내려 같이 배를 타고 있다는 의미이다. 그렇지 않으면 말이 되지 않는다. 또 구를 건너뛰어(隔句) 이루어진 호문도 있다.

> 十旬休暇, 胜友如云 ; 千里逢迎, 高朋满座。
> 십순(十旬) 휴가 날이면 천리를 멀다 않고 달려온 손님을 반갑게 대접하는데, 좋은 친구 고귀한 벗들이 구름 같이 자리에 가득하네.
>
> 　　　　　　　　　　　　　　　　　　　　　　王勃「滕王阁序」

> 日月之行, 若出其中 ; 星汉灿烂, 若出其里。
> 해와 달이 운행하고 은하수가 빛나는데, 그 가운데에서 나오는 듯하고, 그 속에서 솟는 듯하다.　　　　　　　　　曹操「观沧海」

> 他强由他强, 清风拂山冈 ; 他横任他横, 明月照大江。
> 그가 강한 건 그가 강한 것이고, 그가 흉악한 건 그가 흉악한 것이니, (나는) 맑은 바람이 산언덕을 스쳐 지나가듯, 밝은 달이 큰 강을 비추듯 하리(개의치 않으리).　　　　　　　『倚天屠龙记』中「九阳真经」口诀

　그 외 대구(排句)로 된 호문도 있다.

> 东市买骏马, 西市买鞍鞯, 南市买辔头, 北市买长鞭。
> 동서남북의 시장에 가서 준마를 사고, 안장과 언치, 고삐와 긴 채찍을 사겠어요.　　　　　　　　　　　　　　　　　「木兰辞」

　구 안에서, 또 구와 구 사이에서, 구를 건너뛰어서도 모두 호문이 가능하다. 이는 중국어 무종지문의 단연성(斷連性)(Part1 제3장에서 서술)이 결정한다. 그런데 호문은 결코 옛 시문에만 국한되지 않는다.

중국어에 무수히 많은 4자어는 가장 흔하면서도 안정적인 호문 형식
이다.

男欢女爱 남녀가 좋아하고 사랑한다.

阴差阳错 음과 양이 차이나고 어긋나다. 우연한 원인으로 일이 잘못되다.

天长地久 하늘과 땅처럼 길고 오래되다. 영원하다.

唉声叹气 한탄하고 탄식하는 소리와 한숨.

颠来倒去 엎어졌다 넘어졌다 하다. 같은 것을 여러 차례 되풀이하다.

一干二净 조금도 남김없이 깨끗하게 처리하다.

改头换面 머리와 얼굴 모양을 고치고 바꾸다. 사람의 용모에 변화가 생
　　　　 기다.

高谈阔论 고상하고 오묘한 이야기와 토론.

横冲直撞 옆으로 앞으로 돌진하고 부딪히다.

节衣缩食 입을 것과 먹을 것을 아끼고 줄이다.

家喻户晓 집집마다 이해하고 알게 되다.

三心二意 세 가지 두 가지 마음과 생각. 마음속으로 이리저리 망설이다.

七上八下 올라갔다 내려갔다 하다. 가슴이 두근두근하다.

开口闭口 입을 열었다 닫기만 하면. 말을 할 때마다.

是非曲直 옳고 그르고, 굽고 곧음.

欢天喜地 하늘과 땅을 기쁘고 즐겁게 하다. 매우 기뻐하다.

千真万确 천 번 만 번 참되고 확실하다. 아주 확실하다.

思前想后 앞과 뒤를 고려하고 생각하다. 일이 발생한 원인과 전개, 결
　　　　 과를 재삼 생각하다.

隔三岔五 사흘이나 닷새를 건너뛰거나 사이를 두고.(일정한 사이를 두
　　　　 고)언제나.

指手画脚 손과 발로 가리키고 그리다. 손짓발짓하며 말하다.

手舞足蹈 손과 발을 휘젓고 구르며 춤추다.

劈头盖脸 머리와 얼굴을 쪼개고 뒤덮다. 정면으로.

有头有脸 머리와 얼굴이 있다. 신분과 지위가 있다.

街头巷尾 거리와 골목. 이곳저곳.

山穷水尽 산길과 물길에서 궁지에 몰리고 막다른 길에 다다르다. 갈 길이 없는 막다른 지경에 이르다.

酸儿辣女 신 것을 좋아하면 아들을 낳고, 매운 것을 좋아하면 딸을 낳는다.

惹是生非 시비를 일으키다. 말썽을 일으키다.

不折不扣 깎지도 덜지도 않는다. 에누리 하지 않다.

不痛不痒 아프지도 가렵지도 않다.

大吹大擂 크게 나발을 불고 북을 치다. 큰소리치다.

忽明忽灭 갑자기 밝았다가 꺼지다. 갑자기 나타났다 사라지다.

患得患失 (얻기 전에는)얻으려고, (얻은 후에는)잃을 까봐 걱정한다.

昏头昏脑 머리와 뇌가 흐리멍덩하다.

一唱一和 한편에서 노래 부르면 한편에서 화답하다. 서로 죽이 맞다.

碍手碍脚 손과 발에 거치적거린다. 방해가 되다.

何去何从 어느 것을 버리고 따를 것인가?

호문은 언어학에서의 '양자 얽힘(quantum entanglement, 量子纠缠)'[3] 현상이다. '男欢女爱'는 '男'과 '女', '欢'과 '爱'가 떨어져 있지만 하나로 '얽혀 있어서(纠缠)' 단독으로 떼어내어 묘사할 수는 없으므로 한 덩어리로 볼 수밖에 없다. '你来我往'은 '你来+我往'이 아니

---

[3] 역자주: 원자보다 작은 두 개 이상의 입자가 거리에 무관하게 공동의 통일된 양자상태(운동량, 위치, 스핀 방향)로 연결되는 현상. 양자 얽힘은 고전 물리학에서는 설명할 수 없는 현상으로 입자들의 상관관계를 나타내는 양자역학적 상태를 말한다. 얽힘 상태 입자들은 공간적으로 서로 멀리 떨어져 있어도 독립적일 수 없다. [IT용어사전(인터넷판)]

며, '你我+来往'과도 다르다. 이 의미는 2차원적인 행렬을 사용해야만 설명이 가능하다. 이때 가로 방향은 연결관계를 나타내고, 세로 방향은 선택관계를 나타낸다.

'你死我活(너와 내가 죽고 산다. 결사적으로)'는 '슈뢰딩거의 고양이(Schrödinger's cat, 薛定谔的猫)'[4]와 같이 너와 나 모두가 다 죽음과 삶이 겹쳐진 상태에 놓여있음을 말한다. 4자호문은 2+2가 아닌 2×2인데, 이에 대한 자세한 설명은 제11장에서 하고자 한다. 브루자(Bruza et al 2009)는 어휘 연상의 심리실험을 통해 인간의 머릿속 어휘 목록이 양자 얽힘과 유사한 성질을 가지고 있어, 양자론이 인간의 인지와 정보처리의 새로운 모델에 이론적인 토대를 제공할 수 있다는 것을 발견하였다.

호문의 4자어는 생산성이 매우 강하다. 4자어 가운데에는 조설근(曹雪芹)이 『홍루몽(红楼梦)』에서 만들어낸 것들도 적지 않다. '风情月债(바람과 달의 사랑과 마음의 빚. 남녀의 연애에 관한 일을 비유)', '女怨男痴(남자와 여자의 원망과 치정. 서로 지극히 사랑하지만 감정적으로 만족을 얻지 못하는 남녀를 가리킴)', '歪心邪意(비뚤어지고

---

4) 역자주: 오스트리아의 물리학자 슈뢰딩거가 설명한 이론으로, 밀폐된 상자 속에 독극물과 함께 있는 고양이의 생존 여부를 이용하여 양자역학의 원리를 설명한 것이다. 상자 속 고양이의 생존여부는 그 상자를 열어서 관찰하는 여부에 의해 결정되므로 관측 행위가 결과에 영향을 미친다는 사실을 이 사고 실험을 통해 설명하고 있다. [네이버 지식백과]

사악한 마음과 생각)', '抖腸搜肺(창자와 폐를 털어내고 뒤지다. 하나도 남김없이 샅샅이 제거하다)', '灸胃扇肝(위와 간에 뜸을 뜨고 부채질을 하다)', '喷酒供饭(술과 밥을 뿜어내다. 흥미로운 말을 듣고서 입에 들어있던 밥이나 술을 뿜어내다), '国贼禄蠹(나라와 봉록의 도적과 좀 벌레)' 등이 모두 그 예이다. 신중국 성립 이후 새롭게 만들어진 것으로는 '保家卫国(집과 나라를 보호하고 지키다)', '深耕细作((논을)깊고 정성스럽게 갈고 가꾸다)', '兴无灭资(무산 계급을 일으키고, 자산 계급을 없애다)', '学懂弄通(배우고 실행하여 이해하고 능통해지자)', '大干快上(대대적이고 신속하게 실행하여 새로운 사업이 착수되게 하자)', '赶英超美(영국과 미국을 따라잡고 뛰어넘자)' 등이 있다. (郭绍虞 1979:673, 681) 그리고 또 최근 식당들이 공개적으로 벌이고 있는 캠페인 문구인 '明灶亮厨(부뚜막과 주방을 밝고 환하게 만들자)', 경찰의 '扫黄除黑(음란물 범죄조직 퇴치)' 활동, '互利共赢(서로 다 같이 이롭게 하고 성공하게 하다)의 외교 정책, 병원의 표어 '一医一患(1의사 1환자)' 등도 모두 4자어이다. 대량의 속어, 속담, 관용어 역시 구두로 흔히 말하는 호문이다. 예를 들면 다음과 같다.

来无影去无踪。
오고 갈 때 그림자도 자취도 없다.

天不怕地不怕。
하늘도 땅도 무서워하지 않다.

帮大忙效大劳。
아주 긴박한 일의 해결을 돕고 큰 힘을 쓰다.

同呼吸共命。
호흡과 운명을 같이하고 함께 하다. 생사고락을 같이하다.

走一步看一步。
한 걸음씩 걸으며 살피다. 그때그때 상황을 살피다.

你一言我一语。
너와 내가 서로 한마디씩 말하다. 저마다 한마디씩 하다.

你挤我我挤你。
너와 내가 서로 밀치다. 이리저리 밀치다.

东家长西家短。
동쪽 집, 서쪽 집이 낫다느니 못하다느니 한다. 이러쿵저러쿵 남의 집 흉을 보다.

前怕狼后怕虎。
앞뒤로 이리와 호랑이를 무서워하다. 쓸데없는 근심과 걱정을 하다.

说一千道一万。
천 번 만 번 말하다.

吃香的喝辣的。
맛있는 음식과 독한 술을 먹고 마시다.

神不知鬼不觉。
신령과 혼백이 알지도 느끼지도 못하다. 쥐도 새도 모르다.

七大姑八大姨。
일곱 여덟의 고모와 이모. 먼 여자 친척들.

东看看西瞧瞧。
동서쪽을 보고 살피다. 이리저리 살펴보다.

张家长李家短。
장씨 집, 이씨 집이 낫다느니 못하다느니 한다. 이러쿵저러쿵 남의 뒷소리를 하다.

干着玩玩着干。
일하면서 놀고 놀면서 일하다.

翻手为云覆手为雨。
손을 뒤집거나 엎으면 구름이 되고 비가 된다. 변덕을 부리다.

如切如磋如琢如磨。
옥돌을 자르고 줄로 쓸고 끌로 쪼고 갈아 빛을 내는 것 같이 하다. 학문
이나 인격을 부지런히 갈고 닦다.

彻头彻尾彻里彻外。
머리에서 발끝, 안에서 밖까지 철저하다. 빈틈없이 완벽하다.

吃二遍苦受二茬罪。
고통을 두 번 당하고, 죄를 두 번 뒤집어쓰다. 다시 한 번 거듭하여 고통
을 당하다.

吹吹拍拍拉拉扯扯。
허풍을 떨기도 하고 치켜세워주기도 하며, 끌어주고 당겨주다. 아첨하고
끌어주며 서로 결탁하다.

青红不分皂白不辨。
푸른색과 붉은 색, 검정색과 흰색을 분별하지 못하다. 시시비비를 분별
하지 못하다.

靠山吃山靠水吃水。
산을 낀 곳에서는 산을, 강을 낀 곳에서는 강을 이용해서 먹고 산다. 자
신이 가지고 있는 조건에 맞추어 살아가다.

千里冰封万里雪飘。
천리만리에 얼음이 덮이고 눈이 휘날린다.

牛的伟大死的光荣。

살아서나 죽어서나 위대하고 영광스럽다.

鸟无头不飞蛇无头不行。

새는 대가리가 없으면 날지 못하고, 뱀은 대가리가 없으면 가지 못한다.
군중은 지도자를 잃으면 행동을 하지 못한다.   『水浒传·第六十回』

鼻子是鼻子眼睛是眼睛。

코면 코, 눈이면 눈. 완벽한 미모.

前不见古人后不见来者。

앞으로는 옛사람이 보이지 않고 뒤로는 올 사람이 보이지 않는다. 전무후
무하다.

往年是往年今年是今年。

지난해는 지난해고, 올해는 올해다.

东方不亮西方亮黑了南方有北方。

동쪽이 환하지 않으면 서쪽이 환하고, 남쪽이 어두우면 북쪽이 밝다. 한
쪽의 상황이 불리하면 다른 한쪽이 있다.

生活的烦恼跟妈妈说说, 工作的事情向爸爸谈谈。

엄마와 아빠에게 생활의 고민과 직장의 일을 말하고 상의하다.

歌曲「常回家看看」

谁是我们的朋友? 谁是我们的敌人? 这个问题是革命的首要问题。

누가 우리의 친구이고 적인가? 이 문제는 혁명의 가장 중요한 문제이다.

『毛泽东选集』「注意这是"一个"问题」

1.2 광의의 호문

협의의 호문은 위아래 문장 속에 일부 호환 가능한 단어가 있는 것을 말한다. 예를 들면, '天不怕地不怕'에서는 '天(하늘)'과 '地(땅)'가 호환될 수 있고, '翻手为云覆手为雨'에서는 '翻(뒤집다)'과 '覆(엎다)', '云(구름)'과 '雨(비)'가 모두 호환될 수 있다. 광의의 호문은 이러한 제한이 없다. 예를 들어 '人向上走水向下流(사람은 높은 곳을 향해 가고, 물은 낮은 곳을 향해 흐른다)'는 호환 가능한 단어가 없다. 하지만 여전히 두 문장이 합쳐져서 하나의 의미를 나타내거나 강조하기 때문에 그 중 어느 한 문장의 의미만을 말하면 전체 문장의 의미가 분명하지 않거나 잘 드러나지 않는다. 중국어에는 이러한 4자어 역시 무수히 많다. 예를 들면, '正大光明(말이나 행실이 사사로움 없이 정당하고 떳떳하다)', '盘旋曲折(빙빙 돌고 꼬불꼬불하다)', '上行下效(윗사람이 행하는 대로 아랫사람이 따라하다)', '妖魔鬼怪(요괴와 마귀와 귀신과 유령. 사람들을 해치는 형형색색의 나쁜 사람을 비유)', '风花雪月((고전문학 속에서 늘 묘사되는) 바람과 꽃과 눈과 달. 자구에 얽매여서 내용이 빈약하고 공허한 시와 문장)', '花花草草(무성한 꽃과 풀)', '清清白白(맑고 깨끗하다. 순수하고 때 묻지 않음)', '哭哭啼啼(울고불고하다)' 등이 있다. 광의의 호문은 더더욱 흔히 볼 수 있는 호문이다.

高不成低不就。
(결혼이나 구직 등에 있어 목표가) 높은 것은 얻을 능력이 안 되고, 낮은 것은 마음에 들지 않는다. 이도 저도 아니다.

明枪易躲暗箭难防。
밝은 곳에서 날아오는 창은 피하기 쉽지만, 어두운 곳에서 쏘는 화살은

막기 어렵다. 음모와 계략은 대처하기가 어렵다.

只见树木不见森林。
나무만 보고 숲을 보지 않다. 국부적인 것만 보고, 전체적인 것은 보지
못한다.

只有好处没有坏处。
장점만 있고 단점은 없다. 완전무결하다.

来者不善善者不来。
오는 사람은 선량하지 않고, 선량한 사람은 오지 않는다.

看菜吃饭量体裁衣。
요리를 보고서 밥을 먹고, 몸을 재어서 옷을 재단한다. 구체적인 상황에
근거하여 일을 처리하다.

江山易改本性难移。
강산은 바뀌기 쉬워도 타고난 사람의 본성은 바뀌기 어렵다.

空话连篇言之无物。
공허한 말은 잔뜩 늘어놓는데 말에 알맹이가 없다. 글이나 말을 장황하
게 늘어놓지만 쓸 만한 것이 없다.

无的放矢不看对象。
과녁 없이 활을 쏘는 것은 대상을 보지 않는 것이다. 말이나 행동에 목
적이 없다.

千里送鹅毛礼轻情意重。
천리 먼 곳에서 거위 털을 보내니, 예물은 보잘 것 없으나 정성은 갸륵
하다.

宁愿站着死不愿跪着生。
서서 죽을지언정 무릎을 꿇고서 살지는 않겠다.

吃人家的嘴软拿人家的手短。

남의 것을 먹게 되면 입이 물러지고, 남의 것을 손에 넣게 되면 손이 짧아진다. 남에게 뇌물을 받거나 신세를 지면, 말을 하거나 일을 할 때 문제가 있어도 호되게 지적하기 어렵다.

矫枉必须过正不过正不能矫枉。

휜 것을 바르게 하려면 반드시 바른 것을 거쳐야 하며, 바른 것을 거치지 않으면 휜 것을 바르게 할 수 없다.

车到山前必有路船到桥头自然直。

수레가 산 앞에 다다르면 반드시 길이 있는 법이고, 배가 다리목에 다다르면 뱃머리가 자연히 방향을 제대로 잡고 전진한다. 어떠한 경우라도 마지막에 이르면 해결책이 있게 마련이다.

良药苦口利于病忠言逆耳利于行。

좋은 약은 입에 쓰나 병에는 이롭고, 충언은 귀에 거슬리나 행동에는 이롭다.

国家的事再小也是大事个人的事再大也是小事。

국가의 일은 아무리 작아도 큰일이고, 개인의 일은 아무리 커도 작은 일이다. 국가나 집단의 이익을 개인의 이익보다 우선시한다.

광의의 호문은 윗글이 아래 글의 **전부**, 아래 글이 윗글의 **전부**를 포함할 수 있는데, 이를 '대언' 또는 '대언명의'라고 한다. 협의의 호문 역시 대언의 일종이다. 대언에는 앞에서 본 '只有好处没有坏处', '宁愿站着死不愿跪着生'과 같이 상반되는 내용이 대를 이루는 정반의 대(正反对)가 있다. 또 '上有天堂下有苏杭(하늘에는 천당이 있고, 땅에는 쑤저우(苏州)와 항저우(杭州)가 있다)', '千里送鹅毛礼轻情意重'과 같이 유사한 내용이 대비되는 유비대(类比对)도 있다. 그 밖에

'无的放矢不看对象', '空话连篇言之无物'와 같은 동의반복의 대언도 있다. '花花草草', '清清白白', '哭哭啼啼'와 같은 중첩식 4자어 역시 이러한 동의반복의 대언에 속한다. 의미상 대를 이루는 상하언 (上下言)에도 인과, 순접, 전환, 가설 등의 다양한 관계가 있다. 그 예는 다음과 같다.

眼不见心不烦。
눈에 보이지 않으면 마음이 쓰이지 않는다. 몸이 멀어지면 마음도 멀어진다. (인과)

前车之覆后车之鉴。
앞의 수레가 전복되니 뒤 수레는 이를 거울로 삼는다. 앞 사람의 실패를 자신의 경계로 삼다. (인과)

活到老学到老。
늙을 때까지 살면, 늙을 때까지 배운다. 살아 있는 동안 배움은 끝나지 않는다. (순접)

既来之则安之
기왕에 그들을 오게 하였으니 그들을 편안하게 한다. 엎어진 김에 쉬어 간다. (순접)

创业易守业难
사업을 시작하기는 쉬우나 사업을 지키기는 어렵다. (전환)

挂羊头卖狗肉
양의 머리를 걸어 놓고 개고기를 판다. 속과 같이 다르다. (전환)

若要人不知除非己莫为
남이 모르게 하려면 아예 자신이 일을 저지르지 말아라. 보이지 않는 곳에서 하는 나쁜 일은 언젠간 들키기 마련이다. (가설)

1.3 구조유형의 다양성

대언은 단위의 크고 작음의 경계와 품사의 경계를 모두 무너뜨리며, 주술, 수식, 동목, 병렬 등 여러 가지 구조관계의 경계도 초월한다. 4자어를 예로 들어보자.(陆志韦 1956)

주어-술어

门当户对	(혼인 관계에 있어서) 가문과 집안이 대등하다.
男盗女娼	남자는 도적질하고, 여자는 몸을 판다.
朝三暮四	아침에 세 개 저녁에 네 개. 조삼모사.
热胀冷缩	뜨거운 것은 팽창하고 차가운 것은 수축한다.
知难行易	알기는 어려우나 하기는 쉽다.

동사-목적어

开宗明义	(말 또는 글에서) 첫머리를 시작하면서 요지를 밝히다.
设身处地	자신을 다른 사람의 상황에 두다. 입장을 바꾸어 생각하다.
颠三倒四	세 번을 뒤집고 네 번을 엎다. (말을 하거나 일을 하는 데) 순서와 조리가 없다.
驾轻就熟	가벼운 수레를 몰고 아는 길을 가다. 숙달되어 일 처리가 쉽다.
连踢带打	발길질을 연거푸 하면서 주먹질을 하다.

동사-보어

看透想穿	(상대의 계책·결점 따위)꿰뚫어 보고 철저하게 생각하다.
洗净刷白	깨끗하게 씻고 깨끗하게 솔질하다.
吃饱喝足	배부르게 먹고 흡족하게 마시다.
输入输出	들여보내고 내어 보내다.
跑偏走歪	한쪽으로 치우쳐서 달리고 삐뚤어지게 가다. 바른길을 벗어나 좋지 않은 방향으로 가다.

관형어 - 중심어

狼心狗肺　이리의 심장 개의 허파. 흉악하고 잔인한 마음(을 지닌 사
　　　　　람).

半斤八两　반근 여덟 량. 어슷비슷하다. 도토리 키 재기.

来龙去脉　오는 용, 가는 줄기. 산의 지세가 용트림 치며 뻗어 나가
　　　　　이룬 산의 줄기. 한 가지 일의 전후 원인과 결과 또는 사람
　　　　　이나 사물의 내력.

嬉皮笑脸　즐거운 모습 웃는 얼굴. 희죽거리며 점잖지 못한 모습.

花言巧语　화려하고 교묘한 말. 알맹이가 없는 공허한 말이나 글.

부사어 - 중심어

胡思乱想　터무니없이 사고하고 두서없이 생각하다. 터무니없는 허튼
　　　　　생각을 하다.

轻描淡写　건성으로 그리고 대충 쓰다. (공들이지 않고) 대충 묘사하
　　　　　다

分割围歼　쪼개어 나누고 포위하여 섬멸하다. 적의 작전 배치를 몇 부
　　　　　분으로 분할하여 포위해서 섬멸하는 작전 행동.

老奸巨猾　매우 간사하고 대단히 교활하다.

死缠烂打　죽자고 매달리고 끈질기게 조르다.

병렬

牛鬼蛇神　소대가리를 한 귀신과 뱀의 몸을 한 귀신. 온갖 잡귀신이나
　　　　　갖가지 악인.

吹拉弹唱　(악기를) 불고, 켜고, 뜯고, 노래하다. 온갖 기예를 가리킴.

花花草草　무성한 꽃과 풀.

吹吹拍拍　허풍을 떨기도 하고 치켜세워주기도 하다.

红红绿绿　불긋불긋 푸릇푸릇하다. 울긋불긋하다.

대를 이루어 말하기만 하면 구조관계가 무엇인지는 중요하지 않고, 또 분명히 말할 수도 없다. 예를 들어보자.

赶尽杀绝　모조리 쫓아내고, 남김없이 죽이다.
打净捞干　깨끗이 정리하고 남김없이 건져내다. 깨끗이 정산하다.
颠三倒四　서너 번 뒤집고 엎다. (말을 하거나 일을 하는 데) 순서와
　　　　　조리가 없다.
标新立异　새로운 것을 나타내기 위해 남달리 특이한 주장을 내세우다.
隐恶扬善　나쁜 점은 감춰주고 좋은 점은 치켜세우다.
枪林弹雨　총이 숲을 이루고 탄알이 빗발치듯하다. 치열한 전투.
落花流水　떨어지는 꽃 흐르는 물.
油光水滑　기름처럼 번지르르하고 물처럼 매끄럽다.
狼吞虎咽　이리나 호랑이처럼 꿀꺽 삼키다. 게걸스럽게 먹다.
里应外合　밖에서 공격하고 안에서 응하다. 안팎에서 서로 호응하다.

위의 예에서 앞의 5개는 동목 또는 동보관계이고 뒤의 5개는 수식 관계로 보인다. 하지만 이들은 모두 주술관계로 이해하여도 말이 통한다. 즉 '赶要尽杀要绝(쫓는 것은 끝까지 하여야 하고, 죽이는 것은 남김없이 하여야 한다)', '枪如林弹如雨(총이 숲을 이룬 것 같고 탄알이 비 오듯 하다)'로 이해할 수도 있는 것이다. 왜냐하면 중국어는 동사도 자유롭게 주어가 될 수 있고, 술어의 품사 유형은 제약을 받지 않기 때문이다. 따라서 인도유럽어 통사구조의 규칙으로 분석하면 4자어는 산산조각으로 쪼개져서 규칙을 파악하기가 상당히 어려워진다. 4자어 구조의 규칙에 대해 쉬퉁창(徐通锵 2008:198)은 "비병렬 관계의 2자 조합을 병렬하면 병렬관계의 4자 조합이 생성된다"라고 하였다. 그는 여기서 '비병렬 관계의'라는 관형어는 생략할 수도 있다고 하였는데,

그 이유는 병렬관계의 결합인 '花花草草', '躲躲闪闪(숨었다 나타났다 하다)', '牛鬼蛇神', '摸爬滚打(짚어가며 기어오르고, 맞붙어 싸우다. 힘들게 일하다)' 등도 있기 때문이다.

1.4 중언

Part1에서 중첩은 중국어 문법의 형태적 수단 가운데 하나임을 지적하였다. 대언의 각도에서 보면 중첩은 가장 간단하고 기본적인 대언 방식으로, 중첩식 대언이라고 부른다. 호문의 4자어 중에는 4자 중첩식과 아주 가까운 것들이 많은데, 이는 4자 중첩식의 변이형식이다. 예를 들면, '干干玩玩(일하다가 놀다가 하다)'은 중첩식이고, '边干边玩(일하면서 놀다)'은 호문으로 된 4자어이다.

A
蹦蹦跳跳 깡충깡충 뛰다
活蹦乱跳 기운차게 이리저리 깡충깡충 뛰다
一蹦一跳 기뻐서 깡충깡충 뛰다
又蹦又跳 깡충깡충 뛰기도 하고 뛰어오르기도 하다
连蹦带跳 뛰어 오르다

B
长长短短 길었다 짧았다 하다. 길이가 들쑥날쑥하다
你长我短 니가 옳으니 내가 옳으니 하다
问长问短 장점과 단점을 묻다. 이것저것 자세히 묻다
有长有短 장점도 있고 단점도 있다
取长补短 장점을 취하여 단점을 보충하다

C

说说笑笑 떠들고 웃고 하다. 이야기로 웃음꽃을 피우다

有说有笑 말하다가 웃다가 하다

又说又笑 떠들고 웃고 하다

未说先笑 말하기도 전에 미리 웃다

连说带笑 말도 하고 웃기도 하다. 웃고 떠들다

D

干干净净 아주 깨끗하다

一干二净 하나 둘 할 것 없이 깨끗하다

不干不净 말끔하지도 않고 깨끗하지도 않다

半干半净 반 정도 말끔하고 깨끗하다

盘干碗净 접시와 그릇이 말끔하고 깨끗하다

E

花花草草 무성한 꽃과 풀

红花绿草 붉은 꽃과 푸른 풀

拈花惹草 꽃을 꺾고 풀을 건드리다. 여색을 찾아다니다

弄花弄草 꽃을 가꾸고 풀을 키우다

花败草枯 꽃이 떨어지고 풀이 시들다

각 그룹의 첫 번째 예는 중첩식이고, 나머지는 호문 4자어이다. 이들은 모두 호문견의로 상태를 묘사하는 생동적인 의미와 어기의미(语气义)를 나타낸다.

다음으로 수량 중첩식 '一个一个(하나하나)'가 어떻게 여러 가지 4자호문으로 변화하는지 살펴보자.(郭绍虞 1979 : 46)

一个一个 하나하나 (수량중첩)

七家八家 여러 집 (상이한 수사, 동일한 명사)

七个八个 옥신각신하다. 말다툼하다 (상이한 수사, 동일한 양사)

三番五次 여러 차례 (상이한 수사, 상이한 양사)

一丝一毫 털끝만큼의 아주 적은 양 (동일한 수사, 상이한 양사)

丈一丈二[5] (길이)한 장 남짓 (동일한 양사, 상이한 수사)

一头一脸 체면이 있다 (동일한 수사, 상이한 명사)

石一石二[6] (무게)한 석 남짓 (동일한 명사, 상이한 수사)

호문은 모두 준중첩이라고 할 수 있다. 중첩은 가장 간단한 호문이다.

중첩과 중복은 차이가 있지만 명확한 경계가 없기에 중복도 역시 호문이 된다. 비교해 보자.

吃着吃着就倒下了。

먹다 먹다 쓰러졌다. (중복)

吃着喝着就倒下了。

먹다 마시다 쓰러졌다. (호문)

再忍一会儿, 再忍一会儿。

조금만 더 참아, 조금만 더 참아. (중복)

---

5) 역자주: 삼베나 비단이 1장(一丈)하고도 남음이 있는 것을 '丈一' 또는 '丈二'이라고 한다.

6) 역자주: 『通俗编·数目·丈一丈二』에서는 "세속에서는 쌀 1석하고 나머지가 있는 것을 石一 또는 石二이라고 이른다. 삼베나 비단이 1장하고 우수리가 있는 것을 丈一, 丈二라고 하였다.(『容斋续笔』'俗谓米一石有畸, 曰石一石二。帛长一丈有畸, 曰丈一丈二之类。')"라고 적고 있다.

再忍一会儿, 再挺一会儿。

조금만 더 참고, 조금만 더 견뎌라. (호문)

不带啥不带啥也捆了个大行李。

아무것도 안 가져가도 싸니까 큰 짐이다. (중복)

不带这不带那也捆了个大行李。

이것저것 가져가지 않아도 싸니까 큰 짐이다. (호문)

　중복 역시 모종의 어기를 나타낸다. '研究研究(좀 연구하다)', '讨论讨论(좀 토론하다)'은 어기를 완화하고, '想啊想啊(생각을 하고 또 하다)', '说着说着(말을 하고 또 하다)', '写吧写吧(써라 써라)'는 양을 가중시키며, '千万千万(제발 제발)'은 간곡함을 배가시킨다. 그 외에 '思之思之(생각하고 또 생각하다)', '休怪休怪(너무 언짢게 생각지 마세요)', '保重保重(몸조심하세요)', '有罪有罪(죄송할 따름입니다)' 등도 있다. 이청조(李清照)의 사(词) 「성성만(声声慢)」에 나오는 '寻寻觅觅, 冷冷清清, 凄凄惨惨切切(찾고 또 찾아보건만, 차갑고 쓸쓸하기만 하여, 서럽고 처참하고 외로워라)'와 같이 중첩식 어휘는 서로 연결되어 하나의 문장을 만들 수도 있다. 반면, 인도유럽어에는 이러한 현상을 찾기가 어렵다.(郭绍虞 1979:125, 613)

　중첩과 중복을 총칭하여 중언(重言)이라 하는데, 이들은 모두 가장 간단하고 기본적인 호문의 대언이다. 중언은 특별한 의미를 생성한다. 애칭 의미로(아이에게 말을 가르칠 때 하는 말인 吃饭饭(맘바 먹자), 穿鞋鞋(신발 신자)), 전체칭 의미(个个(하나하나), 回回(그때 마다), 张张(매 장 마다)), 시도 의미(写写(한번 써봐), 练习练习(연습해 봐)), 생동 의미(高高的(높디높게), 慌慌张张的(허겁지겁하면서)), 긍·부정 의미(大大方方的(시원시원하게), 小里小气的(옹졸하게)) 등은 모두 잘 알려진 것들이어서 더 이상의 설명이 필요하지 않다.

'喝酒喝醉(술을 마셔서 취하다)', '骑马骑累(말을 타서 피곤하다)', '读书读傻(책을 읽어서 멍청해지다)'와 같은 이른바 '동사복사动词拷贝' 문형은 사실 '靠山吃山(산을 낀 곳에서는 산을 이용해서 먹고산다)', '听之任之(마음대로 하게 내버려두다)', '有钱出钱(돈 있는 사람이 돈을 내다)'(아직 '명사복사'라는 명칭을 붙이지는 않는다)과 같이 모두 호문견의이다. '酒(술)', '马(말)', '书(책)'는 명사이고, '醉(취하다)', '累(피곤하다)', '傻(멍청하다)'는 형용사이지만, 이들은 모두 동사의 지칭성 보어(沈家煊 2016a:262-268)가 된다. 이러한 호문은 인과 의미를 생성한다.

중국어를 영어로 번역할 때 호문의 번역은 고충이 되는 부분이다. 글자 그대로 번역할 수가 없기 때문이다. 4자호문만 예로 들어보자. (汪福祥 1998에서 발췌하여 인용)

外粗内秀 겉은 졸렬하지만 속은 빼어나다. 세련되지는 않지만 뛰어난 인재
a rough diamond 갈지 않은 다이아몬드. 연마하면 크게 될 인재

有名无实 이름만 있고 알맹이는 없다
a poor apology 서툰 사과

单枪匹马 창 한 자루 말 한 필로 적진에 뛰어들다. 남의 도움을 받지 않고 혼자 해내다
play a lone hand (카드놀이에서 몇 사람을 상대로)혼자서 승부하다

点头哈腰 끄덕이고 숙이고 허리를 굽신거리다. 비굴한 행동
bow and scrape 굽실거리다

偷鸡摸狗 닭을 훔치고 개를 더듬다. 남자의 남녀관계가 문란함
be on a sly 음흉하게 굴다

不依不饶 의지하지도 않고 관용을 베풀지도 않다. 본격적으로 맞서다
take off the gloves to 장갑을 벗다. 싸우려고 하다

心烦意乱 마음이 괴롭고 생각이 혼란스럽다
nerves on edge 신경이 곤두서다

垂头丧气 고개를 떨어뜨리고 기운을 잃다. 의기소침하다
sing the blues 우울하다. 기운이 없다

稳扎稳打 차근차근 진을 쳐가며 차분하게 싸우다
play for safety 신중을 기하다

大吵大闹 크게 소리치고 크게 소동을 일으키다
yell bloody murder 분노의 비명을 지르다

不理不睬 상대하지도 않고 거들떠보지도 않다
not even give a tumble 꿈쩍도 하지 않다

养家糊口 입에 풀칠할 정도로 식구를 부양하다. 가까스로 가족을 부양
하다
bring home the bacon 밥벌이를 하다

添油加醋 기름을 보태고 식초를 더하다. 화를 돋우는 말을 덧붙이다
spice up 양념을 치다. 더 좋아 보이도록 꾸미다

喧宾夺主 기세등등하게 떠들어대는 손님이 주인의 자리를 빼앗다. 굴
러온 돌이 박힌 돌을 빼다
steal the show (사람들의)관심을 독차지하다

宽容大度 너그럽고 크게 받아들이고 포용하다
turn the other cheek 애써 참다

完美无缺 완벽하여 결점이 없다. 완전무결하다
nothing left to desire 전혀 흠 잡을 데가 없다

白吃白喝 공짜로 먹고 공짜로 마시다
a freeloader 남에게 얻어먹기만 하는 사람

牵线搭桥 연줄을 끌어와 다리를 놓다. 중간에서 소개하여 관계를 맺어
주다
pull the strings 연줄을 당기다. 배후 조종하다

听天由命 하늘에 순종하고 그 명을 따르다. 운명을 하늘에 맡기다
resign to fate 운에 맡기다

胡说八道 호인胡人 승려가 팔도八道를 말하다. 허튼소리를 하다

shooting from the hip 성급하게 반응하다

搂搂抱抱 두 팔로 꽉 끌어당겨서 안다
play kissy-poo 키스하고 깨물다

疯疯癫癫 몹시 미쳐서 지랄하다
go gaga 망령이 들다. 미쳐 날뛰다

1.5 복합어와 쌍음절화

중국어의 복합어나 복합어구(쌍음 위주)는 사실 모두 호문의 대언
이다. 병렬관계의 호문 대언은 말할 필요도 없고, '大小(대소)', '日月
(일월)', '来往(왕래)'과 같은 것도 표면적으로는 결합관계이지만 실제

로는 계열관계와 선택관계를 나타낸다. '大小'는 선형의 '大(크다)+小(작다)'와는 다르며, '크거나 작다, 크기도 하고 작기도 하다'이므로 '大'와 '小'는 2차원적인 중첩 상태(叠加态)에 있다. 주목할 것은, 비병렬 관계의 복합어도 넓은 의미의 호문성을 가진다는 점이다.(제9장 '지칭어대'에서 상세히 서술) 예를 살펴보자.

老人 - 老笋
늙은 사람 - 질긴 죽순

伏枥 - 伏虎
구유에 엎드리다 - 호랑이를 굴복시키다

白吃 - 白做
공짜로 먹다 - 헛수고 하다

走路 - 走样
길을 가다 - 원래의 모습을 상실하다

小心过河 - 小心坠河
조심스럽게 강을 건너다 - 강에 떨어지지 않도록 주의하다

水淹 - 水解 - 水运 - 水葬
물에 잠기다(수몰) - 물에 분해되다(가수 분해) - 수로를 통해 옮기다(수운) - 물에 장사지내다(수장)

'老'의 의미가 '幼(어리다)'와 반대되는지 아니면 '嫩(부드럽다)'과 반대되는지, '伏'의 의미가 '趴伏(엎드리다)'인지 아니면 '降伏(굴복시키다)'인지는 그것이 결합한 글자와 호문을 통해야만 비로소 분명해진다. 마찬가지로 '白', '走', '小心'의 의미도 모두 그와 결합한 대자(対

字)를 통해야만 명확해진다. 최근 들어서 명사의 '사물성(物性)'과 그 구조가 연구자들의 주목을 받기 시작했다.(袁毓林 2014, 宋作艳 2018) 위의 마지막 예에서 명사 '水'의 어떠한 '사물성'이 현저해지는지도 역시 그것과 결합한 동사가 결정한다.

4자호문은 두 글자로 이루어진 복자호문(复字互文)의 확장판으로 볼 수 있다. 이는 '你来我往(너와 내가 서로 오가다)'이 '来往(왕래하다)'의 확장판인 것과 같다.

$$来往 = \begin{bmatrix} 来 \\ 往 \end{bmatrix} \xrightarrow{\text{확장}} 你来我往 = \begin{bmatrix} 你来 \\ 我往 \end{bmatrix}$$

호문은 결합관계를 사용하여 계열관계나 선택관계를 나타낸다.

단음자의 증식은 아주 오래전부터 쌍성첩운의 법칙에 부합하였다. 예를 들면, '天(하늘)'에는 '地(땅)', '阴(음)'에는 '阳(양)', '聪(귀가 밝다)'에는 '聋(귀가 어둡다)', '寒(춥다)'에는 '暖(따뜻하다)'이 그러하다. 따라서 쌍음자에는 '天地', '阴阳', '聪聋' '寒暖'과 같은 쌍성첩운이 존재할 수 있다. 또 일부 쌍음자는 쌍성첩운의 '글자 쪼개기(析字)'[7]를 이용하여 만들기도 하였다. '孔([kǒng], 구멍)'→'窟窿([kūlong], 구멍)', '团([tuán], 덩어리)'→'突栾([tūluán], 덩어리)'의 경우가 이에 해당된다. 비교해보자.

---

7) 역자주: 한자의 형과 음, 의를 나누어 붙여서 새로운 글자를 만드는 일종의 수사격.

복자호문

[쌍성]

天地 하늘과 땅. 천지

阴阳 음과 양. 음양

[첩운]

聪聋 귀가 밝은 것과 어두운 것

寒暖 추위와 더위

4자호문

[앞 글자 중복]

人山人海 사람이 산을 이루고 바다를 이루다

问长问短 장점과 단점을 묻다. 이것저것 묻다

[뒷 글자 중복]

靠山吃山 산을 낀 곳에서는 산으로 먹고 산다

吃好玩好 잘 먹고 잘 놀다

조어법의 경우에 중국어는 복합 위주, 인도유럽어는 파생 위주라는 것은 일반적인 상식이다. wide(넓다) → width(넓이), long(길다) → length(길이)와 같은 파생을 통한 조어는 두 개의 형태소를 서로 더하기만 하면 된다. 그런데 복합을 통한 조어는 '宽窄(넓이)', '长短(길이)'에서 보듯이 간단한 더하기가 아닌 호문견의에 의존해야 한다. 이를 통해 중국어에서 대언명의는 조어법에서부터 이미 시작되었고, 대언은 모두 호문견의라는 것을 알 수 있다.

이 점에서 보면 중국어의 쌍음절화는 '友→朋友(친구)', '敲→敲打(두드리다)', '美→美丽(아름답다)', '已→已经(이미)', '究→究竟(결국)', '毁→弄坏(망치다)', '死→害死(살해하다)'와 같이 허(虛)와 실

(实)을 가리지 않고 모두 '대언화(对言化)' 된 것이다. 왕리(王力 1984:112-116)는 프랑스어 동사와 중국어 인과관계식(使成式, 동보식)의 쌍음절어를 비교한 바 있다.

allonger 延长 늘이다

abîmer 弄坏 나쁘게 만들다

assommer 打死 때려죽이다

aggraver 加重 무겁게 하다

agrandir 放大 넓히다

irriter 激怒 몹시 화내다

arracher 拔出 뽑아내다

trouver 找着 찾아내다

affoler 吓昏 놀라 정신을 잃다

aplatir 压扁 납작하게 누르다

dessécher 晒干 햇볕에 말리다

remplir 装满 가득 채우다

accoucir 缩短 줄이다

arrêter 挡住 저지하다

vider 喝干 마셔서 잔을 비우다

short → shorten(缩小), large → enlarge(放大)와 같이 영어에도 쌍음절화가 인과관계식으로 변하는 경우가 있다. 하지만 이는 일부 소수의 형용사 변환에 국한되며 중국어처럼 앞 글자가 교체되는 것이 아니다.

缩短 줄이다. 단축하다 →   删短 삭제하여 줄이다

割短 잘라서 줄이다

削短 깎아서 줄이다

放大 크게 하다, 확대하다 → 加大 늘리다
　　　　　　　　　　　　扩大 넓히다
　　　　　　　　　　　　吹大 부풀리다
录入 입력하다 → 　　　　放入 집어넣다
　　　　　　　　　　　　推入 밀어넣다
拿开 치우다 → 　　　　　推开 밀어 열다, 밀어내다
　　　　　　　　　　　　岔开 갈라지다, 엇갈리게 하다

　이는 중국어 쌍음절의 인과관계식이 cause(원인)-effect(결과)가 쌍을 이루는 '인과대(因果对)'이고, 이때 인과의 의미는 대언이 대를 통해서 도출한 것임을 보여준다.

　쌍음절화는 대언의 범위를 크게 넓혀 대언의 형식을 더욱더 다양화시켰으며, 이로 인해 발생하는 변이 형식 또한 더욱 다양해졌다. 더욱 중요한 것은, 중국어 문법은 대언문법이고 문법 형식은 대언격식이므로 쌍음절화가 곧 일종의 '문법화'라는 점이다. 중국어의 문법화는 '실사의 허화(实词虚化)' 외에 '허사의 실화(虚词实化)'이기도 하다. 쌍음절화는 공허한 의미가 실질적인 것이 되게 하는 '허의충실(虚义充实)'의 기능을 한다. 이에 관한 상세한 논의는 제11장 3절 '허와 실의 통일'에서 다시 전개하고자 한다.

② 대언완형

2.1 단독으로 사용 불가능

　중국어에서 형식적으로 완전한 구조는 대언격식이다. '대언완형(对言完形)'이란 단독으로는 성립하지 않고 대언을 이루어야 형태가 완성되어 성립하는 것을 말한다. 예를 들면, '高一脚'는 성립하지 않고, '高一脚低一脚(한쪽 발은 높이 들고 한쪽 발은 낮게 들다. 다리를 절룩거리다)'라고 해야 한다. 또 '人不人'은 성립하지 않고, '人不人鬼不鬼(사람이 사람 같지 않고, 귀신이 귀신같지 않다)'라고 해야 한다. (刘丹青 1982, 张国宪 1993) 이는 이미 중국어 문법의 상식이다. 단독으로 사용할 수 없는 의존형태소라도 대구 격식에 들어가면 단독으로 사용되는 것에 제약을 받지 않는다. '胜不骄败不馁(이겨도 교만하지 않고 져도 용기를 잃지 않는다)' 안의 '骄(교만하다)'와 '馁(용기를 잃다)', '你一言我一语(저마다 한마디씩 말하다)'의 '言(말하다)'과 '语(말하다)'가 그 예이다. 또 다른 예를 보자.

?今天冷。
今天冷, 昨天热。 오늘은 춥고, 어제는 더웠다.

?喝了酒。
喝了酒, 吃了饭。 술도 마셨고, 밥도 먹었다.

?房间住人。
房间住人, 仓库堆货。 방에는 사람이 살고 있고, 창고에는 물건이 쌓여 있다.

단독으로 말할 때는 성립하지 않는 것이 대화에서 질문에 대답할 때는 성립할 수도 있다.

질문 : 今天冷吗? 오늘 춥니?
  喝了什么? 뭘 마셨니?
  房间住不住人? 방에 사람이 살아?

대답 : 今天冷。 오늘 추워.
　　　 喝了酒。 술 마셨어.
　　　 房间住人。 방에 사람이 살아.

또 문미에 어기사를 추가하면 문장이 성립할 수도 있다. 예를 들면 다음과 같다.

今天冷呀。 오늘 춥네.
喝了酒了。 술을 마셨어.
房间住人吧。 방에 사람이 살 걸.

한 그루의 나무로는 숲을 이룰 수 없고, 외마디 말로는 대화를 이룰 수 없다는 말은 상당히 의미가 심장하다. 이러한 현상에 대해 문법학계는 일찌감치 주목을 하였으며, 논증을 할 때 예증으로도 자주 사용하였다. 하지만 이러한 현상은 줄곧 제대로 대접을 받지 못하였고 깊이 있는 연구도 이루어지지 않았다. 대구의 사용, 문답, 어기사는 모두 형태를 완결시키는 완형(完形)의 기능을 가지고 있다. 그렇다면 이들 사이에 내재된 연관성과 심층적인 기제는 무엇일까? 다음 장에서는 대언명의의 완형이 언어의 대화성과 상호작용성에 뿌리를 두고 있다는 점을 설명하고자 한다.

성질형용사는 대체로 단독으로는 관형어, 보어, 술어가 될 수 없으며, 전체를 중첩식이나 호문식으로 바꾸어야 성립될 수 있다.

?脏手
脏脏的手 아주 더러운 손
脏手脏脚 더러운 손 더러운 발

?爬得高
爬得高高的　아주 높이 기어 올라가다
上得快爬得高　빨리 올라가고 높이 올라가다

?室内干净
室内干干净净　실내는 말끔하고 깨끗하다
室内窗明儿净　실내의 창은 밝고 차 탁자는 깨끗하다

　서양인들이 중국어를 학습할 때 '这条街长(이 도로가 길다)'을 흔히 this is a long street(이것은 긴 도로이다)로 잘못 해석하는데, 사실이는 this street is longer(이 도로가 더 길다)의 의미이다. 중국어는 '这条长那条短(이 도로는 길고, 저 도로는 짧다)'과 같은 대언이 일반적인 형태이기 때문에 단독으로 '这条长'이라고 할 경우, 여기에는 틀림없이 대비의 의미가 내포되어 있다는 것을 서양인들은 이해하지 못한 것이다. 이와 반대로 중국인이 영어를 학습할 때는 습관적인 대언 형태가 흔히 '부정적 전이(负迁移)'를 일으키기도 한다. 이로 인해 '这条街长长的(이 도로는 아주 길다)'라는 의미를 나타내는 영어의 습관적인 표현은 this street is rather long(이 도로는 상당히 길다)이 아니라 this is a long street라는 것을 미처 생각하지 못하는 것이다.

　중국어에서 접속 성분은 '虽然 - 但是(비록 - 하지만)', '因为 - 所以(…때문에 - 그래서)', '既然 - 那么(기왕 …한 바에 - 그러면)', '只有 - 才能(…만이 - 비로소 …할 수 있다)', '除了 - 还有(…을 제외하고도 - 또)'와 같이 두 성분이 짝을 이루어 호응하는 것이 일반적인 현상이다. 그래서 중국 학생에게 영어를 가르치는 선생님들은 although와 but, because와 therefore, since와 then은 모두 짝을 지어 사용할 수 없다는 점을 특별히 주지시킨다.

2.2 중복의 사용

중국어는 간결성을 중시한다. 문장에 주어가 없을 수도 있고, 접속사를 사용하지 않을 수도 있다. 하지만 글자 수를 채워서 대언의 완전한 형태를 이루도록 할 때에는 오히려 중복도 피하지 않는다. 이는 영어와 비교할 수 있다.

你看我, 我看你。 너는 나를 보고, 나는 너를 본다.
→ We looked at each other. 우리는 서로를 바라보았다.

此一时, 彼一时。 지금은 지금, 그때는 그때.
→ Times have changed. 시대가 변했다.

活到老, 学到老。 늙을 때까지 살면, 늙을 때까지 배운다.
→ A man is never too old to learn. 사람이 너무 늙었다고 배울 수 없는 것은 아니다.

说到曹操, 曹操就到。 조조 얘기를 했더니 조조가 왔다. 호랑이도 제 말하면 온다.
→ Talk of the devil and he's sure to appear. 악마 얘기를 하면, 악마가 나타난다.

谁笑到最后, 谁笑得最好。 누구든 마지막까지 웃으면, 그 사람이 가장 잘 웃는다. 마지막에 웃는 자가 가장 잘 웃는다.
→ He who laughs last laughs best. 최후에 웃는 사람이 가장 잘 웃는다.

你有你的一套打法, 我有我的一套打法。 너는 너의 싸움 방식이 있고, 나는 나의 싸움 방식이 있다.
→ You have your way of fighting and we have ours. 너는 너의 싸움 방식이 있고, 우리는 우리의 싸움 방식이 있다.

영어는 전반적으로 의도적인 강조나 수사적인 필요가 아니고는 되도록이면 중복을 피하려는 경향이 있다. 그래서 많은 영어 교사들은 학생들에게 한 문장 안에서 같은 단어의 반복 사용과 같은 중복 기술을 피할 것을 반드시 기억하도록 지도한다. 문장 안에 음절과 어구가 중복될 때는 대명사 사용, 교체, 생략 등의 방법을 사용하여 이들을 수정해야 한다.(连淑能 1993:173-217) 예를 들어 보자.

원문:

Close examina*tion* of the results of the investiga*tion* led to a reorganiza*tion* of the department.

수정문:

Close *study* of the results of the *inquiry* led to a reorganization of the department.

仔细审察调查结果，最终导致部门重组。

조사 결과를 면밀히 연구한 결과, 결국 부서 개편으로 이어졌다.

원문:

Even to *borrow* money is wrong, according to Kant, because if everyone did *borrow* money, there would be no money left to *borrow*.

수정문:

Even to borrow money is wrong, according to Kant, because if everyone *did this*, there would be no money left to borrow.

借钱也错，康德所言，人人借钱，无钱可借。

돈을 빌리는 것도 잘못인데, 칸트의 말에 따르면, 만약 모든 사람이 돈을 빌린다면, 빌릴 수 있는 돈이 남아있지 않을 것이다.

원문:

A man is called selfish, not for pursuing his own *good*, but for neglecting his neighbor's *good*.

수정문:

A man is called selfish, not for pursuing his own good, but for neglecting his neighbor*'s*.

说一人自私自利，并非他只顾自己利益，而是他不顾邻人利益。

한 사람을 이기적이라고 하는 것은, 결코 그가 자신의 이익만을 추구해서가 아니라 이웃의 이익을 돌아보지 않아서이다.

치궁(启功 1997:6)도 중국어의 대구는 중복을 피하지 않는다는 점에 주의하면서 구어의 예를 들고 있다.

明天如是晴天，咱们北海划船；
明天如果下雨，那就不出门了。
내일 만약 날씨가 좋으면, 우리는 베이하이에서 뱃놀이를 하고,
내일 만약 비가 온다면, 외출하지 않을 것이다.

중국어의 일반적인 응답 형식은 정연한 대구인데, 이 역시 영어와 비교해볼 수 있다.

一你看见钱没有？ —Did you see the money? 너 돈 봤니?
一钱我没有看见。 —No, I didn't. 돈, 나는 못 봤어.

영어에서 만약 대구를 사용하여 The money, I didn't see(it)(돈은, 못 봤어)라고 대답한다면, 이는 오히려 유표지의 특수한 형식이 된다. 이때 화제 the money는 대조의 성격을 가진다. 그런데 또 I didn't see the money(나는 돈은 못 봤어)라고 말하는 것도 역시 비교적 특수하다. 이때는 후행절 but I saw the purse(그런데 지갑은 봤어)를 추가해야 비로소 어기가 완전해진다. 이에 관해서는 제8장 4절 '대화분석'의 더 많은 예시와 서술을 참고하기 바란다.

2.3 단음절과 쌍음절의 결합

최근 논란이 되고 있는 단음절과 쌍음절의 결합 문제 역시 대언의 완형에 해당된다. 단음절 대 단음절, 쌍음절 대 쌍음절과 같이 '대를 이루는 것(成对)'은 모두 다 성립한다. 하지만 단음절 대 쌍음절, 쌍음절 대 단음절과 같이 '대를 이루지 않는 것(不成对)'은 성립하지 않는 경우가 많다. 그런데 이들은 모두 의미 표현에 있어서는 전혀 문제가 없다.

구분	2+2	1+1	1+2	2+1
관형어 - 중심어	煤炭商店 연탄 가게 陈旧桌布 낡은 탁자보	煤店 旧布	*煤商店 旧桌布	煤炭店 *陈旧布
부사어 - 중심어	轻轻放置 살짝 놓다 细细观看 자세히 보다	轻放 细看	*轻放置 *细观看	轻轻放 细细看
동목	种植大蒜 마늘을 심다 购买粮食 식량을 구매하다	种蒜 购粮	种大蒜 买粮食	*种植蒜 *购买粮
동보	调查清楚 정확히 조사하다 摆放整齐 가지런히 배열하다	查清 摆齐	查清楚 放整齐	*调查清 *摆放齐
주술	鲜花开放 싱그러운 꽃이 피다 警钟鸣响 비상벨이 울리다	花开 钟响	*花开放 *钟鸣响	*鲜花开 *警钟鸣
병렬	道路桥梁 도로와 교량 诗歌戏剧 시가와 희곡	路桥 诗戏	?路桥梁 ?诗戏剧	*道路桥 *诗歌戏

대칭과 비대칭의 구분은 모든 구조유형을 관통한다.(王远杰 2018) 이는 중국어에서 대칭이 기본이며, 그 중에 음절 대칭이 중국어 자체의 문법적인 형태수단 가운데 하나라는 것을 보여준다. 연구의 중점은 먼저 왜 '둘과 넷 채우기(凑双四)'를 하는지와 대칭이 우선이냐에 있다. 이 근본적인 문제에 답을 먼저 제시해야 비로소 비대칭 형식의 제약 문제가 해결될 수 있을 것이다.

위에서는 대언명의와 대언완형에 대해 따로 설명하였는데, 이는 단지 서술의 편의를 위해서 그런 것일 뿐, 양자는 한 동전의 양면과 같아서 둘로 나눌 수가 없다. '十七还能常十七, 十八不能常十八(17살은 항상 17살일 수 있지만, 18살은 항상 18살일 수 없다)'라는 말은 대언완형이면서 대언명의로, 사람은 나이가 들면서 변한다는 의미를 나타낸다. 다음 예를 보자.

我10分钟穿过隧道。
나는 10분 만에 터널을 통과했다.

*我10分钟穿行隧道。
我10分钟穿行隧道, 10分钟攀爬绳梯。
나는 10분 만에 터널을 지나고, 10분 만에 줄사다리를 올랐다.

하나만 말할 경우에는 '我10分钟穿过隧道'라고만 말할 수 있고, '我10分钟穿行隧道'라고 말할 수는 없다. 하지만 대구를 사용하면 '我10分钟穿行隧道, 10分钟攀爬绳梯'도 가능한 표현이다. 이는 하나의 시간 단락 동안 한 가지 임무를 완수함을 나타낸다. 대언 형식은 '穿行(빠져나가다)'에 '完成穿行(빠져나가는 것을 완성하다)', 즉 '穿过(통과하다)'의 의미를 생성한다. 의미를 분명하게 하는 것과 형태의 완성이 서로 긴밀하게 연결되어 있다.

❸ 격식화 된 대언

3.1 4자격

4자격은 가장 중요하고 기초적인 격식화 된 대언으로, 4자어도 '4자격'이라고 할 수 있다. 왜냐하면 4자어는 구조와 의미에 있어서 대부분 22형식이며, 엄격한 것은 쌍성첩운과 평측(平仄) 대응의 조건도 갖추고 있기 때문이다. '단어(词)' 또는 '구(短语)'라는 용어로 4자격을 규정하면 4자격의 진면목을 분명히 알 수 없으며, "그 자체가 많은 어려움을 초래할 수 있어 종종 쓸데없는 헛수고를 하게 된다".(朱赛萍 2015:5) 대언격식 가운데에는 4자격이 가장 엄밀하며, 그 외 다른 대언격식은 모두 4자격을 기초로 변화·파생된 것들이다. 4자격 위주의 대언격식에 대해 어휘의 각도에서 분류와 묘사를 진행한 이도 있다.(马清华 2005:360)

수사

一一식 : 一问一答 일문일답

一二식 : 一来二去 한 번 두 번 왔다 갔다 하면서. 차츰차츰

三两식 : 三长两短 세 개의 긴 향, 두 개의 촛불.[8] 뜻밖의 변고. 사람의
　　　　 죽음에 대한 완곡한 표현

三四식 : 说三道四 이러쿵저러쿵 제멋대로 평을 하다

三五식 : 隔三岔五 (일정한 사이를 두고) 언제나. 사나흘에 한 번씩

五六식 : 五颜六色 대여섯 색깔. 여러 가지 빛깔. 색채가 복잡하거나
　　　　 무늬가 다양함

---

8) 역자주: 이것은 일반적으로 죽은 사람에게 사용하는 것이기 때문에 뜻밖의 죽음을 형용할 때 사용함. 이에 대해서는 관(棺)의 구성 형태와 관련이 있다는 설도 있음.

七八식 : 七零八落 일곱 번 흩어지고 여덟 번 떨어지다. 이리저리 떨어
　　　　져 흩어지다
千百식 : 千方百计 천 가지 방법과 백가지 계략. 온갖 방법과 계략을
　　　　다하다
千万식 : 千山万水 천 개의 산과 만 줄기의 강물. 길이 멀고 험난함
半半식 : 半信半疑 반은 믿고 반은 의심함. 반신반의
一一식의 연장 :
　一阵 … 一阵 때로는 …하고 때로는 …하다
　一面 … 一面 한편으로는 …하고 한편으로는 …하다
　一边 … 一边 한편으로는 …하고 한편으로는 …하다
　一手 … 一手 한 손으로는 …하고 다른 한 손으로는 …하다
　一会儿 … 一会儿 잠시 …했다가 잠시 …하다

지시대사

这那식 : 这好那好 이것도 좋고 저것도 좋다
谁谁식 : 谁有钱谁买单 누구든지 돈이 있는 사람이 계산한다
什么什么식 : 到什么山上唱什么歌 산에 오르면 그 산에 맞는 노래를
　　　　　　부른다
哪里哪里식 : 哪里有压迫哪里有反抗 어떤 곳이든 압박하는 곳에는
　　　　　　반발이 있다
怎么怎么식 : 怎么快怎么来 어떻게든 빠른 대로 와라
你我식 : 你来我往 서로 왕래하다
我我식 : 我行我素 내 식대로 하다

방위사

上下식 : 上行下效 윗사람이 하는 대로 아랫사람이 따라하다
前后식 : 瞻前顾后 앞을 바라보고 뒤를 돌아보다. 어떤 일을 하기 전에
　　　　앞뒤를 재면서 신중하게 생각하다

东西식 : 东一榔头西一棒子 동쪽에서 한 망치질 하고, 서쪽에서 한 방망이질 하다. 말이나 일을 조리 없이 하다

左右식 : 左也不是右也不是 왼쪽도 아니고 오른쪽도 아니다. 이러지도 저러지도 못하다

부사 연용

且且식 : 且战且退 싸우면서 후퇴하다

又又식 : 又穷又懒 가난하고 게으르다

忽忽식 : 忽高忽低 갑자기 높아졌다 낮아졌다 하다

边边식 : 边吃边谈 먹으면서 이야기하다

也也식 : 也恨也爱 원망하기도 하고 사랑하기도 하다

时时식 : 时忙时闲 때로는 바쁘고 때로는 한가하다

或或식 : 或去或留 떠나거나 머무르거나 하다

不不식 : 不破不立 (낡은 것을) 파괴하지 않고서는 (새 것을)세울 수 없다

相相식 : 相依相偎 서로 의지하며 친숙하게 지내다

互互식 : 互惠互利 서로 혜택을 주고 이익을 주다

如如식 : 如火如荼 불꽃이 활활 타오르는 것 같고, 띠 꽃이 흐드러진 것 같다. 대규모 행동의 기세가 왕성하고 분위기가 뜨거움

비어휘적 동사(delexical verb)

有有식 : 有来有往 왔다 갔다 하다

没没식 : 没吃没喝 먹지도 마시지도 않았다

有无식 : 有去无回 가서는 돌아오지 않는다

来去식 : 想来想去 이리저리 생각하다

似非식 : 似断非断 끊일 듯 말 듯 하다

要要식 : 要钱有钱要房有房 돈이 필요하면 돈이 생기고, 집이 필요하면 집이 생긴다

이러한 예들은 무수히 많다. 이 격식은 생명력이 매우 강해서 쌍음절화 과정이 진행됨에 따라 응용 범위가 더욱 넓어지고, 변화 형식도 더욱 풍부해졌다. 예를 들어 '且且식'은 옛말로 치부될 수 있지만 '且行且珍惜(살아가면서 지난일이나 사람을 소중하게 여기다)'와 같은 표현은 순식간에 유행하는 격식이 되었다. 또 최근에는 '我节约, 我光荣(나는 절약하므로 나는 자랑스럽다. 절약하는 내가 자랑스럽다)'과 같은 '我我식'이 인터넷에서 유행하는데, 이 격식에 들어가는 단어는 품사의 제약을 받지 않는다.(温锁林 2018)

我选择我喜欢 내가 선택하였으므로 나는 좋아한다
我单身我自豪 나는 독신이므로 스스로 자랑스럽다
我绿色我环保 나는 친환경적이므로 나는 환경을 보호한다
我诚信我光彩 나는 신용을 지키므로 나는 영광스럽다
我阳光我成长 나는 낙관적이고 명랑하므로 나는 성장한다
我奋斗我冠军 나는 분투하였으므로 나는 우승하였다
我排队我让座 나는 줄을 서서 나는 자리를 양보한다
我有责我尽责 나에게 책임이 있으니 나는 책임을 다한다

이러한 표현은 '我求我索(나는 추구하고 나는 탐색한다)', '我见我闻(내가 보고 내가 듣는다)', '我行我素(나는 내가 평소 해오던 대로 한다)'와 같이 예전부터 있어온 4자격의 재현과 연장이다. 여기서 '我'자의 중복은 너와 나(你我) 사이의 대화성을 강화시킨다.

대언의 격식화는 다른 언어에도 있지만, 중국어에서 그것의 광범위성, 다양성, 엄정성, 중요성은 대언격식을 떠나서는 중국어를 거의 말할 수 없을 정도로 만들었다. 4자격의 형성에 관한 문제는 제11장에서 해답을 내놓을 것이다.

3.2 격률시와 팔고문 등

논의의 범위를 텍스트(语篇)로 확대해보자. 변문(骈文)은 일종의 격식화된 문체로, 한 편 전체가 4자격 위주로 되어있다. 대언의 격식화는 격률시와 팔고문에서 가장 뚜렷하고 엄격하게 나타난다. 장편의 대련은 바로 텍스트 형식으로 된 대언이다. 쿤밍(昆明)에 있는 뎬츠호(滇池)의 대관루(大观楼)에 씌어진 '세상에서 가장 긴 대련(天下第一长联)'은 수많은 4자격을 포함하고 있다.

상련(上联)

五百里滇池 奔来眼底 披襟岸帻 喜茫茫空阔无边 看东骧神骏 西翥灵仪 北走蜿蜒 南翔缟素 高人韵士 何妨选胜登临 趁蟹屿 螺洲 梳裹就风鬟云鬓 更苹天苇地 点缀些翠羽丹霞 莫辜负四周香稻 万顷晴沙 九夏芙蓉 三春杨柳

오백 리 뎬츠호滇池가 내 눈 앞에 달려온다. 옷섶을 풀어헤치고, 두건을 밀어 올리며, 저 아득히 넓고 끝이 없음을 좋아하리! 보라! 동쪽의 금마산金馬山은 달리는 신령한 말 같고, 서쪽의 벽계산碧鷄山은 날아오르는 봉황 같으며, 북쪽의 사산蛇山은 달리는 뱀이 구불구불거리는 듯하고, 남쪽의 학산鶴山은 날아오르는 백학 같음을. 고상한 은사隱士와 시인들이여! 좋은 날 택하여 높은 누각에 올라, 게 모양의 작은 섬과 소라 모양의 모래톱에, 바람에 흔들리며 안개 속에 싸인 쪽진 귀밑머리 같은 수양버들이 여인네가 머리 빗어 묶는 듯 하고, 또한 부평초와 갈대가 사방에 널려있고, 비취색 작은 새와 붉은 노을로 장식된 멋진 광경을 감상한들 무슨 상관있겠는가! 사방에 널린 향내 나는 쌀의 벼, 햇빛 아래 반짝이는 넓은 백사장, 아흔 날 여름의 연꽃, 석 달 봄의 수양버들을 헛되게 하지 마시라!

하련(下联)

　　数千年往事 注到心头 把酒凌虚 叹滚滚英雄谁在 想汉习楼船 唐标铁柱 宋挥玉斧 元跨革囊 伟烈丰功 费尽移山心力 尽珠帘画栋 卷不及暮雨朝云 便断碣残碑 都付与苍烟落照 只赢得几杵疏钟 半江渔火 两行秋雁一枕清霜

　　수천 년의 지난 일들 내 마음속에 솟아올라, 술잔 들고 창공 바라보며, 탄식하노라 역사의 세찬 물결 속 영웅들 오늘날 누가 있는가? 한무제는 (인도까지의 통로를 개척하기 위해 장안에 곤명호를 뚫어) 수군을 훈련시키고 망루가 있는 큰 배를 만들었고, 당 중종은 (군대를 파병해 얼하이 지역을 탈환하고는) 공적을 기록하고 경계를 표시하려 쇠기둥을 세웠으며, 송 내조는 (지도를 마주하고 대도하大渡河를 따라) 옥도끼를 휘둘러 선을 그었고(서남지역을 송나라의 영토 밖으로 하였고)), 원세조는 가죽 주머니를 타고 (금사강金沙江을) 건넜다. 이런 위대한 많은 공적, 산을 옮길 만큼의 심력을 정말 다 쏟았구나! 비록 진주를 꿰어 만든 주렴, 아름다운 그림이 그려진 마룻대 같은 공적이지만, 발을 걷어 올릴 겨를도 모자랄 시간에 저녁 무렵의 비, 아침의 구름처럼 금세 사라졌고, 끊어져 남겨진 공로가 새긴 비석조차 모두 석양과 저녁 안개 속에 맡겨졌네. 이젠 드문드문 들려오는 몇 차례의 종소리, 강 가운데 고기잡이 불, 두 줄의 쓸쓸한 가을기러기, 싸늘한 서리만 남았구나.

　　사는 상궐(上闋)과 하궐(下闋)로 나뉜다. 이청조(李清照)의 「무릉춘(武陵春)」을 예로 들어보자.

상궐(上闋)

风住尘香花已尽, 바람이 멎고 먼지가 향긋한데도 꽃은 이미 다 졌고,
日晚倦梳头。 해 저물 때가 되어도 머리 빗기가 귀찮구나.
物是人非事事休, 만물은 여전한데 인간세상은 그렇지 않아 일마다 어

그러지고,

欲语泪先流。 말을 하려니 눈물이 먼저 흐르네.

하궐(下阕)

闻说双溪春尚好, 듣기에 쌍계의 봄은 아직 좋다하니,

也拟泛轻舟。 나도 가벼운 작은 배 타고 즐기련다.

只恐双溪舴艋舟, 다만 이 근심 쌍계의 거룻배가,

载不动、许多愁。 다 싣고는 가지 못갈까 하는 허다한 나의 근심.

상궐에서는 늦봄의 경물을 통해 내면의 활동을 그려내고, 하궐에서는 나룻배에 많은 슬픔을 다 싣지 못한다는 예술적 이미지로써 슬픔이 많음을 표현하고 있다. 이 사는 상궐과 하궐이 대를 이룬 '상하대(上下对)'를 통하여 풍경은 여전한데 사람은 이미 달라졌다는 세상의 변화무상함에 대한 감탄을 표현하였다.

장회소설(章回小说)은 중국 고전 장편소설의 주요 형식이다. 매회 표제는 대언 형태로 되어 있고, 시문 속의 대구를 계승하고 있다. 그런데 원래는 정연하지 않던 표제들도 사람들은 부지불식간에 모두 정연하게 규격화 하였다. 장회소설의 내용은 전부가 다 '사건대(事对)'의 방식을 채택하여 한 회를 상하 두 부분으로 나누어서 한 쌍의 사건을 쓰고 있다. 이러한 형식은 중국인들의 집단 무의식 속에 남겨져 내려온 것이기에 사람들의 독서 습관에도 잘 부합한다. 5.4운동이 구어체 문장인 백화문(白话文)을 주창하였지만, 그 당시에 나온 장회소설 장한수(张恨水)의 『울고 웃는 인연(啼笑因缘)』과 같은 작품이 여전히 풍미하였다. 당대(当代) 소설가 안니바오베이(安妮宝贝)[9]의 『연꽃

---

9) 역자: 안니바오베이(安妮宝贝, 1974-) 본명은 안리제(安励婕) 중국 현대소

(莲花)』은 6장 1종(六场一终)[10]으로 나뉜다. 목차는 모두 4자어를 사용하여, '梦中花园(꿈속의 화원)', '黑暗同声(어둠 속의 같은 목소리)', '深红道路(짙은 붉은 빛 길)', '荆棘王冠(가시 왕관)', '行走钢索(쇠줄 위를 걷다)', '花好月圆(꽃은 활짝 피고 달은 둥글다)', '殊途同归(다른 길 같은 귀착지)'라고 붙였다.

이상은 격식화된 대언에 대한 중국의 전통적인 이해와 인식이다. 하지만 이러한 이해와 인식에 그치는 것으로는 부족하다. 언어조직이 만들어낸 구조적인 존재라는 시각에서 격식화된 대언을 다루어야 할 것이다. 예를 들면, 위에서 서술한 단음절 대 단음절, 쌍음절 대 쌍음절이라는 음절 조합 격식이 그리하다. 이어서 서술하고자 하는 것은 반복의문문의 격식이다.

3.3 반복의문문

자오위안런(赵元任 1955)은 중국어가 논리적 개념을 어떻게 표현하는지를 논하면서, 중국어는 논리접속사 and와 or에 대응하는 '和'와 '或'를 거의 사용하지 않는다고 지적하였다. 이 두 가지 논리적 개념을 표현하기 위해서는, '你吃饭吃面(너 밥 먹을래, 면 먹을래)'이라고 묻는 것과 같이 둘을 단순히 병치할 수도 있다. 그런데 또 '我冷和饿(나는 추위와 배고픔이다)'라고 하지 않고, '我又冷又饿(나는 춥고 배고

설가로 다양한 작품이 모두 베스트셀러 순위에 오르며 영향력 있는 작가로 부상하였다.
10) 역자주: 『莲花』의 목차는 다음과 같다. 序 柒种, 第一场 梦中花园, 第二场 黑暗回声, 第三场 深红道路, 第四场 荆棘王冠, 第五场 行走钢索, 第六场 花好月圆, 终 殊途同归。

프다)'라고 하는 것처럼 중복을 피하지 않으면서 대언을 사용하는 방법도 있다. 중복의 사용을 통한 대언의 또 다른 예로 '要酒和菜(술과 안주를 시키다)'라고 하지 않고, '要酒要菜(술을 달라고 하고 안주를 달라고 하다)'라고 하는 경우도 있다. 마찬가지로 '你对我和弟妹有啥意见(나와 제수에게 무슨 불만이 있나요)'보다는 '你对我对弟妹有啥意见(나에게 제수에게 무슨 불만이 있나요)'라고 하는 것이 더 익숙하다. 또 '今天去或明天去(오늘 가거나 내일 간다)'보다는 '或者今天去, 或者明天去(어쩌면 오늘 가고, 어쩌면 내일 간다)'가 더 익숙하다. 이는 '是'와 '不是'를 긍정과 부정으로 대조하여, '不是今天去, 就是明天去(오늘 안 가면, 내일 간다)'라고 말하는 경우가 더 많기 때문이다. 최근 인터넷에서는 다음과 같은 표현이 유행한다.

我们上的不是网, 是寂寞。
우리가 접속하는 것은 인터넷이 아니라 외로움이다.

他吃的不是龙虾, 是面子。
그가 먹는 것은 랍스터가 아니라 체면이다.

이것을 수사적으로는 '액식어법(또는 겸용법, zeugma, 轭式搭配)'[11]이라고 부른다. 위의 예에서 단순히 '上的是寂寞(접속하는 것은 외로움이다)' 또는 '吃的是面子(먹는 것은 체면이다)'라고만 말하면 의미가 분명하지 않다. 이들은 반드시 앞의 '不是'와 호문을 이루어 대조적으로 말을 해야 의미가 명확해진다.

이상의 논의를 통해 보면, 중국어의 일반의문문이 흔히 선택형인 '반복의문문'이라고 하는 것도 이해가 된다. 반복의문문의 구조는 바로

----

11)역자주: 하나의 단어를 동시에 두 가지 다른 의미로 이해되도록 쓰는 방법.

'是不是', '有没有', '去没去', '好不好'와 같이 긍정과 부정이 대를 이루는 정반의 대언격식이다. 이는 '是否一留客(손님을 묵게 할 것인지 하지 않을 것인지)', '留不一留客(손님을 묵게 할 것인지 하지 않을 것인지)', '留客一不留(손님을 묵게 할 것인지 하지 않을 것인지)', '留客一留不(손님을 묵게 할 것인지 하지 않을 것인지)', '客留一不留(손님을 묵게 할 것인지 하지 않을 것인지)', '喜不一喜欢(좋아하는지 아닌지)', '害不一害怕(무서워하는지 아닌지)', '太不太多(너무 많은지 그렇지 않은지)' 등에서 보듯이 질서정연하게 대응하려는 강한 경향성을 가진다. 일부 방언에서는 '去去'가 '去不去'를 의미하고, '是是'가 '是不是'를 나타내는 것과 같이 정반의문에서 '不'가 생략되기니 그 성조가 앞뒤 글자에 잔존하면서 중첩 대언식으로 바뀌기도 하였다.(钱曾怡 2001:3 01) 이는 중국어에서 대언격식이 근본적이고 구조적인 것임을 보여준다.

정반의문인 '去不去(가니 안 가니)'와 어기사 '吗'가 붙은 일반의문인 '去吗(가니)'를 비교해보면, 정반의 대언이 어기를 통한 의미를 생성한다는 것과 질문이 어느 한 쪽으로 치우치지 않는 중성적인 일반의 문문은 정반의문문임을 알 수가 있다. 하지만 '吗'자 의문은 긍정적인 대답에 다소의 의구심을 가지게 한다. 시청자에게 "你家里的水还好吗?(당신 집의 물은 아직 괜찮나요?)"라고 묻는 워커(沃刻, WOKE)정수기의 TV광고에서, 이 질문에 그렇다고 긍정적인 대답을 할 가능성은 50% 이하이다. 그런데 "你不怕老虎吗?(너는 호랑이가 무섭지 않니?)"와 같이 질문에 부정사가 있을 때는 질문과 상반되는 대답을 내포한다.(赵元任 1968a:356) 차오톈위안(曹天元)의 저서 『하나님이 주사위를 던졌나(上帝掷骰子了吗)』라는 과학 교양서는 양자물리학의 역사를 다루고 있는 상당히 훌륭한 책이다. 유일한 아쉬움이라면 책의 제목에 재고의 여지가 있다는 것이다. 이 책의 제목이 '吗'자의문은 긍정적인 답변에 대해 어느 정도 의구심을 나타내는데, 이는 저자의 의도와는 거리가 멀다.

일반의문문이 형식상 정반 대언이라는 것은 중국인의 사유방식에 영향을 미쳤을 가능성이 매우 크다. 왜냐하면 중국인들이 일반적으로 반박을 할 때 사용하는 것이 바로 정반 대언의 방식이기 때문이다.(朱曉農 2018b) 예를 들어보자.

> 大学生有饭吃, 不是大学生就没有饭吃?
> 대학생이 먹을 밥이 있다면, 대학생이 아니면 먹을 밥이 없나?
>
> 有钱不是万能的, 没有钱是万万不能的。
> 돈이 만능인 것은 아니지만, 돈이 없으면 절대 안 된다.
>
> 你说你不是随便的男人, 难不成我就是随便的女人?
> 너는 네가 쉬운 남자가 아니라는데, 그럼 설마 내가 쉬운 여자라는 말인가?

언젠가 미국 CBS 방송의 한 기자가 한 중국 외교관에게 중국이 군사비용을 계속 늘리면서 국방력을 강화시키는 것에 대해 질문을 한 적이 있다. 그러자 그 외교관은 웃으며 "我们有一个很弱的国防力量, 我们就和平了?(우리가 아주 약한 국방력을 가지고 있었다면, 우리가 평화로워졌을까요?)"라고 반문하였다. 이 현상에 대해서는 제15장에서 상세히 서술하고자 한다.

④ 논리 요소의 대언 표현

일반의문문이 정반 대언격식임을 인식하는 것만으로는 아직 충분하지가 않다. 자오위안런(赵元任 1955)과 영문으로 된 그의 연구 차오(Chao 1959)는 논리 요소(전 인류의 사상 속에 공유된 듯하다) AND, OR, ALL, NOT, SOME, IF … THEN 등의 중국어 표현 방식에 대해서 전면적으로 고찰하였다. 그는 다음과 같이 말하였다.

> '부정(否定)', '명제(命題)', '전제(前提)', '추론(推论)' 등의 용어는 많은 중국인들에게 낯설다. 이는 글을 아는 사람이라도 마찬가지다. 그렇지만 중국인은 글자를 알든 모르든 모두 초기단계의 논증과 추론을 할 수 있다. 그런데 그들은 자신이 평생을 논증하고 추론하였다는 사실 조차도 아예 인식하지 못한다!

이는 자오위안런이 중국어가 논리적인 요소를 나타낼 때 나름대로의 특징이 있음을 말하고자 한 것인데, 필자는 이러한 특징들이 중국어가 대언을 기본으로 하는 것과 관련이 있어 보인다.

4.1 IF … THEN

화이트헤드(Whitehead)[12]와 러셀(Russell)[13]은 NOT과 OR('∨'로 표기)을 원시 개념으로 간주하고, IF … THEN('… ⊃ …'로 표기)은 NOT을 사용하여 정의한 파생 개념으로 간주하였다. 이는 다음과 같

---

12) 역자주: Alfred North Whitehead(1861-1947) 영국 태생의 미국 수학자, 철학자.
13) 역자주: Bertrand Russell(1872-1970) 영국의 수학자, 철학자, 저술가.

이 공식화 할 수 있다.

$$p \supset q = \sim p \lor q$$

그런데 중국어 문법에서는 상황이 공교롭게도 이와는 정반대이다. 사람들은 보통 'p 또는 q'('你来或者我去(네가 오거나 또는 내가 가거나)')라고 말하지 않고, '不p, 就q(p가 아니면, q이다)', 즉 '你不来我就去(네가 오지 않는다면 내가 간다)' 또는 '不是你来, 就是我去(네가 오지 않으면 내가 간다)'라고 말하기를 좋아한다. 중국어는 사실 화이트헤드와 러셀의 정의를 거꾸로 사용하고 있는데, 이를 공식화 하면 다음과 같다.

$$p \lor q = \sim p \supset q$$

그런데 중국어의 이러한 습관적인 표현이 **정반 대언**이라는 점에 주목해야 한다. 중국어에는 사실 영어의 or에 상응하는 단어가 없으며, '或是', '或者', '或'의 본래 의미는 '某人(어떤 사람)', '某些情况(어떤 상황들)'이다. '或是你来, 或是我去(네가 오든지 내가 가든지)'의 의미는 바로 '在某些情况下你来, 在某些情况下我去(어떤 상황에서는 네가 오고, 어떤 상황에서는 내가 간다)'이므로, 이 역시 대언이다. 영어에서 실제로 사용할 때에는 if와 then이 대를 이루어 사용하는 경우는 거의 없다. 즉 if를 사용하면 then은 사용하지 않는 것이 일반적이다.

중국어는 IF … THEN을 원시 개념으로 보고 널리 사용한다. 이는 이른바 '실질 함축의 역설(paradox of material implication, 实质蕴涵怪论)'이 중국어에서는 그다지 '역설적이지(怪)' 않게 만든다. '실질 함축의 역설'이란, 모든 명제는 다 참 명제를 함축하지만, 거짓 명제도 모든 명제를 함축한다는 것을 가리킨다. 역설처럼 보이는 이러한 실질 함축은 중국어에서는 누구나 다 아는 표현 형식이다. 예를 들어, 흔히 말하는 '假如p是眞的, 我就不姓王(만약 p가 참이라면, 나는 왕씨가 아니다)'('p是眞的, 我不姓王'이 더욱 질서정연한 대이다)과 같은 것이 그것이다. 이는 화자에게 거짓인 명제는 아무 일이나 함축한다는 것으로, 여기에는 심지어 그가 '왕씨가 아니다'와 같은 불가능한 일도 포함된다.

4.2 NOT

중국어에서는 습관적으로 '不p就q(p가 아니면 q이다)'로 'p或q(p 또는 q이다)'를 나타내고, 'X不X(X인가 X가 아닌가)'로 일반 의문을 나타낸다. 이들은 모두 대언식이다. '不'와 '都'는 두 글자로 된 대언 '不都(모두 … 은/는 아니다(부분부정))'나 '都不(모두 …가 아니다(전체부정))'를 만들어서 각각 다른 의미를 나타낸다. 따라서 중국어는 영어와 프랑스어 등의 언어에서 All that glitters are not gold(반짝이는 것이 모두 다 금은 아니다/반짝이는 것은 모두 금이 아니다)와 Tout ce qui reluit n'est pas or(반짝이는 것이 모두 다 금은 아니다/반짝이는 것은 모두 금이 아니다)와 같은 중의현상이 발생하지 않는다. 이 밖에도 아래의 4가지를 더 보충할 수 있다.

첫째, '不 … 不'의 대언 형식을 사용하여 필요조건을 나타내는 데 익숙하다.(이는 영어 표현과 비교할 수 있음)

不打不相识。
싸우지 않으면 서로 알지 못한다. 싸움 끝에 정이 든다.

The fight between us just makes us friends.
우리 사이의 싸움은 우리를 곧 친구로 만든다.

不是一家人不进一家门。
한 집안 사람이 아니면 한 집 문을 들어오지 않는다.
Birds of the same kind live together.
같은 종류의 새들이 함께 산다.

　

‘不作不死(하지 않으면 죽지 않는다. 반드시 한다)’의 중국식 피진 영어(洋泾浜英语) 번역인 No zuo no die는 이미 미국의 인터넷 사전에 편입되어 있다.

둘째, ‘不三不四(3도 아니고 4도 아니다. 이도저도 아니고 어중간하다)’, ‘不男不女(남자도 아니고 여자도 아니다. 괴상하다)’와 같은 ‘不○不○식’ 대언은 문자적 의미 외의 비유적인 의미를 나타내는데, 이는 영어 neither … nor로는 나타낼 수가 없다.

셋째, ‘不是我们无能, 而是敌军太狡猾(우리가 무능한 것이 아니라 적군이 너무 교활한 것이다)’와 같은 ‘不是 … 而是’의 대조 표현을 자주 사용한다.

넷째, ‘爱来不来(오든지 말든지)’, ‘爱理不理(본체만체하다)’, ‘爱答不理(대답하든지 말든지)’와 같이 특정한 의미를 나타내는 ‘爱A不B’ 구조의 4자격이 있다.

중국어에는 영어 no에 해당하는 형용사가 없다. 그래서 No one comes(아무도 오지 않는다)를 중국어로는 ‘没有人来(오는 사람이 없다)’라고 하는데, 이는 ‘没’로써 동사 ‘有’를 부정한 것이다. 따라서 nothing(아무것도), nobody(아무도) 등에 관한 서양의 철학적인 문제나 농담은 중국어로 번역하기가 상당히 어렵다. Everybody's business is nobody's business(모두의 일은 누구의 일도 아니다)라는 영어 구절은 중국어로 대략 '三个和尚没水喝(중이 셋이면 마실 물이 없다)'라고 번역할 수밖에 없다. 이러한 현상은 아래에서 some에 대해 언급할 때 다시 서술할 것이다. 필자가 덧붙이고 싶은 것은, 중국어의 부정사 '没'는 동사와 명사를 모두 부정하는데(이는 명동포함설에 부합한다), 이로 인해서 '没车没去(차가 없어 못 갔다)', '没钱没买(돈이 없어 못 샀다)'와 같은 간단한 대언 표현을 아주 쉽게 만들 수 있다는 점이다.

4.3 AND와 OR

중국어에는 영어 and에 대응하는 진정한 접속사(conjunction, 合取词)가 존재하지 않는다. 명사들 간의 병렬관계는 '跟(… 와/과)', '同(… 와/과)', '和(… 와/과)'를 사용한다. 자오위안런은 이들을 모두 '접속사(连介词)'라고 보았는데, 이는 고대중국어의 '而'도 마찬가지이다. 연접하는 두 성분은 진정한 병렬이 아니기 때문에 'A跟B'를 반드시 AB의 병렬로 설명해야 하는 경우는 그다지 많지 않다. 병렬관계를 나타내는 경우는 '先生太太不在家(선생님과 사모님은 집에 안 계신다)', '他老打人骂人(그는 늘 사람을 때리고 욕한다)'과 같이 오직 어구의 병치뿐이다.[14]

의문문 안 OR의 경우, 예를 들어 영어 Will you eat rice or noodles? 라는 문장은 상승조로 말하면 '너는 이 두 가지 중에 하나를 먹을 거

---

14) 저자주: 영어의 전치사 뒤에는 명사가 오고 접속사 뒤에는 명사나 동사가 오는데, 이러한 분포로 볼 때 접속사와 전치사는 이미 이분 대립이 아니다. 중국어는 동사도 명사이기 때문에 전치사 뒤에 동사가 올 수도 있어, 접속사와 전치사 이분의 이유 또한 불충분하다.

야?'라는 의미를 나타낸다. 이는 시비의문문(是非问句)에 속한다. 이에 대한 중국어의 습관적인 표현은 '你不是吃饭就是吃面吗?(너는 밥을 안 먹으면 국수를 먹는 거야?)'와 같은 대언 형식이다. 동일한 영어 문장을 만약 선상승 후하강조로 말하면, 청자에게 선택을 요구하는 선택의문문이 된다. 그런데 이에 해당하는 중국어 대언 표현 '你吃饭吃面啊(너 밥 먹을래 국수 먹을래)'는 마치 메뉴를 낭독하는 것과 같다. '和'나 '还是(또는)'로 두 성분을 연결할 때도 글자 수 대칭의 제약을 받는다. 예를 들면, '编书和出书(편찬과 출판)'는 가능하지만 '*编和出书'와 '*编和出刊物'는 불가능하고, '真还是假(참이냐 거짓이냐)'와 '真实还是虚假(진실이냐 거짓이냐)'는 가능하지만 '*真实还是假'와 '*真还是虚假'는 불가능하다.(吕叔湘 1963, 周韧 2019)

아울러 중국어 의문문의 유형도 역시 중국어는 대언이 기본임을 보여준다. 영어의 선택의문은 시비의문과 동일한 통사수단(주어 - 술어의 위치 교체 등)을 사용한다. 차이점이라면 선택의문은 하나 이상의 선택항을 제공하고 있다는 점뿐이므로, 선택의문은 시비의문의 한 하위 부류이다. 그런데 중국어의 상황은 이와 다르다. 시비의문은 정반의문을 사용하거나 문미에 '吗'를 붙인다. 선택의문은 '你吃米饭还是面条呢?(밥 먹을래 국수 먹을래?)' '你吃什么呢?(너 뭐 먹을래?)'에서 보듯이 '吗'는 사용할 수 없다. 하지만 특지(特指)의문문과 마찬가지로 '呢'는 사용할 수가 있다. 따라서 선택의문은 하나의 독립적인 유형이다. 중국어 반복의문(정반의문이라고도 함)은 선택의문의 한 하위 부류인 '정반선택의문'(刘丹青 2008:2)이다. 선택의문은 중국어에서 중요한 지위를 차지하며 단독으로 하나의 큰 유형이 된다. 이는 선택의문이 본질적으로 '你吃饭吃面?'과 같은 '대언의문(对言问)'이기 때문이다.

4.4 ALL

중국어에는 영어의 all에 대응하는 형용사나 대명사는 없고, 일반적으로 부사 '都(모두)', '全(전부)'을 사용하여 나타낸다. 외관상 형용사처럼 보이는 단어 '凡(모두)'(또는 '凡是')도 있는데, 어떤 사람은 영어 All men are mortal(모든 사람은 죽는다)을 '凡人皆有死(모든 사람은 다 죽음이 있다)'로 번역한다. 그런데 사실 이것은 위장을 한 가설 명제이다. if … then 문형의 if에 해당하는 성분은 흔히 생략되고, then에 해당하는 성분 또한 뒤에 다른 부사(여기서는 '皆')가 있을 때는 생략될 수가 있다. 따라서 if … then의 중국어 표현은 대언 형식이 되는데, 이는 앞에서 이미 설명하였다.

중국어로 ALL을 표현하는 또 다른 방법은 중첩이나 중복이다. 여기에는 다양한 방식이 있는데, 이 역시 모두 대언 형식에 속한다. '个个有奖(저마다 상이 있다)', '人人不信(사람들이 모두 다 믿지 않는다)' 외에도 다음과 같은 것들을 예로 들 수 있겠다.

人见人爱。
보는 사람이 다 좋아한다. 두루두루 사랑을 받는다.

每家有每家的难事。
집집마다 어려운 일이 다 있다.

一天有一天的事情。
매일 그 날의 일이 있다.

谁有钱谁遭殃。
돈 있는 사람은 모두 다 재앙을 당한다.

做一天和尚撞一天钟。

하루 종이 되면, 하루 종을 치다 그날그날 되는대로 살아가는 소극적인 태도로 일을 처리하다.

有钱出钱有力出力。
돈 있는 사람은 돈을 내고, 힘 있는 사람은 힘을 쓴다.

'每(매. 각 … 마다)'와 '都'는 주로 함께 사용하는데, '每'는 따로 나누어 말하는 것이고, '都'는 총괄하여 말하는 것으로 이 둘은 호문이 된다. 근래에 '都'자의 의미를 논한 글이 많이 나왔는데, 크게 두 가지 관점이 팽팽히 맞서고 있다. '他们(每人)都是老师(그들은(모든 사람이) 다 선생님이다)'라는 문장을 예로 들면, 여기서 '都'는 총괄의 의미를 나타내는 것으로 '他们(그들)'이 '是老师(선생님이다)'의 특징을 가지고 있음을 총괄한다(또는 그들의 특성을 '是老师'로 총괄한다)는 것이 하나의 관점이다. 다른 한 가지 관점은 '都'가 분배의 의미를 나타내는 것으로, '是老师'의 특성을 '他们'에게 분배한다고 보는 것이다. 하지만 만약 호문견의라는 관점에서 본다면, 쌍방이 각자의 관점에 그렇게 집착하지는 않을 것이다.

'都'와 '不'가 두 글자 대언인 '都不'와 '不都'를 구성하여 각각 다른 의미를 표현하므로 중의를 야기하지 않는다는 점은 앞에서 이미 설명하였다.

4.5 SOME

중국어에는 영어의 some에 대응하는 형용사도 없다. 따라서 Some tell the truth(어떤 이는 진실을 말한다)라는 문장의 정상적인 중국어 표현은 '有人说真话(참말을 하는 사람이 있다)'와 같은 겸어식이다.

'有'는 has 또는 there is에 상응하고, '人'은 '有'의 목적어와 '说'의 주어를 겸하므로 문장 전체는 There are men who tell the truth(진실을 말하는 사람들이 있다)와 같다. 'φ인 어떤 x가 존재한다'라는 것을 현대의 술어논리로 기호화하면 다음과 같다.

$$(\exists x)\blacksquare \; \phi \; (x)$$

이 공식을 영어로 해독하면 통상 There is an x such that … (…와/과 같은 x가 있다)과 같은 비교적 복잡한 표현이 된다. 그런데 중국어 표현은 공식에 대한 직접적인 해독이다. No one comes(아무도 오지 않는다)의 중국어 표현 '没有人来(아무도 오지 않는나)'도 역시 이러한 겸어식인 것이다. 중국어의 겸어문 방식은 사실 두 개의 대언을 연결한 것이다. 여기에서는 '有人(사람이 있다)'과 '人来(사람이 오다)'를 연결하였는데, 자오위안런은 이것이 중국어 통사법의 정신과 완전히 일치한다고 하였다. 이에 대해서는 제12장 '사슬대'에서 상세히 서술하고자 한다.

영어 no, all, some에 해당하는 형용사가 중국어에 없다는 것도 역시 중국어의 '명동포함'과 관련이 있다. 중국어의 실사는 '대명사(大名词)'로 본질적으로 명사성을 가지고 있다. 이를 통해 중국어의 일반명사(비동태 명사) 그 자체는 왜 부정되지 않는지를 쉽게 이해할 수가 있다.(呂叔湘 1942/1982 : 234) 중국어의 일반명사는 모두 물질명사(mass noun)로 가산 불가산의 구분이 없다. 중국인의 마음속에서 사물의 존재는 천연적으로 물질의 존재이기 때문에 명사 그 자체도 전칭량(全称量)과 부분량(部分量)의 제약을 받지 않는다. 중국어는 '사물(物)'과 관련이 있는 '사건(事)'을 부정하고 계량화하는 방법으로써 '사물'을 부정하고 계량화하였기 때문에, '사건'도 역시 '사물'이 된다.

즉, 일종의 '동적인 사물(事物)'인 것이다. 중국어의 동사는 명사이기도 하기 때문에 이른바 주어 - 술어가 중국어에서는 한 쌍의 지칭어, 즉 주어성 지칭어 - 술어성 지칭어의 대(起指—续指)인 것이다. 이에 대해서는 제9장 '지칭어대'에서 상세히 서술하고자 한다.

자오위안런(赵元任 1955)에서는 특별히 주석을 달아 미국의 언어학자 스와데쉬(M. Swadesh)가 '문화와 관계가 없는 200개 단어' 목록을 작성하여 언어 조사 시에 사용하도록 제공하였음을 밝힌 바 있다. 이 목록에 따르면, 영어 알파벳 순서에 따라 배열(이 때문에 이 단어들은 의미적으로는 상당히 무작위적인 것으로 볼 수 있다)한 맨 앞 5개 단어는 all, and, animal, ashes, at이다. 그런데 이 가운데 animal과 ashes를 제외한 나머지 3개는 중국어에서 대등한 단어를 찾기가 대단히 어렵다. 다시 말해, 상위 5개 단어 가운데 3개는 문화와 전혀 무관한 것이 아니기 때문에 이들은 단지 영어 또는 넓게 보아도 인도유럽어만의 특징일 뿐이다.

요컨대, 중국어에서 기본적인 논리 개념은 습관적으로 대언격식을 통해 표현되어지는 경향이 있으며, 이는 중국어가 '대를 기본으로 한다(以对为本)'는 것을 더욱 잘 설명해 준다.

⑤ 비유대언

비유는 대비하여 설명하는 것으로, A의 일로써 B의 일을 설명하고 A의 의미로써 B의 의미를 설명하는 것이다. 이때 A는 보조관념, B는 원관념이다. 보조관념과 원관념이 대를 이루는 것을 '비유대(喻对 또는 比对)'라고 부른다. 비유의 광범위한 성질에 대해서는 중국과 외국에서 모두 인식하고 있다. 비유는 '君子之德, 风也(군자의 덕은 바람이다)'와 같은 것을 예로 들 수 있는데, 사실은 이뿐만 아니라 아래 표현들도 모두 비유에 해당된다.

진부한 비유(陈词比喻)
電腦染病毒了。 컴퓨터가 바이러스에 감염되었다.
电子围绕原子核转。 전자는 원자핵 주위를 돈다.

고요한 비유(死寂比喻)
破案没有线索。 사건 해결에 단서가 없다.
把改革开放进行到底。 개혁 개방을 끝까지 진행하다.

전고(典故)를 사용한 비유(用典比喻)
夫妻举案。 부부가 서로 존경하다.(거안제미(举案齐眉))
二人蚌鹬。 두 사람이 방합(조개)와 도요새이다. 서로 싸운 결과 제3자만 이롭게 되다.(방휼지쟁(蚌鹬之争))

진부한 비유는 전문가를 제외한 일반 사람은 알아차리지 못하는 비유이다. 고요한 비유는 깊이 생각하지 않으면 미처 생각하지 못하는 비유이다. 전고를 사용한 비유는 압축적이고 간략화 된 비유로, 비유를 하는 사람과 옛사람이 대화를 하는 것이다. 역사·문화적인 유산의 축적으로 인해 중국인들은 이 비유를 특히 많이 사용한다. 리차즈(Richards 1965)는 비유를 인류 언어의 '어디에나 존재하는 원리'라고 하였다. 비유적인 의미(比喻义)와 문자적인 의미(字面义)의 차이는 상대적인 것이다. '某人有一条木腿(어떤 사람이 나무다리 하나를 가지고 있다)'라고 말한다면, 이 '腿((신체)다리)'가 도대체 '진짜 다리'인지 아니면 '비유적인 다리'인지를 명확하게 구분할 수 없기 때문에 두 가지 의미를 다 가지고 있다고 할 수 있다.

비유를 문학작품에 다량으로 사용하는 것은 모든 민족들의 공통점일 것이다. 그런데 이론적인 사변에 있어서 서양은 예나 지금이나 비유를 별로 사용하지 않는다. 반면 중국은 그렇지 않다. 선진(先秦) 제자(諸子)의 저작과 고대 희랍의 위대한 철학자인 플라톤, 아리스토텔레스의 저작을 비교해 보면 그 차이가 분명하게 드러난다. 『장자·우언(庄子·寓言)』에서는 '(내 글에는)우언이 열 가운데 아홉이다(寓言十九)'라고 하였다. 여기서 말하는 우언은 비유를 통해서 논증하는 것인데, 그 특징은 '바깥 사물을 빌려 그것을 논하는(籍外论之)' 것으로 이해할 수 있다. 예를 들면, 「소요유(逍遥游)」편에서 곤(鲲)과 붕(鹏)의 거대함을 빌려 '지인(至人)은 자기가 없고, 신인(神人)은 이룬 공이 없으며, 성인(圣人)은 이름이 없다(至人无己, 神人无功, 圣人无名)'는 것을 논증한 것과 같다.(曾昭式 2015)

중국 철학은 그 자체의 언어적인 표현 특징을 가지고 있다. 머우쫑싼(牟宗三)과 탕쥔이(唐君毅) 두 사람은 이러한 언어를 '영감적인 언어(启发式语言)'라고 규정하였다. 이는 구체적인 단어나 어구를 사용하여 추상적인 개념을 표현하는 것을 말한다. 예를 들면, 『주역·건괘·단전(周易·乾卦·彖传)』에서 건괘의 본성을 설명하면서, '구름이 지나가면서 비를 내리니 만물이 형체를 갖추고, 시작과 끝을 크게 밝히니 육위가 각기 제때를 맞추어 이루어지고, 때로는 여섯 마리 용을 타고서 하늘을 다스린다(云行雨施, 品物流形, 大明终始, 六位时成, 时乘六龙以御天)'라고 하였다. 이는 만화식의 언어 표현을 사용하여 육효(六爻)를 여섯 마리의 용에 비유함으로써 자연현상의 변화를 상징한 것이다.(牛军 2019)

서양이 문법이론에서 비유의 중요성과 근본성을 인식한 것은 어디까

지나 근래의 일이다. 인지언어학자 레이코프(Lakoff)와 존슨(Johnson)이 함께 저술한 『삶으로서의 은유(*Metaphors We Live By*)』(Lakoff & Johnson 1980)를 어떤 사람이 중국어로 『我们赖以生活的比喻(우리가 삶을 의지하는 비유)』라고 번역하였다. 이 책이 서양 언어학계에서는 마치 파격과 혁신인 것처럼 커다란 반향을 불러 일으켰다. 하지만 중국인들은 예로부터 비유를 사용하지 않고는 의미를 나타낼 수가 없다고 여겼다. 이 때문에 위로는 언어 창조의 시초부터 아래로는 오늘날의 일상적인 대화나 작문에 이르기까지 비유는 잠시도 중국인과 떨어질 수가 없었다. 그래서 인지언어학의 비유 이론이 특히 중국에서 전례 없이 많은 지음(知音)을 찾았다는 점은 걸고 이상한 일이 아니다. 이것은 각 민족의 '언어관'과 관련이 있다. 언어에 대한 중국인들의 근본적인 관점은 '말로는 마음속의 뜻을 다 표현해내지 못한다(言不盡意)'는 것이다. 이로 인해서 아무리 정확하고 치밀하게 말을 한다고 해도 여전히 애매모호한 부분이 남아있다. 하지만 비유는 촛불이나 거울처럼 사물의 한 쪽 면만 비추기 때문에 불완전하고 불확실하기는 하지만, 사람들로 하여금 비추는 대상을 인식하게 하고 연상 작용을 통해서 말로는 다 표현할 수 없는 무궁무진한 효과를 거둘 수 있게 해준다.

5.1 비유는 대언

비유와 전고는 중국인의 피 속에 녹아 있고 일상의 담화 속에 스며들어 있어서 아무리 갖다 써도 고갈되지 않는다. 그것은 수천 년 동안 쌓여 온 문명의 축적이자 중국어의 매력이 자리하고 있는 곳이다. 오늘날 이 말들은 이미 입버릇처럼 하는 상투적인 말이 되었다. 그런데 비유에 대해 이 정도의 인식에 머무르는 것은 부족하다. 더욱 중요한 것은 중국인의 잠재의식 속에서 말(言说)은 곧 비유라는 사실이다. 예를 들면, 한 경찰이 『一线』이라는 TV프로그램 인터뷰에서 "终于发现了逃犯, 这个兴奋度没法比喻了(드디어 탈주범을 발견하였으니, 이 흥분은 말로 표현할 수가 없습니다)"라고 말하였다. 이때 '比喻(말로 표현하다)'는 일반적인 '말'이기 때문에 이를 영어로 metaphorically speaking(비유적으로 말하면)이라고 번역해서는 안 된다. 아래 제11장에서 중국어의 조어법과 통사법은 바로 비유와 대비를 통해 이루어진다는 것을 설명할 것이다.

그리고 더 중요한 것은, 비유가 중국어에서는 항상 호문 대언의 형식으로 나타나고, 비유의 내용과 비유의 형식은 하나(一体)라는 점이다. 즉, '비유'라는 단어는 내용과 형식을 모두 가리킨다. 예를 들면 '上有天堂下有苏杭(하늘에는 천당이 있고, 땅에는 쑤저우와 항저우가 있다/쑤저우와 항저우의 아름다움을 천당에 비유)', '天要下雨娘要嫁人(하늘이 비를 내리려 하고, 홀어머니는 시집을 가려 한다/사람의 힘으로는 막을 수가 없는 상황을 비유)', '物以类聚人以群分(사물은 부류에 따라 모이고, 사람은 무리에 따라 나뉜다/유유상종을 비유)', '人往高处走, 水向低处流(사람은 높은 곳으로 가고, 물은 낮은 곳으로 흐른다/사람이 노력하지 않고, 분투하지 않으면 사회적 지위가 물처럼 아래로 흐를 수밖에 없음을 비유)', '花无百日红, 人无千日好(백일 동안 붉은 꽃 없고, 천일 동안 좋은 사람 없다/변하지 않는 영원한 것은 세상에 없음을 비유)' 등이 모두 그러하다. 이러한 예는 서양 언어에서는 거의 찾아볼 수가 없다. 따라서 중국어의 비유가 영어의 metaphor와 일치하지 않는 이유는 metaphor가 형식이 아닌 의미만을 가리키기 때문이다. 무수히 많은 4자어 중에는, '顺风顺水(바람의 방

향을 따르고 물의 흐름을 따르다. 운이 좋아 일이 순조롭게 풀리다)',
'鱼死网破(물고기도 죽고 어망도 터지다. 싸우는 쌍방이 함께 죽다)',
'鹬蚌相争(도요새와 조개가 서로 다투다. 쌍방이 서로 다투는 사이에
제3자가 이익을 얻다)' 등과 같이 그 자체가 곧 '비유대'의 보조관념인
것들이 있다. 또 '二人鹬蚌(두 사람은 도요새와 조개이다)', '忠言良
药(충언은 좋은 약이다)', '铁壁江山(철벽은 강산이다)' 등과 같이 원
관념과 보조관념, 보조관념과 원관념이 대를 이루는 것들도 있다. 그
리고 원관념과 보조관념 그 자체가 대로 이루어진 비유대도 적지 않
다. 예를 들면, '铜墙(동벽)'과 '铁壁(철벽)'가 합쳐진 '铜墙铁壁(구리
로 된 담과 쇠로 된 벽. 철통같은 방비)가 호문의 비유대가 되는 것이
그것이다. '金口玉言(금 같이 귀한 입에서 나온 옥 같은 말. 한 번 내
뱉으면 바꿀 수 없는 권위 있고 존귀한 천자의 말)', '街头巷尾(거리와
골목)', '人山人海(인산인해)' 등도 모두 이러한 부류에 속한다. 그 밖
에, 두 개의 4자어가 대를 이룬 비유대도 쉽게 찾을 수 있다. 예를 들
면, '甲乙丙丁, 开中药铺(갑을병정의 순서나 한약방 약상자의 이름과
같은 표제로 문장을 배열하다. 사람들이 머리를 써서 사물의 본질에 대
해 생각하지 않고, 현상을 기계적으로 나열하는 것에 만족하다)', '无的
放矢, 不看对象(과녁 없이 활을 쏘듯이 대상을 보지 않는다. 말이나
행동에 목적이 없다)', '语言无味, 像个瘪三(말에 맛이 없는 것이 마
치 쓰내기 같다. 틀에 박힌 조항만 나열할 뿐 실제 내용은 없다)', '眼
高手低, 志大才疏(눈은 높지만 재주는 없고, 뜻은 크지만 재능은 보잘
것 없다)' 등이 모두 이에 해당된다. 범위를 좀 더 확대하면, '老骥伏
枥, 志在千里(늙은 천리마가 구유에 엎드려 있으나, 여전히 천 리를
달리고 싶어 하고) ; 烈士暮年, 壮心不已(열사가 늙었어도 장대한 포
부는 식지 않았다)' 또한 비유대라는 것을 알 수가 있다. 이 예는 대구

속에 대구가 있고, 대구가 없으면 말이 되지 않는다는 것을 보여준다.

상(商)나라, 주(周)나라 시기에 가장 먼저 출현한 직유(明喩)('如'를 사용)의 대부분은 대언 형식으로 된 것들이다.

有匪君子, 如切如磋, 如琢如磨。
훌륭하신 우리 님, 자르고 깎고, 쪼고 갈 듯이 하시네. 『卫风·淇奥』

手如柔荑, 肤如凝脂, 领如蝤蛴, 齿如瓠犀。
손은 부드러운 개피(식물) 같고, 피부는 엉긴 기름 같으며, 목은 흰 나무
벌레 같고, 이빨은 박씨 같네요. 『卫风·硕人』

有女同车, 颜如舜华 ⋯⋯ 有女同行, 颜如舜英 ⋯⋯
나와 함께 수레를 탄 여인이 있는데, 얼굴이 무궁화 같네. ⋯⋯ 나와 함께
길을 가는 여인이 있는데, 얼굴이 무궁화 같네. ⋯⋯ 『郑风·有女同车』

심지어 비유에 대해 논의한 언어 자체도 대언으로 이루어져 있다. 비유에 대해서 『문심조룡·비흥(文心雕龙·比兴)』에서는 '사물이 비록 호 땅과 월 땅처럼 서로 거리가 멀리 있더라도 서로 합쳐지면 간과 쓸개처럼 가깝다(物虽胡越, 合则肝胆)'라고 하였다. 이는 원관념과 보조관념의 거리가 멀면 멀수록 합쳐졌을 때 더욱 참신함을 준다는 것을 한 쌍의 4자어를 사용하여 설명한 것이다. 비(比)와 흥(兴)의 차이를 설명한 '비란 근접하다는 의미이고, 흥이란 끌어 일으킨다는 의미이다. 이치를 끌어와 붙인다는 것은 묘사하려는 이치나 일에 부합하는 유사 사물로써 일이나 이치를 설명하는 것이고, 감정을 일으킨다는 것은 미세한 사물에 기대어 감정을 촉발하고, 그것으로써 의미를 기탁하는 것이다(比者, 附也 ; 兴者, 起也。附理者, 切类以指事 ; 起情者, 依微以拟议。)'도 역시 대언으로 되어 있다.

비유에 대한 레이코프와 존슨의 인식은 인간의 개념과 개념체계 자체가 비유적이라는 것이다. 이는 매우 깊이가 있는 인식이다. 하지만 이 인식은 언어의 문제를 개념의 문제로 귀결시킴으로써 그렇다면 언어학자가 왜 필요한가라는 비판을 받기도 하였다. 비유는 개념의 문제이기도 하지만 더 중요한 것은 언어의 문제, 즉 언어의 근본에 대한 문제이다. 중국인들은 비유가 개념뿐만 아니라 언어 형식적으로도 대비하여 말해야 하기 때문에 비유는 곧 대언이라고 보았다. 이는 레이코프와 존슨의 책 제목인 *Metaphors We Live By*를 중국어로 어떻게 번역하는 것이 좋을까를 다시금 생각하게 한다. 대언 형식을 사용하여 번역한다면 '比喻不在, 生命不存(비유가 없으면 생명도 없다)'이 되며, 좀 더 간략하게 표현하면 '以喻为生(비유로 살아가다)'이라고 할 수 있을 것이다.

5.2 구성적 비유

비유는 실현적 비유와 구성적 비유로 나누어진다. 실현적 비유란 하나의 추상적인 개념을 하나의 구체적인 개념으로 나타낼 때, 하나의 실현 과정이나 실현 방식이 있는 경우를 말한다. 구성적 비유란 추상적인 개념을 이에 대응하는 구체적인 개념을 통해 나타낼 때, 실현 과정이나 실현 방식 없이 추상적인 개념 자체가 바로 구체적인 개념에 의해 구성되는 것을 말한다. 이 두 가지 비유의 차이는 일상생활 속에서 흔히 존재한다. 예를 들면, '컴퓨터 바이러스(电脑病毒)'라는 비유는 컴퓨터 전문가의 입장에서는 실현적인 것이며, 그들은 단지 이 비유를 빌려서 추상적인 개념(컴퓨터의 작동을 파괴하는 프로그램)의 설명을 돕는 데 사용할 뿐이다. 하지만 일반인들의 입장에서는 이 비유가 구성적인 것이어서, 이 비유를 벗어나서는 그들이 그 추상적인 개념을 이해할 수가 없다.(Ungerer & Schmid 1996:147-149)

중국어에서 비유의 중요성과 근본성은 구성적 비유에서도 나타난다. Part1 제2장에서 설명한 바와 같이, 동사가 주어나 목적어가 되는 때는 시간 속에서 진행되는 추상적인 일을 공간 속의 구체적인 형태를 가진 하나의 사물로 간주되는데, 이것이 바로 이른 바 존재론적 은유(ontological metaphor, 本体比喩)이다. '공간으로 시간을 나타내는 비유'가 존재하기 때문에 명사와 동사 사이에는 유사성의 대응관계가 존재한다. 인도유럽어와 중국어에서 존재론적 은유의 차이점은, 전자는 실현적인 것이고, 후자는 구성적인 것이라는 데 있다. 인도유럽어는 명사와 동사가 분립하는 '명동분립(名动分立)'이므로 동사가 주어나 목적어가 될 때는 명사화 과정을 거친다. 이 명사화가 바로 존재론적 은유의 실현 과정과 실현 방식이다. 예를 들면, criticize(비평하다) → criticism(비평), explode(폭발하다) → explosion(폭발)과 같은 것이다. 그런데 중국어는 '명동포함'이므로 '批评(비평(하다))'이나 '爆炸(폭발(하다))'와 같이 동사가 주어나 목적어가 될 때 명사화 과정이 필요하지 않다. 동사는 본래 명사이기도 하기 때문에 중국인에게 있어서 존재론적 은유는 구성적인 것이다. 즉 동사는 원래 명사로 '구성(构成)'된 것이므로 추상적인 일(事)은 원래 구체적인 물체(物)로 '구성'된 것이다. 이는 마치 '云鬓(구름 같은 여자의 귀밑머리)'과 '鬓云(구름 같은 여자의 귀밑머리)'에서 '云(구름)'으로 '鬓(귀밑머리)'을 비유할 때 '鬓' 역시 '云'이고, '事物(사물)'과 '物事(일. 사정)'에서 '事'로써 '物'을 비유할 때 '物' 또한 '事'인 것과 같다. 이때 복합어 '云鬓'과 '事物'는 모두 호문이며, 이를 통해서 보조관념과 원관념이 하나로 융합되는 것이다.

장둥쑨(张东荪 1938)은 이것으로써 서양의 형식주의 철학(formalistic philosophy)을 왜 중국인이 가장 이해하기 어려워하는지를 설명하였다. 그에 따르면, 서양은 주어가 있으므로 주체(substance)가 있는데, 주체가 형식(form)과 분리되어 있기 때문에 반드시 형식과 결합해야 주체가 나타난다. 그런데 이것이 실체와 동떨어진 것은 아니지만 그렇다고 또 실체는 아니다. 하지만 중국인에게는 추상적인 형식 그 자체가 바로 하나의 실체(entity)이다. 중국인에게는 '实物(실물)'의 관념만 있기 때문에 실재적 관념을 떠나서는 공허한 추상적 관념이 이해될 수가 없다.

존재론적 은유라는 가장 기본적인 비유마저도 모두 다 구성적이고 호문의 특징을 가지기 때문에 중국인의 '비유관(比喻观)' 역시 서양과는 다르다. 서양인에게 있어서 비유는 주로 실현적인 것이며, 그 기능은 의미를 밝히는 것(明义)이다. 반면 중국인에게 있어서 비유는 실현적이면서 구성적이기 때문에 비유(내용과 형식)를 벗어나서는 의미를 밝힐 수가 없다. 중국인의 이러한 언어관과 비유관은 중국어의 문법구조와 중국인의 사고방식에 모두 깊은 영향을 미쳤다.(제15장 '대언과 대구식 사유' 참조)

❻ 대언은 문법 현상

호문으로 된 변려문(骈文)은 수사 현상으로 특수한 시적 문체이기 때문에 중국어가 대언을 바탕으로 한다는 점을 입증하기에는 근거가 부족하다는 의견이 많다. 따라서 이에 대해서는 편폭을 아끼지 않고 상세하게 밝힐 필요가 있다.

6.1 시적 언어

야콥슨(Jakobson)[15]은 「언어학과 시학(Linguistics and phoetics)」(Jakobson 1960)에서 "언어학자가 언어의 시학적 기능에 관심을 두지 않거나, 문학 연구자가 언어학 문제에 관심을 갖지 않아 언어학 방법에 대해 전혀 알지 못한다면 그들은 분명 시대에 뒤떨어져 낙오할 것이다"라고 하였다. 시적 언어에 관해, 그는 어구를 구성할 때는 반드시 선택(selection)과 결합(combination)이라는 두 가지 축이 있다고 보았다. 선택 축은 소쉬르의 세로 방향의 계열관계(paradigmatic relation, 类聚关系)에 해당하고, 결합 축은 소쉬르의 가로 방향의 결합관계(syntagmatic relation, 组合关系)에 해당한다. 시적 언어의 기본적인 특징은 바로 세로 선택 축에 있던 대등한 어구를 가로 결합 축으로 가져옴으로써 앞뒤로 인접한 어구가 음과 의미의 정연함과 유사성을 띠게 하는 것이다. 이것은 곧 '유사성을 인접성에 첨가하는 것'이다. 예를 들면, 러시아의 결혼식 노래에서 신랑이 등장하는 장면을 노래한 것이 바로 '유사성을 인접성에 첨가한' 호문이다.

> Debroj mólodec k séničkam privoráčival,
> A brave fellow was going to the porch,
> 용감한 사나이가 현관으로 가고 있었다.
>
> Vasilij k téremu prixázival.
> Vasilij was walking to the manor.
> 바실리는 저택으로 걸어가고 있었다.

---

15) 역자주: 로만 야콥슨(1896-1982): 러시아 태생의 미국의 언어학자. 프라하학파의 창시자. 현대 구조주의 사상에 큰 영향을 끼침.

용감한 사나이와 바실리는 모두 신랑을 가리키고, 현관과 집은 모두 신방(新房)을 가리키며, 이 두 구는 함께 하나의 의미를 나타낸다. 여기서 통사론과 품사론은 시제(时)와 상(体), 수(数), 성(性), 심지어 어근의 모음교체 형식까지 포함하여 모두 일대일 대응한다. 그런데 중국어에는 이러한 호문견의가 이루 헤아릴 수 없을 정도로 많으며, 더욱이 질서정연한 대를 이루고 있다. 당시(唐诗)의 한 연(联)을 예로 들어보자.

桃花细逐杨花落, 黄鸟时兼白鸟飞。
복숭아꽃은 버들 꽃 따라 하늘하늘 떨어지고, 꾀꼬리는 때마침 백조와 함께 하늘을 나네.
                                                          杜甫『曲江对酒』

'桃花(복숭아꽃)'와 '杨花(버들 꽃)', '黄鸟(꾀꼬리)'와 '白鸟(백조)', '逐(따르다)'와 '落(떨어지다)'는 각각 계열관계를 가지며 호환이 가능한 대등한 단어이다. 마찬가지로 '桃花杨花(복숭아꽃과 버들 꽃)'와 '黄鸟白鸟(꾀꼬리와 백조)', '兼(동시에 하다)'과 '飞(날다)', '细逐(가늘게 떨어지다)'와 '时兼(때때로 앞 다투어)', '落'와 '飞'도 모두 계열관계를 가지며 대체가 가능한 대등한 단어이다. 첸중수(钱钟书)는 『담예록(谈艺录)』에서 "율시에 대구가 있는 것은 바로 언어를 짝지어서 가족으로 만드는 것이다. 서로 다른 종류를 하나의 종류로 만들어낼수록 시인의 마음과 손의 절묘함을 더욱 더 잘 드러난다"라고 하였다. 여기서 이른바 '서로 다른 종류를 하나의 종류로 만드는 것(使不类为类)'이 바로 '유사성을 인접성에 첨가'하는 것이다.(张隆溪 1986에서 재인용) 러셀(Russell)은 "우리는 유사성의 관계(similarity relation)로 모든 관계를 표현하는 언어를 만드는 것은 불가능하다. 만약 그런 언어를 만들 수 있다면 우리는 곡해된 언어에 의해 오도되지 않을 것이다(Nick Sousanis 2018:67에서 재인용)"라며 아쉬워했다. 시적 언어는 이러한 아쉬움을 다소나마 달래줄 수가 있다.

예스퍼슨(Jespersen)은 원시언어를 시적 언어라고 보았다.(아래 참조) 이와 달리, 야콥슨은 시적 언어에 주목하면서도 시적 언어는 일상 언어와 동떨어진 또 다른 독특한 언어, 비정상적이고 일반적이지 않는 언어라고 생각하였다. 그러나 중국어는 일상 언어가 바로 시적 언어이다. 왜냐하면 대언격식을 떠나서는 뜻을 밝히고 형태를 완전하게 하는 명의완형이 불가능하고, 사상과 감정을 표현할 수가 없기 때문이다.

시적 언어를 비이성적이라고 생각해서는 안 된다. 칸트(Kant)는 『일반 자연사와 천체론』에서 "이성과 지혜에 믿을만한 논증의 사유가 부족할 때마다 유추(类比)의 방법이 종종 우리가 앞으로 나아가도록 인도해 줄 수 있다"고 말했다. 더욱이 유추를 '사고의 근원이자 사유의 불'로 보는 시각도 있다.(侯世达·桑德尔 2018)[16]

이성이란 무엇인가? 주술구조 위에 건립된 연역적 사유만이 이성에 부합하는 것일까? '논리와 대화'라고 불리는 그라이스(Grice 1975)의 유명한 글의 제목은 의미가 심장하다. 대화에는 대화의 논리가 있다. 연역논리가 순수이성이고 도구이성이라면, 대화논리는 실천이성이고 교제이성이다. 실천은 지식보다 중요하다. 중국인의 '이치(理)'는 '예(礼)'와 통하고('이치는 반드시 예에서 나온다(理必出于礼也)'), 사람이 항상 지켜야 할 도리이다. 이는 서양에서 말하는 물리적인 법칙

---

16) 역자주: 이 책의 한국어 번역판은 『유추, 지성의 연료와 불길 ; 사고의 본질 (Surfaces and Essences ; Anology as Fuel and Fire of Thinking) 』 더글러스 호프스태터((Douglus Richard Hofstadter)·에마뉘엘 상데(Sander Emmanuel), 김태훈 옮김. 아르테 2018이다.

(physical law)과는 전혀 다르다. 서양인들이 자랑하는 이성주의의 전통이 20세기에 이르러 서양인 자신들로부터 맹렬한 비판을 받았음을 간과해서는 안 된다.(張汝伦 2005 참조) 중국인의 '이치(理)'는 항상 '정(情)'과 관련되어 있다. 사람들이 흔히 말하는 '정리(情理)'는 인정의 이치와 사정의 이치를 동시에 가리킨다.

6.2 대언 생활

언어 기원의 측면에서 보건대, 원시시대 사람들이 시적 언어를 사용하여 생각을 나타낸다는 예스퍼슨(Jespersen 1922:429-432)의 생각은 문학에서 시가 산문보다 먼저 출현했다는 관점과 꼭 같다. 시적 언어도 산문적 언어보다 앞서므로 언어의 뿌리가 삶의 시적 특성에 있다고 할 수 있겠다. 주광첸(朱光潜 1981a, 1981b)[17]은 다음과 같이 말하였다.

원시 인류는 세상에 전할 가치가 있는 사적이나 학문적 경험을 접하게 되면 기억하기 편리하도록 모두 시의 형식으로 기록하였다. 훗날에 와서는 시의 형식이 너무 무겁고 딱딱해졌기 때문에, 점차 그것이 활기를 띠고 탄력성을 가지게 할 방법을 생각하게 되었다. 이리하여 비로소 산문이 점차 진화되었다. 산문이 시에서 해방되어 나온 것은 결코 하루아침에 이루어진 일이 아니다.

형식은 인위적이고 부가적인 것이 아니라 자연스럽고 고유한 것이다.

-----

17) 역자주: 주광치엔((朱光潜, 1897-1986) 중국의 미학자이자 예술 이론가.

궈시오위(郭绍虞 1938)는 완원(阮元)[18]이 「문언설(文言说)」 문구를 인용하여 옛사람들은 입과 혀로써 일을 전하고 입과 귀로써 일을 처리하였기 때문에, 대우(对偶)와 질서정연한 어구는 "기억하고 읊조리기에 용이하여 늘리고 줄일 수가 없다(易于记诵, 无能增减)"라고 하였다. 이것은 모두 기억과 구두 전승의 각도에서 본 시적 언어의 근원적인 특성이다.

시적인 특성을 가진 호문과 대언은 현대인의 언어생활 여러 방면에서 빈번하게 나타난다. 치궁(启功 1997:4)은 변려문의 기본형식은 일상생활 언어를 바탕으로 하고 있으며, 이는 문인이나 작가가 근거 없이 날조해낸 것이 아님을 강조하였다. 변려문은 2천년 가까이 통용되면서 누차 공격을 받았음에도 불구하고 놀랍게도 아직까지 사라지지 않고 있다. '10년 동란(十年动乱)'[19]에 4가지 구습(四旧)[20]을 대대적으로 타파하였지만, 입으로 하는 강연이나 펜으로 하는 비판 글의 첫머리는 모두 '东风万里, 红旗飘扬(동풍(봄바람. 혁명의 기세)이 만리에 부니, 홍기가 바람에 펄럭이네)'으로 시작하였다. 대구나 대우의 존재가 여전하였음을 알 수 있는 대목이다. 고문(古文)을 제창하고 변려문을 반대한 한유(韩愈)가 「원훼(原毁)」의 첫머리에 쓴 문장인 '古之君子, 其责己也重以周, 其待人也轻以约。重以周, 故不怠; 轻以约, 故人乐为善。(옛날의 군자는 그가 자신에게 요구하는 것은 엄격하고 주도면밀하였지만, 그가 남에게 기대하는 것은 관대하고 간

18) 역자주: 완원(阮元, 1764-1849) 청대의 관리이자 고증학을 이끈 경학자.
19) 역자주: 1966년부터 1976년까지 10년간 중국의 최고지도자 마오쩌둥(毛泽东)에 의해 주도된 극좌 사회주의운동인 문화대혁명(文化大革命)을 가리킴.
20) 역자주: 문화대형명 초기에 혁명의 목표로 4가지 구습 타파(破四旧)를 삼았는데, 4가지 구습은 낡은 사상, 낡은 문화, 낡은 풍속, 낡은 습관을 가리킴.

략하였다. 엄격하고 주도면밀하였기 때문에 태만하지 않았고, 관대하고 간략하였기 때문에 다른 사람들이 기꺼이 선한 일을 하였다)'도 역시 호문과 대언으로 되어있다. 이를 통해 '지금의 중국어가 옛날의 중국어와 같다(今之汉语, 犹古之汉语也)'는 것을 알 수 있다. 궈사오위(郭绍虞 1979)는, 고대 시가는 당시의 구어와 가까워 구어 속에 그대로 살아 있어서 4자어가 군중과 노동자들의 활기차고 생동적인 속담에 들어있는데, 이는 지금까지도 대량으로 자생하고 있으며 이후에도 단절되지 않을 것으로 보았다. 그는 '用眼看看(눈으로 살펴보다)', '用心掂掂(마음으로 헤아려 보다)', '心头一热(마음이 뭉클해지다. 어떤 감정이나 느낌이 매우 강하게 마음에 생기는 모양)', '眼睛一亮(눈이 반짝거리다)' 등의 표현을 예로 들면서, 모두 자연스럽고 질서 정연한 구어들로 어떠한 억지나 가식도 없다고 강조하였다. 송원(宋元) 백화소설(白话小说) 『입이 가벼운 이취련의 이야기(快嘴李翠莲记)』에는 취련(翠莲)이 조상의 신위를 모신 사당에 가서 말한 내용이 나온다.

家堂, 一家之主;祖宗, 满门先贤:今朝我嫁, 未敢自专。四时八节, 不断香烟。告知神圣, 万望垂怜!男婚女嫁, 理之自然。有吉有庆, 夫妇双全。无灾无难, 永保百年。如鱼似水, 胜蜜糖甜。五男二女, 七子团圆。二个女婿, 达礼通贤;五房媳妇, 孝顺无边。孙男孙女, 代代相传。金珠无数, 米麦成仓。蚕桑茂盛, 牛马挨肩。鸡鹅鸭鸟, 满荡鱼鲜。丈夫惧怕, 公婆爱怜。妯娌和气, 伯叔忻然。奴仆敬重, 小姑有缘。

신주는 한 집안의 주인이고, 조상은 온 집안의 선현입니다. 오늘 저는 시집을 가니 감히 마음대로 생각하고 행동하지 못합니다. 사시와 팔절에 제사가 끊이지 않습니다. 신령께 고하노니 부디 불쌍히 여겨주시길 간절히 바랍니다. 남자가 장가들고, 여자가 시집가는 것은 이치상 자연스러운 일입니다. 길상하고 경사스런 일이 있고, 부부 둘 다 건재하게 해주소서. 재난과 환난이 없도록, 영원히 오래 동안 보살펴 주십시오. 물고기가 물을 만난 듯하고, 벌꿀보다 더 애정이 달콤하게 해주소서. 다섯 아들과 두 딸, 일곱 형제자매가 화목하게 해주소서. 두 사위는 예의가 있고 재능이 있는 사람입니다. 다섯 집의 며느리는 모두 효성이 지극합니다. 손자 손녀가 대로 이어지게 해주소서. 금과 옥이 셀 수 없이 많고, 쌀과 보리가 창고를 가득 차게 해주소서. 누에와 뽕나무가 풍성하게 자라고, 소와 말이 새끼를 줄줄이 낳게 해 주소서. 닭, 거위, 오리, 새가 가득히 무리지어 쫓아다니고, 수산물이 가득하게 해주소서. 남편은 두려워하고, 시부모는 귀여워하고 아껴주시게 해주소서. 동서지간에 화목하고, 시아버지와 시동생이 기뻐하게 해주소서. 하인은 공경하고 받들도록 하고, 시누이는 인연이 있게 해주소서.

조상에게 배례하는 의식에는 변체문을 사용하는 것이 가장 적합하다. 이 작품에서는 다른 상황을 서술하는 것도 모두 음절에 균형이 잡혀 있어서 빠르지만 어지럽지 않으므로 시원하고 분명하게 읽고 들을 수가 있다. 또한 당대(唐代) 전기(传奇) 『곽소옥전(霍小玉传)』 속에도 다음과 같은 예가 있다.

> 玉乃侧身转面, 斜视生良久遂举杯酒酬地曰：“我为女子, 薄命如斯！君是丈夫, 负心如此！韶颜稚齿, 饮恨而终。慈母在堂, 不能供养。绮罗弦管, 从此永休。徵痛黄泉, 皆君所致。李君李君, 今当永诀！我死之后, 必为厉鬼, 使君妻妾, 终日不安！”

소옥은 몸을 비스듬히 한 채 얼굴을 돌려, 이생을 한참 동안 흘겨보더니 마침내 술잔을 들어 술을 땅바닥에 부으면서 말했다. "제가 여자로 태어나 이토록 복이 없고 팔자가 사납다니! 낭군은 장부인데, 이렇게 인정과 도리를 져버리시다니! 예쁜 용모 어린 나이에 한을 머금고 생을 마칩니다. 자애로운 어머니가 집에 계시지만 부양할 수도 없네요. 아름다운 비단 옷과 현악기 관악기 연주 소리는 이로부터 영원히 끊기게 됐군요. 황천에까지 이 고통을 가져가게 된 것도 모두가 낭군 때문이지요. 이군이여, 이군이시여! 이제 영원히 이별하게 되었네요. 내가 죽은 뒤에는 반드시 무서운 귀신이 되어 당신의 부인과 첩들을 한시도 편안하게 두지 않을 것입니다!"

『홍루몽(红楼梦)』 제39회에서 유씨 할머니(刘姥姥)가 말한 '시골 말투(乡言村语)'는 다음과 같다.

我们村庄上, 种地种菜, 每年每月, 春夏秋冬, 风里雨里, 那里有个坐着的空儿?

우리 마을에서는, 농사를 짓고 채소를 심는데, 매년 매월, 봄 여름 가을 겨울, 비바람 속에서도 일을 하니 어디 앉아 있을 틈이 있겠습니까?

또 양계초(梁启超)[21] 「소년중국설(少年中国说)」의 새로운 백화문(白话文)도 살펴보자.

红日初升, 其道大光；河出伏流, 一泻汪洋；潜龙腾渊, 鳞爪飞扬；乳虎啸谷, 百兽震惶；鹰隼试翼, 风尘吸张；奇花初胎, 于于皇皇；干将发硎, 有作其芒；天戴其苍, 地履其黄；纵有千古, 横有八荒；前途似海, 来日方长。美哉, 我少年中国, 与天不老！壮哉, 我中国少年, 与国无疆！

---

21) 역자주: 양계초(梁启超, 1873-1929) 청말 중화민국 초의 계몽사상가이자 문학가, 교육가, 정치가.

붉은 해가 막 떠오르니 그 길이 훤히 빛나고, 황하는 땅속에 흐르는 물에서 솟아올라, 단숨에 드넓은 바다로 흘러간다. 잠룡이 못 위로 솟아오르니 비늘과 발톱이 하늘에서 춤추고, 어린 호랑이가 산골짜기에서 울부짖으니, 온갖 들짐승이 벌벌 떨며 두려워한다. 매가 날개를 펼치니 바람에 먼지가 모였다 퍼지고, 기이한 꽃이 막 피어나니 멋지고 찬란하다. 칼 만드는 장인이 숫돌에다 칼날을 갈아 그 칼날이 번득이게 한다. 머리로는 푸른 하늘을 이고, 발로는 땅의 누런 빛을 밟는다. 종으로는 천고의 오랜 세월이 있고, 횡으로는 아득히 멀고 넓은 세상이 있다. 앞길은 바다 같고, 희망찬 미래는 바야흐로 길구나. 아름답도다! 우리 소년 중국이여, 하늘과 더불어 늙지 말지어다. 장하다, 우리 중국 소년, 조국과 함께 영원하라!

루즈웨이(陆志韦 1956)가 집계한 바에 따르면, 모두 9만 여 글자로 이루어진 양쉬(杨朔)의 『삼천리 강산(三千里江山)』에는 4자격으로 된 문구가 6, 7백 개나 나온다. 대구와 대언을 빈번하게 사용하고, 고금의 문체를 관통시킨 것은 작가 왕멍(王蒙)의 언어적인 특색이기도 하다.

老王笑而不答, 似痴似智, 若诚若伪, 如喜如悲。
왕 씨는 웃으면서도 대답하지 않았는데, (그 모습이) 어리석은 듯 지혜로운 듯, 진정인 듯 거짓인 듯, 기쁜 듯 슬픈 듯하다.　　　『尴尬风流』

路边摊贩, 何等肮脏, 车过尘起, 人言沫飞, 手指拨弄 ……
길가의 노점상이 어찌나 더러운지, 차가 지나가고 먼지가 일고, 사람들이 말을 하니 침방울이 날아다니고, 손가락으로 만지작거리고……　『只言片语』

社会如筛, 生活似箭, 人心是秤, 历史无情, 任其发展, 听其自然吧。
사회는 체와 같고, 생활은 화살과 같으며, 인심은 (시비를 판별하고 우

열을 가리는) 저울이고, 역사는 무정하니, 그 발전에 맡겨 그것이 되어
가는 대로 내버려두자.   『王朔的挑战』

生生灭灭, 恍恍惚惚, 真真幻幻, 沉沉浮浮, 实实在在, 辛辛苦苦,
飘飘悠悠, 磨磨蹭蹭。冷冷暖暖, 炎炎凉凉, 轰轰烈烈, 叮叮当当,
乓乓乒乒……

생겨나고 사라지고, 어슴푸레하고 흐릿하고, 진실하고 공허하고, 가라앉
고 떠오르고, 확실하고 실제적이고, 힘들고 고생스럽고, 유유히 떠다니
고, 우물쭈물 거린다. 차갑고 따뜻하고, 뜨겁고 차가우며, 기운차고 열렬
하며, 덜거덕덜거덕 거리고, 와당탕 거리며……   『生死恋』

『마오쩌둥 선집(毛泽东选集)』에도 4자대언이 대량으로 나온다.

「당의 팔고체 문장을 반대함(反对党八股)」

看菜吃饭, 量体裁衣。
요리를 보고서 밥을 먹고, 몸을 재어서 옷을 재단한다. 구체적인 상황에
근거하여 문제를 처리하고, 일을 처리하는 것을 비유

下笔千言, 离题万里。
붓을 들어 천 마디를 쓰지만, 주제를 만 리나 벗어났다. 장편의 글을 쓰
지만 주제와는 거리가 먼, 좋지 않는 문풍을 비유.

彻头彻尾, 彻里彻外。
머리에서 발끝까지, 안에서 바깥까지 꿰뚫다. 처음부터 끝까지 빈틈없
이 철저하다.

眼高手低, 志大才疏。
눈은 높지만 재주는 없고, 뜻은 크지만 재능은 보잘 것 없다

空话连篇, 言之无物。

쓸데없는 말이 여러 편 이어지고, 말에 알맹이가 없다. 글이나 말 따위가 실제 내용이 없이 공허한 것을 형용.

裝腔作勢, 借以吓人。
허세를 부리고, 그것으로써 사람을 놀라게 한다.

无的放矢, 不看对象。
과녁 없이 활을 쏘듯이 대상을 보지 않는다. 목적이 없음을 비유.

语言无味, 像个瘪三。
말에 맛이 없는 것이 마치 뜨내기 같다. 틀에 박힌 조항만 나열할 뿐 실제 내용은 없다.

甲乙丙丁, 开中药铺。
갑을병정의 순서나 한약방 약상자의 이름과 같은 표제로 문장을 배열한다. 사람들이 머리를 써서 사물의 본질에 대해 생각하지 않고, 현상을 기계적으로 나열하는 것에 만족하다

不负责任, 到处害人。
책임을 지지 않고, 도처에서 사람을 해친다.

流毒全党, 妨害革命。
당 전체에 독을 퍼트려, 혁명을 방해한다.

传播出去, 祸国殃民。
유포하여, 나라와 백성에게 재앙을 가져온다.

过街老鼠, 人人喊打。
길바닥을 지나가는 쥐를 사람마다 잡으라고 외친다. 누구나가 비난하는 공공의 적이 되었음을 비유.

「문회보의 자산계급 방향에 대한 비판의 당위성(文汇报的资产阶级方向
应当批判)」

裝腔作势, 不大自然。
허세를 부리는 것이 그다지 자연스럽지 않다.

包袱沉重, 不易解脱。
보따리가 무거우면 풀어 내려놓기가 쉽지 않다.

呼风唤雨, 推涛作浪。
비와 바람을 부르고, 파란을 일으킨다. 나쁜 사람이 나쁜 일을 하는 것
을 조장하여 말썽을 일으키는 것을 비유.

上下串联, 八方呼应。
위아래 사람이 결탁하고, 사방팔방에서 호응한다.

魑魅魍魉, 牛鬼蛇神。
온갖 도깨비, 그리고 소 모양을 한 귀신과 뱀 모양을 한 귀신. 온갖 나쁜
짓을 하는 사람들을 비유.

大鸣大放, 一触即发。
누구나 다 자기 견해를 자유롭게 밝히니, 서로 충돌하였다하면 곧 분쟁
이 일어날 듯 위험한 상태이다.

宽大为怀, 不予办罪。
남에 대해 관대한 마음을 가지고, 죄로 다스리지 않아야 한다. 넓은 도
량을 가지고 남을 너그러이 대한다는 의미.

惩前毖后, 治病救人。
이전의 잘못을 비판하여 뒤에는 같은 잘못을 저지르지 않게 하는 것은
의사가 병을 치료하여 사람을 구하는 것과 같다.

天下大乱, 取而代之, 逐步实行, 终成大业。

세상이 혼란한 틈을 타 좋은 자리를 꿰어 차 대신하고, 점차 자신들의 계획을 실행하여 마침내 대업을 이룬다.

자오위안런(趙元任 1969)은 이전에 영국인이 상하이 – 난징 간 철도를 운영할 때의 일화 하나를 예로 든 바 있다. 기차 안에 붙인 사언팔구의 중국어 안내문에 대한 영문 '번역'이 놀랍게도 아주 긴 하나의 문장뿐이었던 것이다.

随处吐痰, 最为恶习。 아무 곳에나 침을 뱉는 것이 가장 나쁜 악습입니다.
既惹人厌, 又碍卫生。 사람들에게 혐오감을 주며 비위생적입니다.
车站月台, 尤须清洁。 승강장은 특히 청결해야 합니다.
倘有违犯, 面斥莫怪。 만약 위반사항이 있으면, 대면훈계 할 것이니 탓하지 마십시오.

IN THE INTEREST OF CLEANLINESS AND PUBLIC HEALTH PASSENGERS ARE REQUESTED TO REFRAIN FROM SPITTING IN THE TRAINS OR WITHIN THE STATION PREMISES.
청결 및 공중 보건을 위해서 승객은 열차 내 또는 역 구내에서 침을 뱉지 말아야 합니다.

이에 대해 자오위안런은 다음과 같이 설명한다. 이 중국어 안내문은 교양이 있는 '문명'인이 시골 사람들을 훈계하는 어투를 띠고 있지만, 이의 영어 번역 표현은 평등하게 사람을 대하고 있다. 또 중국어 공지문에는 대언 표현이 상당히 많지만, 영어 공지문에는 의도적인 유머 표현을 제외하고는 대부분 산문을 사용하고 있다는 것이다. 이 밖에, 베이징의 시내버스 안에 부착된 매표 안내문은 '主动投币, 二元起价,

分段计价, 不设找赎(셀프 동전 투입, 기본요금 2위안, 거리별 요금 적용, 거스름돈 지급 불가)'라고 되어있다.

대언의 사용에는 아속(雅俗)의 구분이 없다. 송대(宋代)의 관리 채용 제도를 논하면서, 첸중수(钱钟书)는 '又宽又滥的科举制度开放了做官的门路, 既繁且复的行政机构增添了做官的名额(느슨하고도 부실한 과거제도는 관리가 되는 길을 대폭 열어놓았고, 번잡하고 중복된 행정기구는 관리의 정원을 늘려놓았다)'와 같은 대언을 사용하고 있다. 대언은 또 광고 카피에도 자주 등장한다.

Good to the last drop.
滴滴香浓, 意犹未尽。
방울방울 짙은 향기, 끝없는 여운.   맥스웰커피

To be the best rather than the largest.
不求最大, 但求最好。
최대가 아닌 최고를 추구한다.   광대(光大)은행

The global brings you the world in a single copy.
一册在手, 众览全球。
책 한 권이 손 안에, 전 세계를 눈 안에.   『Globe(环球)』잡지

중국 길거리 곳곳에서 볼 수 있는 표어 가운데 십중팔구는 대언으로 이루어져 있는데, 심지어는 공중 화장실도 마찬가지다. 중국의 일부 화장실에는 '来也匆匆, 去也冲冲(올 때도 총총(황급함)), 갈 때도 충충(변기 물을 내림)', '上前一小步, 文明一大步(변기를 향한 작은 한 걸음, 교양을 향한 큰 한 걸음)'라는 문구가 붙어 있다. 통속스러움 속에도 우아함이 있다고 하겠다. 유행가에도 '중국풍(中国风)'이 유행

히였다. 다이취안(戴荃)이 자사·작곡한 〈창어(嫦娥)〉의 가사는 모두 대언이며, 4자어가 주를 이룬다. 가장 엄숙한 법률 문서 중에도 중국 고대에는 시적 정취가 가득 찬 대언의 판결문이 많이 있다. 백거이(白居易)의 「갑을판(甲乙判)」을 예로 들어보자.

二性好合, 义有时绝；三年生有, 恩不可遗。凤虽阻于和鸣, 鸟岂忘于反哺。旋观怨偶, 遽抵明刑。[22]

(혼인은)남자가 여자가 좋아서 맺어진 것이지만, 의리가 끊어지는 경우도 있다. 아이를 낳아서 3년을 길렀으니, 그 은혜를 팽개쳐서는 안 된다. 봉황은 (짝을 잃어) 비록 화답하며 울지 못한다하더라도(더 이상 부부관계가 아니더라도), 새(까마귀 새끼)가 먹이를 물어다 먹여 기른 어미의 은혜를 어찌 잊을 수 있겠는가. 고개 돌려 원망을 품은 아내를 살펴보고, 죄명을 적어 등에 걸어 놓은 나무판자를 빨리 막아 주시오(빨리 전처를 구해 주시오).

오늘날 이혼 판결문에도 대언을 사용한 경우가 있다. 예를 들면 다음과 같다.

亲要见面, 爱要用心。相爱一辈子, 争吵一辈子, 忍耐一辈子, 这就是夫妻。

가까워지려면 얼굴을 보아야 하고, 서로 사랑하려면 마음을 써야 한다. 한평생 사랑하고, 한평생 싸우며, 한평생 참는 것, 이것이 바로 부부이다.

---

22) 역자주: 이 인용문은 백거이 「甲乙判」에서 발췌한 것으로, 남편이 처와 이혼한 후, 처가 범죄를 저지르고는 자기가 낳은 자식의 관음(官蔭)으로 죄를 사면 받고자 전 남편에게 부탁하였지만, 전남편이 거절하자 이에 백거이가 내린 판결문.

이 판결문은 네티즌들로부터 '가장 따뜻한 판결문'이라는 찬사를 받은 바 있다.

학교의 교훈을 통해서도 중국어가 대언을 바탕으로 한다는 것을 알수 있다. 교훈은 외국에서 들어온 것이고, 중국 고유의 것은 서원(书院)의 대련(对联)이다. 우시(无锡) 둥린(东林)서원의 대련 '风声雨声读书声, 声声入耳(바람소리 빗소리 책 읽는 소리, 소리마다 모두 귀에 쟁쟁하고), 国事家事天下事, 事事关心(나라일 집안일 세상일, 일마다 모두 관심을 가진다)'이 그 예이다.

서양의 교훈은 주로 서양의 경전에서 인용한 것들이 많다. 예를 들면, 성경 「요한복음」에서 인용한 옌징(燕京)대학교의 영문 교훈 Freedom through Truth for Service(봉사를 위해서 진리로 말미암아 자유를 얻으리라), 역시 성경에서 인용한 화난(华南)여자대학교의 영문 교훈 Saved for Service(봉사를 위해 구원 받았나니)가 그러하다. 서양의 교훈이 중국에 전래된 후에는 중국 경전에서 인용되었는데, 이후에 이들은 모두 중국 특유의 대언 형식으로 바뀌었다. 미국의 세인트 존스대학교(St. John's University)는 처음에는 교훈을 Light and Truth(빛과 진리)로 정하였다. 그러다가 후에 '学而不思则罔, 思而不学则殆(배우기만 하고 생각하지 않으면 얻는 것이 없고, 생각하기만 하고 배우지 않으면 위태롭다'(『论语』에서 인용)로 수정하였다. 또 둥우(东吴)대학교의 영문 교훈은 Unto a Full-grown Man(성숙한 남자가 될 때까지)이고, 중문 교훈은 '养天地正气, 法古今完人(천지의 바른 기운을 기르고, 고금의 성인을 본받자)'(현재 쑤저우(苏州)대학교 교훈)이다. 오늘날 학교의 교훈들은 2마디 8자나 4마디 8자로 된 것들이 대부분이다. 다시 말해 대가 없으면 교훈을 만들기도 어려울 정도이다.

칭화(清华)대학교:

　自强不息, 厚德载物

　스스로 강해지기 위해 끊임없이 노력하고, 덕을 쌓아서 만물을 포용하자

난카이(南开)대학교:

　允公允能, 日新月异

　도덕성과 능력을 겸비하고, 부단히 새로워지고 변화하자

베이징(北京)대학교:

　爱国, 进步, 民主, 科学

　애국, 진보, 민주, 과학

퉁지(同济)대학교:

　严谨, 求实, 团结, 创新

　엄밀, 실속, 단결, 혁신

　시적인 대언은 구어와 문어를 관통한다. 중국어의 역사를 종합적으로 살펴보면, 구어와 문어는 차이가 크지만 양자는 '결코 독립적인 것이 아니라 항상 상호 영향을 미쳐왔다'.(赵元任 1916) 또한 '상호 의존적인 관계여서 소통하면 둘 다 아름다워지지만, 막히면 둘 다 망가진다(相互依赖, 通则双美, 塞则两败)'.(李如龙 2018a) 새로운 문어는 오래된 문어를 바탕으로 구어를 흡수하여 만들어진 것이고, 새로운 구어는 오래된 구어를 바탕으로 문어를 흡수하여 만들어진 것이다. 이를 그림으로 나타내면 다음과 같다.

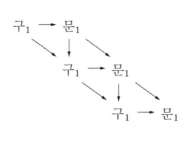

구어와 문어를 소통하게 하여 모두를 아름답게 만든 것(通則双美)이 다름 아닌 바로 시적 대언이다. 요컨대, 대언은 일상생활로부터 나와 중국어의 역사를 관통하면서 중국어의 모든 것을 포괄한다. 대언은 엄청난 생산성과 유연성을 가지고 중국인의 피 속에 흐르면서 민족의 심미적인 심리를 표현함으로써 일상생활의 모든 방면에 스며들었다. **중국인의 언어생활은 대언의 생활이며, 중국인의 삶은 대언을 벗어날 수**가 없다. 대언은 중국어의 명맥이다. 만약 대언을 성어나 수사로만 해석하고 가벼이 넘긴다면, 이는 중국어 생명에 대한 참을 수 없는 가벼움이다. 레이코프와 존슨의 책 제목 *Metaphors We Live By*의 중국어 표현 '比喩不在, 生命不存(비유가 없으면 생명도 없다)'를 모방한다면, 필자는 '对言不在, 生命不存(대언이 없으면 생명도 없다)'(Dui-speech We Live By)라고 할 수 있겠다.

6.3 영어 antithesis(대조)와 비교

영어에도 antithesis(대조)라는 것이 있는데, 특히 숙어에 많이 나타난다. 다음 예를 보자.

Men make houses, women make homes.
男人造屋, 女人造家。
남자는 집을 만들고, 여자는 가정을 만든다.

An idlc youth, a needy age.

少时懒, 老来穷。

젊을 때에 게으르면 늙어서 가난하다.

Easy come, easy go.

来得容易去得快。

쉽게 얻은 것은 쉽게 잃는다.

It was the best of times, it was the worst of times.

那是最美好的时代, 那是最糟糕的时代。

그것은 최고의 시대였고, 최악의 시대였다.   찰스 디킨스

　하지만 이들이 전체적으로는 수사적 수단과 소수의 특수 표현에 속하므로 중국어의 대구와는 큰 차이가 있다.(李国男 1998, 蔣韜成 2006) 영어에 대조가 있다는 것이 중국어는 대언이 기본이 아니라는 것을 증명할 수는 없다. 이는 단지 대언이 모든 언어의 근본적인 표현 방식일 가능성이 높음을 증명할 뿐이다. antithesis는 명칭 그대로 주로 긍정과 부정의 대, 즉 '정반의 대(正反对)'를 가리킨다. 예를 들어 They promised freedom and provided slavery(그들은 자유를 약속하고, 노예제도를 시행했다. 承诺自由, 施行奴役)를 보면, 대조의 형식성이 중국어의 정연함에는 훨씬 못 미친다. 이는 영어 시가 가운데 비교적 질서정연하다는 '영웅시격(heroic couplet, 英雄偶句)[23]'도 마찬가지다. 이 시는 최소한 음절수가 대를 이루지 않고, 주로 접속사를 사용한다. 위의 네 가지 예문 가운데 뒤의 두 예문이 가장 질서정연하다. 다음 예를 보자.

------

23) 역자주: heroic couplet은 대구를 이루는 약강 5보격의 2행시이다.

Where there is a will, there is a way.(앞 연에 where가 하나 더 있다)
뜻이 있는 곳에 길이 있다.
有志者, 事竟成。
포부를 가진 사람은, 일을 끝내 성취한다.

Speech is silver, silence is gold.(쌍음 대 단음, 단음 대 쌍음)
웅변은 은이고, 침묵은 금이다.
雄辩是银, 沉默是金。
웅변은 은이고, 침묵은 금이다.

By reading we enrich the mind, by conversation we polish it.(4음 내 2음, 단음 내 쌍음)
독서를 통해 마음을 풍요롭게 하고, 대화를 통해 마음을 다듬는다.
读书益智, 交谈博彩。
독서는 지혜를 더하고, 대화는 (그것의) 색채를 더한다.

인터넷상에서 어떤 사람은 중국어식의 대련을 재미삼아 다름과 같이 영어로 번역하기도 하였다.

吃好睡好开心天天,
学硬干硬码银多多。
(横批)给力！
잘 먹고 잘 자면 매일 매일 즐겁고,
공부도 잘하고 일도 잘하면 돈을 많이 번다.
(가로 슬로건) 최고다!
Eat well sleep well have fun day by day,
Study hard work hard make money more and more.
Geilivable[24]！

朱晓农 2018b

위의 예 역시 음절의 대가 질서정언하게 맞추이지지 못했디. 엉이는 느슨한 방식의 대구만 있을 뿐, 중국어와 같은 엄격한 방식의 대구는 없다. 그 이유는 영어 단어의 음절이 가지런하지 않기 때문이다. 이와 반대로, 형식적으로 대칭을 이루지 않는 영어의 비대칭 표현을 중국어로 번역할 때는 항상 대칭형식을 사용할 수가 있다. 예를 들면 다음과 같다.

It is easy to open a shop but hard to keep it always open.
가게를 여는 것은 쉽지만, 유지하는 것은 어렵다.
创业易, 守业难。
사업을 시작하기는 쉽지만, 사업을 유지하기는 어렵다.

The end of passion is the beginning of repentance.
격노의 끝은 회개의 시작이다.
盛怒结束, 悔恨开始。
격노가 끝나면 회한이 시작된다.

Little thieves are hanged, but great ones escape.
어린 도둑은 교수형을 당하지만, 큰 도둑은 탈출한다.
窃钩者诛, 窃国者侯。
허리띠 고리를 훔친 자는 처형되지만, 나라를 훔친 자는 제후가 된다.

The coward does it with a kiss, the brave man with a sword.
겁쟁이는 키스로 하고, 용감한 사람은 검으로 한다.
懦夫借助亲吻, 勇士凭借刀剑。
겁쟁이는 키스의 힘을 빌리고, 용사는 칼의 힘을 빌린다.

---

24) 역자주: '给力'의 병음 gěilì에서 성조를 빼고, 문두에 오는 자음은 대문자를 쓴 다음 -vable를 붙인 것으로, 인터넷에서 사용하는 말임.

When poverty comes in at the door, love flies out of the window.
가난이 문 안으로 들어오면 사랑은 창밖으로 날아간다.
贫穷走进门里, 爱情飞出窗外。
가난이 문으로 들어오면 사랑은 창밖으로 날아간다.

중국어의 호문과 대언을 영어로 번역할 때는 대부분 대조를 사용하지 않고, 하나의 단문이나 종속복문만을 사용한다.

欲善其终, 先善其始。
끝맺음을 잘하려면 먼저 그 시작을 잘해야 한다.
A good beginning makes a good ending.
좋은 시작은 좋은 끝을 만든다.

良药苦口利于病, 忠言逆耳利于行。
좋은 약은 입에 쓰지만 병에 이롭고, 충언은 귀에 거슬리지만 행동에는 이롭다.
A good medicine tastes bitter.
좋은 약은 쓴 맛이 난다.

宁为玉碎, 不为瓦全。
차라리 옥으로 부서질지언정, 기왓장으로 온전하게 남지는 않는다. 절개를 지키며 죽을지언정 비굴하게 목숨을 보전하진 않는다.
An honorable death is preferable to a degraded life.
명예로운 죽음이 타락한 삶보다 낫다.

以小人之腹, 度君子之心。
소인의 마음으로 군자의 마음을 헤아리다.
Measure the stature of great men by the yardstick of a pretty one.
평범한 사람의 기준으로 위인의 위상을 헤아리다.

得道多助, 失道寡助。

도(道)에 맞으면 도와주는 사람이 많고, 도에 어긋나면 도와주는 사람이 적다.

A just cause enjoys abundant support while an unjust cause finds little help.

정의로운 대의는 풍부한 지원을 누리지만 정의롭지 않은 대의는 도움을 거의 얻지 못한다.

兵临城下, 将至壕边, 岂可束手待毙? 　　　　　　　　(『三国演义』)

적병과 적장이 이미 성 아래 참호에 와 있는데, 어찌 손을 묶어놓고 죽음을 기다리겠습니까? (어려움을 만나 적극적으로 방법을 강구하지 않고 앉아서 실패를 기다리다.)

Shall we fold our arms and wait to be slain when the enemy is already at the city gate?

적이 이미 성문에 도착했는데 팔짱을 끼고 죽음을 기다리겠습니까?

위의 마지막 예문을 when the enemy's soldiers are already at the city gate and their generals already by the trench(적군이 이미 성문에 있고 장군들이 이미 참호 옆에 있을 때)로 번역한다면, 군더더기를 붙이는 격이 되면서 호문의 원래 의미를 곡해하게 된다. 미국 도널드 트럼프 전대통령의 딸 이방카가 '퍼스트 도터(first daughter, 第一女儿)'일 때의 일화이다. 그녀는 '트럼프-김정은 회담(特金会)'25)이 열리기 전날 밤에 좋은 중국 속담이라면서, 트위터에 영어로 Those who say it cannot be done, should not interrupt those doing it이라는 글을 올

---

25) 역자주: 중국에서는 '特朗普(트럼프)'와 '金正恩(김정은)'의 앞 글자를 따서 트럼프와 김정은의 회담을 '特金会' 또는 '金特会'라고 부른다.

렸다. 이에 대해 그 출처가 아마도 '你行你上, 不行闭嘴(네가 할 수 있으면 네가 하고, 할 수 없으면 입을 다물어라)'인 것 같다는 한 네티즌의 댓글이 달렸다. 이 네티즌은 속담을 중국식 영어로 표현하면, 'You can you up, no can no BB'(BB는 중국 동북지방의 말 '乱嚷嚷(시끄러운 모양)'이라는 의미)라는 상세한 설명까지 덧붙였다.

요컨대, 중국어의 대언은 일종의 수사 수단으로, 아속을 가리지 않고 구어와 문어를 관통하여 존재한다. 또한 형식적인 대칭을 요구함으로써 이미 격식화 되었다. 하지만 영어의 antithesis는 언어의 원시적인 형식으로서의 대언이 여러 언어에 여전히 잔존해 있다는 것을 나타낼 따름이다.

6.4 외국인의 관점

중국어의 호문견의와 대언명의는 외국인들이 이해하기에는 어렵다고 할 수 있다. 일본의 중국언어학자 후루카와 유타카(古川裕 2017)에 따르면, 중국어의 호문과 대언이 일본학생들에게는 이해하기가 어렵기 때문에 일본어로 정확하게 번역하기도 상당히 어렵다. 그러니 외국에 수출하기는 더더욱 어렵다. '左一件右一件(오른쪽에 한 벌, 왼쪽에 한 벌. 여기저기 다 옷이다)'은 옷이 전부 2벌이라는 의미일까? '里三层外三层(안에 3겹, 밖에 3겹. 겹겹이)'은 모두 6겹이라는 의미일까? 모두 아니다. 호문견의는 1+1은 2보다 크다는 것이다. '男欢女爱'(남녀가 서로 애틋하게 사랑하다)는 '男女欢爱(남녀가 사랑하다)'에 상호 의미와 조화 의미가 추가되었고, '你挤我我挤你(너와 내가 서로 밀치다)'는 '大家互相挤(모두들 서로 밀치다)'보다 상호작용성과 생동감이 증가되었다. '彻头彻尾彻里彻外'(머리부터 발끝까지 안에서 바깥까지)는 '彻头彻尾' 하나만 말하는 것보다 어기와 철저함의 정도가 더 강하다. '鼻子是鼻子眼睛是眼睛(코면 코, 눈이면 눈. 외모가 아름답다)'이 묘사하는 아름다운 모습은 당연히 코와 눈에만 국한되지 않는다.[26] 중국어처럼 간결함을 중시하고 글자 수에 특별히 민감한 언어는 말을 헛되이 하거나 단어를 헛되이 사용하지 않는다. 따라서 호문대언에는 틀림없이 화자의 의도가 담겨있다.

서양 학자들도 일찍이 중국어의 4자어에 대해서 커다란 관심을 나타내었다. 17세기 중반부터 18세기 초까지 무명의 예수회 구성원들이 편찬하고, 뒷날 1854년에 런던에서 출간된 『4자문전주(四字文笺注)』는 모두 1,463개에 이르는 각양각색의 4자구를 영어와 프랑스어 해석을 곁들여 수록하였다. 이 책은 사전이자 기초중국어 교재로, 청(淸) 전기 북경관화(北京官话)를 반영한 문언과 백화문의 모습을 간직하고 있다. 또한 서양인 최초로 중국어 문장에 관심을 가졌던 수필 원고와 출판물이기도 하다. 여기에 수록된 것은 성어 외에도 대량의 자유구(自由词组)[27]와 4자문이 있는데, 이들은 대부분 일상적인 구어에 속한다.(王铭宇 2014)

多大年纪 연세가 어떻게 되시죠?
谁敢不来 누가 감히 오지 않겠는가?
甚么官职 어떤 관직이죠?
怎生开口 어떻게 입을 열까?

---

26) 저자주: 또 1+1 < 2 인 경우도 있는데, 이는 '复词侧用(복합어에서 한 형태소만 사용하는 것)'이라고 한다. 예를 들면, '国家'는 '国', '教学(做好教学工作)'는 '教', '缓急(以备缓急之需)'는 '急'의 의미만 사용되는 것과 같은 것이다.
27) 역자주: 구는 구조상 대체로 고정구와 자유구로 나눌 수 있다. 자유구는 구조가 비교적 자유로운 구를 말한다.

就要起身 곧 일어날 거야

将我捉住 나를 꽉 붙잡아

被人骗了 남에게 속았다

被他看轻 그에게 무시당했다

这个罪名 이 죄명

真个没有 정말로 가지고 있지 않아

一株老杏 한 그루의 오래된 살구나무

打了十棍 몽둥이로 열 대 때렸다

贴在墙上 벽에 붙이다

用手扯住 손으로 붙잡다

与你商量 당신과 상의하다

住得安稳 편안하게 살다

打着火把 횃불을 켜다

越想越恼 생각할수록 괴롭다

买件棉衣 솜옷 한 벌을 사다

止痛的药 통증을 멈추게 하는 약

进京去了 상경하였다. 북경에 갔다

借个使使 빌어 써보다

先和我说 먼저 나에게 말해 봐

事已八九 일이 이미 8, 9할이 되었다

이상의 논의를 통해 서양인의 눈에 비친 한문(汉文)은 곧 4자문이고, 한문법(汉文法)은 곧 4자문법이라는 것을 알 수 있다.

외국의 수사학자들은 『이십사효도(二十四孝图)』 전부가 '卧冰求鲤(얼음 위에 누워 잉어를 구하다)', '尝粪忧心(대변을 맛보고는 근심에 싸이다)', '扼虎救父(호랑이의 목을 조르고 아버지를 구하다)', '恣蚊饱血(모기에게 몸을 맡기어 피를 배불리 빨아 먹게 하다)' 등과 같은 4자어라는 것을 발견하였다. 그들은 이러한 '공식화된 격언(公式化 的格言)'이 광범위한 수사이며, 도덕 교화의 사회적인 기능을 가진 중국 전통 특유의 담화형식이라고 보았다. 이 때문에 서양 사람들은 자라면서 그와 유사한 격언은 들어본 기억이 거의 없다고 말한다.(布魯梅特(Denny Brummett) 2018) 그러나 중국인들에게 있어서 4자어는 전혀 대단한 '발견거리'가 아니다.

6.5 구조적 특징

중국어의 구조는 호문성과 대언성을 가진다. 대언을 문법 현상이 아니라 수사 현상이라고 보는 견해의 전제는 문법과 수사가 반드시 양분되어 대립해야 한다는 것이다. 하지만 이는 중국어의 실제 상황에 부합하지 않는다. 중국어 문법은 주술구조를 근간으로 하고 문장(sentence)에 국한되는 인도유럽어식의 소문법(小语法)이 아니라 음(音), 형(形), 의(义), 용(用)이 일체화되어 있고, 용을 바탕으로 하는 대문법(大语法)이다. 중국어에서 수사는 그 자체가 곧 문법이며, 분리할 수 없는 문법 구성의 일부분이다. 뤼수샹(呂叔湘)과 주더시(朱德熙)는 당시 『문법과 수사 강의(语法修辞讲话)』를 저술하면서 중국어에서는 문법과 수사를 명확하게 구분하기가 어렵다는 것을 발견하였다. 다시 말해, 많은 문법 문제가 '모두 수사적인 문제'이므로 서로 참고하고 종합하여 서술할 수밖에 없다는 것이다. 위에서 설명한 대언명의 완형과 대언의 격식화, 비유의 내용과 형식의 일체화는 모두 대언이 수사현상이자 문법 현상이라는 것을 보여준다. 귀사오위(郭绍虞 1979:80, 500)는 "변려문도 중국어 문법규칙으로부터 자연스럽게 생겨난 산물"이고, "구어체 속에 변려문이 분명히 존재하고 있는데, 이러한 언어를 문법규칙에 맞지 않는다고 할 수 있는가?"라고 지적하였다. 또 그는 변려문에서 변려체로 진화한 것이 중국어의 문법규칙을 위반하였다거나 작자의 의도에 따라 갑자기 생겨난 것은 결코 아니라고 주장하였다. 주샤오눙(朱晓农 2018b)은 어감의 관점에서 보건대, 중국어는 대를 이루지 않으면 어감이 매끄럽지 않고, 어감이 매끄럽지 않으면 문법에 맞지 않으므로 대구는 문법적 요구사항이라고 주장하였다. 즉, 중국어 문법이 대언의 합법성을 결정하였고 그것을 유행시켰다는 것이다. 그는 중국에서 대를 구성하는 대구 구성 훈련은 기본적인 교육에 속하며, 한(汉) 문화는 일종의 대구 문화라고 하였다. 그런데 마칭화(马清华 2005:360)는 사람들이 단일성분의 문법화에 지나치게 집중함으로써 이와 거의 대등하게 중요한 문제인 대구 성분의 격식화는 그만 간과하고 말았다고 주장하였다. 정확한 지적이다. 대언 격식은 중국어의 문법 형식이고, 대언의 격식화는 중국어의 문법화이다.

이상의 내용을 종합하면, 호문과 대언은 주술구조의 틀을 뛰어넘은 중국어의 중요한 구조적 특징이다. 루즈웨이(陆志韦 1956)는 4자격을 병립(并立)하는 것은 "중국어의 무엇인가?"라고 질문하였다. 이는 '이론적인 문제'이다. '중국어에는 왜 이러한 현상이 있는가', '이러한 격식은 어디에서 왔으며 현대중국어에서 어떠한 기능을 하는가' 등 그가 제기한 문제에 관한 심도 있는 연구는 중국어가 어떤 언어인지를 인식하는데 도움을 줄 것이다. 궈사오위(郭绍虞 1979:119) 또한 이와 유사하게 이전의 문법학자들이 4자어를 문법적인 문제로 삼고 연구하지 않았다고 지적하였다. 그는 왜 모두들 변려문의 문법에 대해 논하지 않았고, 변려문의 체제를 언급하려 하지 않았는지 의문을 제기하였다. 고대중국어와 현대중국어에서 4자어는 도대체 어떠한 작용을 하는가? 이 문제를 설명할 수 있어야 비로소 중국어의 전모를 이해할 수 있을 것이다. 문제 제기는 과학발전의 원동력이다. 질문을 한다는 자체가 대답을 하는 것보다 더 중요하기 때문이다. 중국어 대언현상 이면의 구조적인 기제를 밝혀내어야만 중국어를 작동시키는 본질적인 특징을 알 수 있을 것이다. 대언은 언어의 본질이다. 4자어는 가장 기본적인 대언이며, 지금도 여전히 강한 생명력을 유지하고 있다. 중국어 문법을 논할 때 4자격을 빼놓을 수는 없다. 아니 오히려 이를 더 우선적으로 논해야 한다. 그리고 산문체 구조에 대한 연구를 하기 전에 변려체 구조에 대한 연구가 선행되어야 한다. 왜냐하면 산문체는 변려체로부터 변화 발전한 형태이기 때문이다. 그렇지 않으면 본말이 전도되는 것이다.

외마디 말로는 말을 구성하지 못한다. 왜냐하면 언어는 바로 대화이기 때문이다. 서양 수사학의 역사상 옛 로마의 키케로(Cicero, Marcus Tullius)[28]는 대화에 대해 수사적인 분석을 진행할 것을 제안하였다. 현대 화용론자 리치(Leech)는 '일상대화 속의 수사에 대한 토론'을 새로이 제안하면서 가장 먼저 '대화 수사학(Conversation Rhetoric)'이란 용어를 제시하였다. 그는 이 용어로 협력의 원칙과 예의의 원칙(Leech 1981) 등 일련의 대화원칙을 가리킴으로써 수사학의 영역을 대대적으로 확대시켰다. 대언 표현과 대화의 관련성에 대한 연구는 깊이를 더하고 범위를 확대하는 영역이다. 이제 다음 장의 주제로 넘어가자.

---

28) 역자주: 키케로(B.C.106-B.C.43) 고대 로마의 정치가, 학자, 작가. 그의 문체는 라틴어의 모범으로 일컬어진다.

CHAPTER

08 '대'의 의미와 지시대상

본 장에서는 '대언(对言)'의 또 다른 의미인 대화에 대해 서술하고
자 한다. 대언문법은 언어의 대화성에 뿌리를 둔다. 대화성은 언어의
근본적인 특징이다. 바흐친(Bakhtin)(巴赫金 1998:242, 340)은 다음과
같이 말하였다.

> 언어는 사용자들 사이의 대화 교류 속에서만 존재할 수 있다. 대화 교
> 류는 언어의 생명이 진정으로 존재하는 곳이다. 어떤 사용 영역(일상생
> 활, 공적인 교류, 과학, 문예 등)이든 언어의 전체 생명 속에는 대화 관
> 계가 스며들어 있다.

그는 또 다음과 같이 말한다.

> 모든 것은 대화와 대화식의 대립으로 귀결되는데, 이는 모든 것의 중
> 심이 된다. 다른 모든 것은 수단이고, 대화만이 목적이다. 단일한 목소리
> 로는 아무것도 끝낼 수 없고, 그 어떤 것도 해결할 수가 없다. 두 개의
> 목소리야말로 생명의 최저조건이자 생존의 최저조건이다.

중국어와 다른 언어에서 대언문법과 대언격식이 얼마나 중요한지를 외국 학자들에게 인시시키기 위해서는 그들에게 먼저 '对'자의 의미와 지시대상을 알려주는 것이 최선의 방법이다.

① 여러 의미항목의 종합

영어와 기타 서양 언어에는 중국어의 '对'에 대응하는 단어와 개념이 부족하다. 『현대한어사전(現代汉语词典)』에는 '对'자 아래에 15개의 의미항목을 열거하고 있다. 여기에서는 이를 대략 6개 항목으로 분류하여 예를 들고, 이에 대응하는 영어 표현을 나열해 보았다.

> 1. 对话(대화), 对答(대답), 应对(응대) dialogue, answer, reply, response
>   → 无以为对 do not know how to reply 대답할 방법이 없다, 对答如流 give fluent replies 유창하게 대답하다, 隆中对 the dialogue at Longzhong 융중에서의 대화[1]
>
> 2. 相对(상대하다), 对于(대하다), 反对(반대하다) to face, against, be directed at, opposite, mutual, with regard to
>   → 相向而对 face to face 얼굴을 마주 대하다, 对岸 opposite shore 맞은편 강(해변)기슭, 北京队对上海队 the Shanghai team versus the Beijing team 베이징팀 대 상하이팀, 对牛弹琴 play the harp to a cow 쇠귀에 거문고 연주하기, 对健康不利 be bad for one's health 건강에 좋지 않다, 一人对一人 one

---

1) 역자주: 후한 말 융중에서 기거하던 제갈량이 유비에게 형주와 익주를 차지하고 나서 조조, 손권과 함께 천하를 셋으로 나눌 것을 제안한 융중에서의 대화.

person against another 한 사람이 한 사람을 대하다, 对骂 call each other names 서로 욕하다

3. 对待(대우하다), 对付(대응하다) treat, cope with, in dealings with

→ 他对我很好 he is very good to me 그는 나에게 잘해 준다, 你怎么对我我怎么对你 I'll treat you the way you treat me 네가 나한테 하는 대로 나는 너에게 한다, 对不住 I'm sorry 미안합니다, 对不起他 be less than fair to him 그에게 미안하다

4. 比对(대비하다), 对照(대조하다), 核对(대조 확인), 对得上(맞다), 掺对(더하다) compare, suit, match, adjust, check, add

→ 拿译文对原文 compare the translation with the original 번역문을 원문과 대조하다, 这个榫头对不上 this tenon won't suit 이 장부는 맞지 않는다, 门当户对 well-matched in social status 남녀 두 집안의 사회적 지위가 엇비슷하다, 对号码 check numbers 번호를 맞추어보다, 对表 set one's watch 시계를 맞추다, 茶壶里对点儿开水 add some boiling water to the teapot 찻주전자에 끓는 물을 약간 더 부어라

5. 正确(정확하다), 对头(맞다), 正常(정상이다) correct, right, normal

→ 猜对了 guess right 알아맞혔다, 你说得很对 what you said is quite true 네 말이 맞다, 如有什么不对 if there is any mistake 잘못된 부분이 있으면, 你的脸色不对 you're not looking well 너의 안색이 좋지 않다

6. 对称(대칭), 对应(대응), 成双成对(짝을 이루다), 一对(한 쌍), 对仗(대구), 对子(짝) symmetry, parallelism, correspondence, a pair, coupling, couplet

→ 左右不对 not symmetric or balanced on left and right 좌우가 맞지 않다, 一对耳环 a pair of earrings 귀걸이 한 쌍, 一对夫

妇 a married couple 부부 한 쌍, 配对儿 form couples(in dance etc.)짝을 짓다, 对联 antithetical couplet 대련, 对对子 practice of making couplets 대구를 만들다

하나의 '对'자에 상응하는 영어 표현에는 명사, 동사, 형용사, 전치사, 부사 등 여러 가지 품사가 있다. 중요한 것은 이들 의미항목들이 하나의 유기적인 총체, 하나의 종합적인 개념을 구성하는데, 이것을 분할하면 총체성이 파괴되기 때문에 분할이 불가능하다는 것이다. '对待(대우하다), 对付(대응하다)'와 '对话(대화), 应对(응대)'는 서로 긴밀하게 연결되어 주로 사회적 인간관계를 가리킨다. 그리고 '对不起(미안하다)·对不住(미안하다)'는 의사소통에서 필수불가결한 상투어가 되었다. '对错(옳고 그름)'의 '对'는 '对应(대응), 对得上(맞다)'의 의미에서 파생되어 나왔다. 아래의 예를 살펴보자.

不对的人在不对的时间做不对的事，这个最失败；对的人在对的时间做对的事，这是成功典范。生活也是如此。

옳지 않은 사람은 옳지 않은 시간에 옳지 않은 일을 하는데, 이것이 가장 실패한 것이다. 옳은 사람은 옳은 시간에 옳은 일을 하는데, 이것이 성공의 본보기다. 삶도 마찬가지다. 蔡志忠

식재료는 계절의 기후에 맞는 제철의 것이어야 한다는 글의 제목은 '节气对物候对, 嘴巴里的滋味才对(절기가 사물의 상태에 맞아야 입안의 맛이 비로소 맞다)'이다. 이의 영어 번역은 Only if the solar term was right, the taste in your mouth is right(절기가 맞아야 입안의 맛도 맞다)이다.(『南方航空杂志』) 이를 통해서 중국인들의 마음속에서 right는 곧 对应(대응하다)이고, 对应이 되어야 비로소 right(맞다)라

는 것을 알 수 있다.

중국인들은 사람들과 대화할 때 흔히 상대방의 말에 동의하면 "对(맞아요)"라고 말한다. 이 '对'는 명제의 내용이 맞는 것일 뿐만 아니라 상대방이 말하는 방식이 옳다는 것도 가리킨다. 주지하듯이 부정형식의 정반의문에 답할 때, 영어와 중국어의 단어 사용은 공교롭게도 서로 반대가 된다. 영어 no의 대답에 중국어는 '对(맞아요)'를 사용하고, 영어 yes의 대답에 중국어는 '不对(아니요)'를 사용한다. 예를 통해 살펴보자.

	영어	중국어
	Didn't John go there? 존은 거기 안 갔니?	张三没有去那儿? 장싼은 그 곳에 안 갔니?
긍정 대답	<u>No</u>, he didn't. <u>아니</u>, 안 갔어.	<u>对</u>, 没有去. <u>맞아</u>, 안 갔어.
부정 대답	<u>Yes</u>, he did. <u>맞아</u>, 갔어.	<u>不对</u>, 去了。 <u>아니</u>, 갔어.

중국인들은 영국인이나 미국인과 이야기할 때, 이에 관한 실수를 자주 함으로써 오해를 불러일으킨다. 영미인들은 중국인에게 도대체 yes인지 아니면 no인지를 추궁할 것이고, 중국인도 역시 그들이 '对'라고 말하는 것인지 '不对'라고 말하는 것인지 헷갈릴 것이다. 이처럼 중대한 차이를 야기하는 심층적인 원인이 무엇일까? 영문법은 주술구조를 근간으로 하며, 대답 yes와 no는 문장이 나타내는 명제의 내용에 대해 긍정과 부정을 나타낸다. 그런데 중국어는 상호작용적인 대화와 대언 표현을 바탕으로 한다. 따라서 대답 '对'와 '不对'는 명제의 참, 거짓

에 대한 판단이면서 상대방의 발화 행위(speech act)의 옳고 그름, 즉 상대의 부정적인 질문이 맞는지 맞지 않는지에 대한 판단이기도 하다. 이때 주로 나타내는 것은 발화 행위의 옳고 그름을 판단하는 것이다. 이는 발화 행위가 옳은지 옳지 않은지에 대해 판단을 함과 동시에 말해진 명제 내용에 대해서 판단을 하는 것이다. 실제로 '对'는 흔히 '(你)说得对(네 말이 맞아)'로 말하고, '不对'는 흔히 '(你)说得不对(네 말이 틀렸어)'라고 말한다.

　　(你) 说得对, 老张没有去。네 말이 맞아, 라오장은 안 갔어.
　　(你) 说得不对, 老张去了。네 말이 틀렸어, 라오장은 갔어.

　　따라서 '你说得对'는 사실상 '네가 한 말이 내가 생각한 것과 말한 것에 부합한다'라는 의미이다.(沈家煊 2016c 참조)
　　덧붙여 지적할 점은, 중국어의 대답 방식은 중국어의 술어가 지칭어(Part1 제2장 참조)라는 점과 관련이 있다는 것이다. 위에서 제시한 예문에서 '老张去了'와 '老张没有去'의 술어 '去了(갔다)'와 '没有去(가지 않았다)'는 근본적으로는 지칭어이다. 이때 지칭의 대상은 일종의 일이 된다. 중국인의 참, 거짓에 대한 판단은 진술한 일(事)에 대한 것(이 일이 참인지 거짓인지)이기도 하고, 지칭한 사물(物)에 대한 것(이 사물이 참인지 거짓인지)이기도 하다. 왜냐하면 일은 곧 추상적인 사물이기 때문이다. 중국인들은 "这样东西是真还是假(이 물건이 진짜인가요 가짜인가요)"라고 묻지, 일반적으로 "这样东西是肯定还是否定(이 물건이 긍정인가요 부정인가요)"라고 묻지는 않는다. 긍정과 부정은 사물이 아닌 일에 대한 판단이기 때문이다. 서양의 논리적인 전통은 명제만이 참과 거짓을 논할 수 있다고 보았다. 하지만 후설

(Edmund Husserl)2)은 이와는 반대의 길을 갔다. 그는 명제뿐만 아니라 명칭도 참, 거짓을 논할 수 있으며, 명칭의 참과 거짓이 명제의 참과 거짓보다 더욱 기본적이라고 피력하였다. 이것이 '참'에 대한 후설과 프레게(Frege)3)의 견해 차이이다.(高松 2013 참조) 이런 측면에서 보면, 영어에서 참과 거짓을 판단하는 yes와 no는 주술구조의 진술성(陈述性) 술어에 대해서 그러하다는 것이다. 반면, 중국어에서 참과 거짓을 판단하는 '对'와 '不对'는 하나의 지칭어, 즉 명칭에 대해 그렇다는 것이다. 이는 명칭(名)과 실질(实)이 부합하는지를 보는 것이다. 그 명칭이 지칭하는 것이 일인지 사물인지는 상관하지 않는다. 이것이 대답 방식에 있어서 영어와 중국어의 차이점이다. 명칭의 참과 거짓이 명제의 참과 거짓보다 더 기본적이라는 것은 '명사가 기본(名词为本)'이 되는 중국어에서 입증이 된다. 이점에 대해서는 제14장 2절 '대언문법을 통해 본 주술구조'에서 상세히 서술할 것이다.

발화의 방식이 맞아야 한다는 것에는 어기가 부합해야 한다는 것도 포함된다. 치궁(启功 1997)은 다음 두 노인의 대화를 예로 들고 있다.

A: 你的喘好些了吗?	A: 你的喘好些了吗?
자네 천식은 좀 나아졌나?	자네 천식은 좀 나아졌나?
B: 我的喘还一样呢。	B: 没。
내 천식 아직 그대로입니다.	아뇨.

---

2) 역자주: 에드문트 후설(Edmund Husserl, 1859-1938) 독일의 철학자. 현상학의 창시자.

3) 역자주: 프레게(Friedrich Ludwig Gottlob Frege, 1848-1925) 독일의 논리학자, 수학자, 철학자.

왼쪽은 질서정연한 대구를 사용하여 대답하였기에 아주 자연스럽다. 그런데 만약 오른쪽처럼 '沒(아니다)' 한 글자로만 대답하였다면, 이는 틀림없이 B가 숨이 차서 완전하게 갖추어진 한 마디의 말로 제대로 대답할 수 없는 상황일 것이라고 치궁은 말하였다. 설령 이 대답이 사실이라고 해도 우리는 여전히 어기와 태도에 대해서 '不对(맞지 않다)'라고 말할 수 있다. 이때는 '怼(박대하다)'의 의미가 담겨있다. 왜냐하면 '对'의 개념에는 대인관계에 있어서 대우하다, 접대하다의 의미를 포함하고 있기 때문이다. 현재 인터넷상에서 유행하는 새로운 어휘 중에 '尬聊(어색하고 의미 없는 대화)'[4]가 있는데, 많은 '尬聊'는 모두 두 사람의 어투가 서로 맞지 않는 경우이다. 또 본래의 의미가 '원망'이며, 제4성으로 읽히는 '怼([duì])'를 제3성으로 바꾸어 읽은 것이 인터넷 유행어가 되었다. 이는 '말로 상대방을 박대하다(用语言恶待对方)'라는 의미를 나타내는데, '互怼(서로 화를 내다)', '怼人(남을 조롱하다)', '怼斥(크게 비난하다)' 등의 신조어를 만들어냈다.

다음으로 대구에 대해 살펴보자. 대구는 엄격한 언어적 대응이다. 『문심조룡·여사(文心雕龙·丽辞)』편에서 '대자연은 만물에 형체를 부여하면서 지체가 반드시 쌍을 이루게 하였는데, 이런 신명한 자연의 이치가 작용함으로써 사물이 홀로 서지 않게 되었다(造化赋形, 支体必双, 神理为用, 事不孤立)', '무릇 마음속에서 작품이 생기게 되면, 여러 가지 생각을 운용하고 재단하는데, 위아래가 서로 잘 어우러지게 배치하면, 자연스럽게 대가 이루어진다(夫心生文辞, 运裁百虑, 高下

---

4) 역자주: '尬聊'는 '尴尬的聊天(어색한 수다)'의 줄임말로 딱히 할 말이 없이 억지로 하는 의미 없는 대화인데, 최근에 유행하는 우리말 '아무말 대단치(대화)'와 유사해 보인다.

相须, 自然成对)'라고 하였다. 이는 어구의 대구와 객관적인 사물이 서로 쌍을 이루면서 연결됨을 말한다. 중국어와 한자의 특성은 대구를 만드는 것이다. '대구 만들기(対対子)'는 단순한 언어유희가 아니라 중국어 문맥에서 행해지는 일종의 정교한 대화 활동이다. 대구 만들기는 상호교류와 감정소통, 호응과 공감, 미적 감각의 획득, 재능과 식견의 경합 등 다양한 기능을 한다. 대구를 만들 때는 심지어 '三星白兰地(삼성 브랜디)'와 '五月黃梅天(5월 장맛날)', '文竹(플루모수스 아스파라거스)'와 '武松(무송(수호전 속의 인물))', '胡适之(후스)⁵⁾'와 '孙行者(손오공)'의 대구처럼 글자끼리는 서로 대를 이루지만, 의미상으로는 거리가 아주 먼 경우도 있다. 그런데 바로 이 때문에 오히려 뒷맛이 무궁무진하고 상호작용과 깨달음(会心), 호응과 공감이 생긴다. 즉, 이른바 '무정대(无情对)'라고 하더라도 역시 유정대(有情对)가 되는 것이다.

요컨대, '対'의 개념은 대화 의미를 중심(아래 그림에서 검은 점으로 표시)으로 하고, 이로부터 확장과 파생을 통해 종횡이 교착하는 방사형 의미 네트워크를 형성한다.

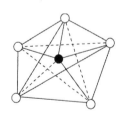

5) 역자주: 후스(胡适, 1891-1962) 자는 适之. 중국의 학자, 문학가로 계몽주의적 입장에서 중국의 현실을 냉철하게 비판하였음.

의미항목들은 모두 서로 연결되어 있다. 이 연결에는 강·야가 지접·간접(각각 실선과 점선으로 구분)의 구분은 있지만 이들을 서로 분리할 수는 없다. 인도유럽어에는 '对'에 상응하는 단어를 찾아볼 수가 없고, 종합적인 성격을 가진 '对'라는 개념도 없기 때문에 우리는 이를 그냥 '대(duì)'라고 부를 수밖에 없다. 이는 마치 '阴阳'의 개념을 '음양(阴阳 yīnyáng)'으로밖에 말할 수 없는 것과 같다. '대'의 개념은 사람·자연·사회·언어의 4가지 요소가 융합된 일체이다. 이는 서양의 언어와는 다른 작동 모델을 구축함으로써 주술구조를 초월한다.

② 대화가 근본

'대'의 개념은 여러 항목이 내포된 종합체이지만, 그 가운데 대화와 대답이 근본이면서 원천이다. 『설문해자(说文解字)』에 따르면 '对'라는 글자는 '응답에 정해진 방식이 없는(應无方也)' 것으로, 대답 방식에 구애되지 않음을 말한다. '听言则对, 诵言如醉(종하는 말을 들으면 대답을 하고, 간하는 말을 들으면 술에 취한 듯 건성으로 듣네)'(『诗经·大雅·桑柔』)에서 '对'는 본래의 의미로 쓰였으며, 그 외 나머지 의미는 모두 여기서 파생되어 나왔다. 중국어는 대언이 근본이고, 대언은 대화가 근본이다.

근원을 추적해 거슬러 올라가 보면, 원시인의 노동 과정에서 형성된 반복적인 동작과 리듬이 민요의 원시적인 리듬이 된다. 『시경·국풍(诗经·国风)』을 보면, 민요의 원시적인 풍격과 노동의 관계가 매우 밀접하다는 것을 알 수 있다. 그런데 노동요의 메기는 소리(呼)와 받는 소리(应)는 곧 대화이다. '嗨哟(어기여차)'라는 메김에 '嗨哟'로 받음으로써 정서적인 교류의 공감대를 형성한다. 이는 마치 '새들이 서로 화답하며 지저귀는데, 재잘재잘 소리가 아름다운 선율을 이루는 것(好鳥相鳴, 嚶嚶成韻)'(吳均「与宋元思书」)과도 같다. 빠르게 메기고 빠르게 받는 소리는 강렬한 감화력을 만들어낸다. 그리고 서정성이 강한 느린 노래에서는 메김과 받음이 항상 물음과 대답의 형식으로 출현한다. 이러한 일문일답식 합창은 원시민족이 어김없이 가지는 풍격이다. 오늘날까지도 이족(彝族)들은 관혼상제의 모임 자리에서 즉흥적으로 시를 읊을 수 있는 사람이면 여전히 일문일답의 대창(对唱)[6]게임을 즐긴다.(吉狄马加 2018) 이러한 풍속은 지금도 물위에서 생활하는 단민(疍民)과 산에서 사는 객가인(客家人)들에게서 여전히 성행되고 있다. '대산가(对山歌)'는 질문에 대답을 하는 것으로, 중첩을 하지 않을 수가 없는데(对山歌因问作答, 非复沓不可)', 이로써 단락이 중첩되는 가요가 많이 만들어졌다. 그 예로 『시경·부이(诗经·芣苢)』의 중첩을 살펴보자.

采采芣苢, 薄言采之。질경이를 깨고 또 캐세, 듬뿍 캐세.
采采芣苢, 薄言有之。질경이를 깨고 또 캐세, 듬뿍 담으세.
采采芣苢, 薄言掇之。질경이를 뜯고 또 뜯으세, 듬뿍 모으세.
采采芣苢, 薄言捋之。질경이를 뜯고 또 뜯으세, 듬뿍 집어 뜯으세.

가요에서 대칭과 중복은 가장 기초적인 형식이자 배치 원칙이다.(苗晶 2002:69, 171) 찻잎을 딸 때 부르는 노래인 채다조(采茶调)의 '꽃을 마주하고서(对花)'를 예로 들어보자.

---

6) 역자주: 두 사람이나 두 그룹이 응답 형식으로 노래를 하는 창법.

第一段 제1단락	第二段 제2단락
(女) 丢下一粒籽	(男) 丢下一粒籽
(여) 씨앗 한 알 뿌렸네	(남) 씨앗 한 알 뿌렸네
(男) 发了一颗芽	(女) 发了一颗芽
(남) 싹이 한 개 났네	(여) 싹이 한 개 났네
(女) 么杆子么叶	(男) 红杆子绿叶
(여) 어떤 줄기, 어떤 잎	(남) 빨간 줄기, 푸른 잎
(男) 开的什么花	(女) 开的是白花
(남) 핀 것은 무슨 꽃	(여) 핀 것은 흰 꽃이지
(女) 结的什么籽	(男) 结的是黑籽
(여) 맺힌 것은 어떤 씨	(남) 맺힌 것은 검은 씨지
(男) 磨的什么粉	(女) 磨的是白粉
(남) 간 것은 무슨 가루	(여) 간 것은 흰 가루지
(女) 做的什么粑	(男) 做的是黑粑
此花叫作	此花叫作
(여) 만든 것은 무슨 떡	(남) 만든 것은 검은 떡이지
이 꽃을 부르지	이 꽃을 부르지

(合) 呀得呀得喂呀得儿喂呀得儿喂呀得儿喂呀得儿喂的喂尚喂
(합) 야더야더웨이야더웨이야더웨이야더웨이야더웨이더웨이상웨이

각 단락의 내부와 두 단 사이는 모두 남녀가 반복하여 대창하고 있
다. 아래는 중징원(钟敬文 1925)이 수집한 민가이다. 이는 광둥성(广
东省)의 하이펑(海丰) 중부지역 부녀자들에게 많이 불리어진다.

鸡仔出世喞喞呼, 呼到大路是俺姑;

병아리 태어나니 삐악삐악 운다, 울음소리에 큰길에 나가보니 우리 고모 였네.

俺姑行路我都识, 花花裙带结葫芦。

우리 고모 가는 길 나는 다 알지, 꽃무늬 치마끈에 조롱박이 매달렸거든.

鸡仔出世喞喞啼, 啼到大路是俺姨;

병아리 태어나니 삐악삐악 운다, 울음소리에 큰길에 나가보니 우리 이모 였네.

俺姨行路我都识, 花花裙带结锁匙。

우리 이모 가는 길 나는 다 알지, 꽃무늬 치마끈에 열쇠가 매달렸거든.

Part1에서 이미 설명한 바와 같이, 중국어에서 주어와 술어가 모두 갖추어진 완전문은 일문일답으로 구성된다. 이는 가장 전형적인 대화 형식인데, 다양한 대화의 형식은 모두 '유발 - 응답'으로 요약할 수 있다. 대화는 자문자답을 통해 독백으로 바뀌는데, 이때 유발은 기설(起说), 즉 주어가 되고 응답은 속설(续说), 즉 술어가 된다. 기설은 말의 출발점으로 할리데이(Halliday)가 정의한 화제적 주제인 테마(topical theme, 主位)에 가깝다. 대부분의 테마는 대인적(interpersonal)인 것 이어서 화자의 말투나 태도를 나타낸다. 아래의 예(소설 『갖가지 꽃(繁花)』에서 발췌)에서 쉼표의 앞부분에는 모두 대인관계의 테마가 포함되어 있다.

沪生原来呢, 还算正派。| 让阿妹预先, 也有个准备。| 这我到底, 哪能办呢。| 夫妻大概, 也真是天天吵。| 我恐怕, 撑不牢了。| 就算我, 老酒吃多了。| 但我总算呢, 又要做娘了。| 我以为昨晚,

陶陶会来。

　후성이 원래는 그래도 정의로운 편이었어. | 누이동생더러 미리 준비하게 한 게 있었지. | 도대체 내가 이걸 어떻게 할 수 있단 말인가. | 부부는 아마 정말 매일 싸울 거야. | 난 아마, 버텨낼 수 없을 거야. | 내가 오래 묵힌 술을 많이 마셨다 치더라도. | 나는 어쨌든 엄마가 될 거야. | 나는 어젯밤에 타오타오가 올 거라 생각했지.

　각 문장에서 쉼표의 앞뒤는 대체로 길이가 같은데, 앞부분은 기설이고 뒷부분은 속설이다. 이들은 기설-속설대를 이루고 있어서 들었을 때 대칭적인 리듬감이 느껴지므로 말투도 역시 이러한 대화의 특성에 맞추어야 한다.

　대화에는 사람과 사람의 대화, 사람과 자연의 대화가 모두 포함된다. 사람과 사람의 대화는 직접 대화를 하는 두 당사자에 국한되지 않고, 화자와 방관자 간의 대화도 있으므로 곳곳이 모두 다 대화라고 할 수 있다. 중국 희곡은 배우가 극에 몰입하기도 하고 극에서 빠져나오기도 하는 것이 특징인데, 이것이 언어상에 나타난 것이 바로 서술과 대화의 융합이다. 장보쟝(张伯江 2017)은 경극(京剧) 『네 진사(四进士)』에서 양쑤전(杨素贞)과 양춘(杨春)의 대화를 예로 들고 있다.

杨素贞: 客官哪！我公爹在世之时，留下金镯一对，命我夫妻各戴
　　　 一只，言道：夫死妻不嫁，妻死夫不娶。如今我那丈夫被
　　　 田氏害死，望求客官将此镯收下，放我回去，好与我那屈
　　　 死的丈夫报仇雪恨哪……
양소정: 나리! 시아버지께서 살아계실 때, 금팔찌 한 쌍을 남기시면서
　　　 저희 부부에게 각기 하나씩 차라고 하시고는, "아비가 죽으면
　　　 처가 시집을 가지 아니하고, 처가 죽으면 아비가 장가들지 않
　　　 을지어다."라고 말씀하셨습니다. 지금 저의 그 남편이 전씨에

게 해코지를 당해 죽었으니 나리께서 이 팔찌를 거두시고, 저를 풀어 돌아가게 하시어 억울하게 죽은 저의 남편의 원수를 갚고 원한을 풀도록 하여 주시기를 간청합니다. ……

杨 春: 唉! <u>听她说得实在可怜, 我放她回去, 也就是了。待我对她说明。</u>这一娘行, 银子我也不要了, 放你回去了。

양 춘: 아이고! <u>이 여자 말하는 것 들어보니 정말 불쌍한데, 내가 이 여자를 풀어주어 돌아가게 하면 되겠군. 그 여자에게는 내가 나중에 설명하겠다.</u> 이 여자, 돈도 나는 싫으니 널 돌려보내 주겠다.

양춘이 양쑤전에게 말하는 대사 중간에는 전문용어로 '방백하기(打背躬)'라고 하는 독백이 삽입되어 있는데, 이는 배역이 관객과 대화를 하는 것이다. 이때 배우는 극 안에 있으면서 동시에 극 밖에 있다. 극 중에서 양쑤전과 완씨(万氏)의 대화는 다음과 같다.

杨素贞: 听妈妈之言, 我这满腹含冤, 就不能申诉了哇 …… (杨素贞哭)

양쑤전: 어머니의 말씀을 들으니, 가슴 가득히 품은 저의 이 억울함을 하소연할 수가 없습니다.…… (양쑤전 운다)

万 氏: 别哭, 别哭! 哎哟! <u>她这一哭呀, 真怪可怜的。可惜我跟她不沾亲, 我要跟她沾这么一点儿亲哪! 这场官司我就替她打啦!</u>

완 씨: 울지 마세요, 울지 마세요! 아이고! <u>이 여인의 울음은 정말 참으로 가엽구나. 안타깝게도 나는 이 여인과 친척관계가 아니니, 내가 이 여인과 아주 조금이라도 친척관계가 있다면! 이 소송을 내가 이 여인을 대신해서 걸 텐데.</u>

杨素贞: 如此干娘请上，受干女儿一拜。(杨素贞跪拜)
양쑤전: 이렇게까지 양어머니를 모셨으니, 수양딸의 절을 받으세요.
(양쑤전은 무릎을 꿇고 절을 한다)

완씨가 양쑤전에게 한 말 속에도 독백의 서술이 들어있다. 이는 관객과 대화를 하는 것이면서, 양쑤전의 반응을 통해서 알 수 있듯이 동시에 배역(杨素贞)과도 대화를 하는 것이다. 여기에서 '她'는 '그녀'(관중과 대화할 경우 杨素贞을 가리킴)와 '너'(杨素贞과 대화할 경우)를 동시에 가리킨다. 이와 같이 중국 희곡은 여러 층으로 겹겹이 쌓인 첩첩(套叠)의 대화를 통해 배역과 관객이 소통하게 만든다. 장보쟝(张伯江 2017)은 또 극 안으로 들어갔다 나왔다 하는 경극의 특징은 중국어에서 아주 흔하게 사용되는 동격(同位) 구(短语)에도 내재화되어 있다고 지적했다. 예를 들어보자.

我宋士杰打的也是抱不平。
나 쑹스졔도 역시 분개하였다.

老汉宋士杰, 在前任道台衙门, 当过一名刑房书吏。
이 늙은이 쑹스졔는 전에 근무한 도태아문에서 형방서리를 지낸 적이 있습니다.

小人宋士杰, 在前任道台衙门当过一名刑房书吏。
소인 쑹스졔는 전에 근무한 도태관아에서 형방서리를 지낸 적이 있습니다.

쑹스졔(宋士杰)는 극중 인물이 스스로 자신의 성과 이름을 밝히는 것이고, '我(나)'는 '你(너)'와 '他(그)'에 상대되는 인물이다. '老汉(늙은이)'은 관객과 다른 극중 인물의 눈에 비친 형상이며, '小人(소인)'

은 관리 역할과 관객의 눈에 비친 그의 사회적 지위이다. 이들 역할 하나하나가 모두 쑹스제와 한 쌍의 동격어(同位语)를 구성함으로써 배역과 관객, 배역과 배역 간의 상호작용적 대화를 부각시키고 있다. 서양의 경우, 브레히트7)의 연극 시스템에서도 배우는 수시로 배역에 뛰어들었다가 다시 배역에서 나와서 관객을 마주하는 '이중 이미지(双重形象)'를 형성할 것을 주장하였다. 하지만 서양에서는 그것이 일종의 혁신이지만 중국 연극은 역대로 줄곧 그러하였으며, 상당히 보편적이었다. 이 외, 설서(说书)8)는 남방의 탄사(弹词)든 북방의 평서(评书)든 모두 경극의 언어적 특징과 마찬가지로 이야기꾼(说书人)이 책의 안과 밖을 넘나들며 이야기를 들려준다.

중국의 전통적인 화본(话本)9) 양식에는 대화 부분에 인용부호를 사용하지 않는데, 그 이유는 서술 자체가 대화이기도 하기 때문이다. 현재의 학술 명칭으로는 화본 양식을 '자유간접화법체(free indirect speech, 自由间接引语体)'라고 한다. 예를 들어보자.

> 小吴就这么倔强而艰难地活着。不管什么时候看到她，都是一副雄起起勇往直前的样子。厂里旧人见了都说她开朗乐观，换别人早哭个十回八回了，她笑，有啥哭的，哭就好过了？再说，我哭给谁看呢？

---

7) 역자주: 베르톨트 브레히트(Bertolt Brecht, 1898-1956) 독일의 시인, 극작가, 연극이론가.

8) 역자주: 강담講談. 송대(宋代) 이래의 통속 문예의 하나. 옛날에는 '讲史'라고도 했으며, 창(唱)과 대사를 사용하여 '三国(志)演义'(삼국지연의)·'水浒传'(수호전) 따위의 시대물·역사물을 이야기함.

9) 역자주: 화본. 송대(宋代)에 생긴 백화 소설로 통속적인 글로 쓰여져 있으며, 주로 역사 고사와 당시의 사회생활을 제재로 하였음.

是呀, 她哭给谁看呢? 她不是电视剧中的罗子君, 没有有情有义、有钱有能力的闺蜜, 没有随时救困急于危难的蓝颜知己……

샤오우는 이토록 억척스럽고 어렵게 살아가고 있다. 언제 그녀를 보아도 항상 씩씩하고 용감하게 줄곧 앞으로 나아가는 모습이다. 공장 안의 옛사람들이 만나면 모두들 그녀가 밝고 낙관적이라고 말한다. 다른 사람이었다면 벌써 여러 번 울었을 텐데, 그녀는 울 일이 뭐가 있냐면서, 울면 편해지느냐면서 웃는다. 또 내가 누구에게 보여주려고 우냐고 말한다. 그렇지, 그녀가 누구에게 보여 주려고 울겠어? 그녀는 TV드라마 속의 루오쯔쥔[10]도 아니어서, 의리 있고 돈 많고 능력 있는 절친한 친구도 없고, 언제든지 곤경에서 헤매는 것을 구해주는 친한 남자친구도 없는데……

杨莹『是呀, 哭给谁看呢』

여기서 '我哭给谁看呢(내가 누구에게 보여주려고 울어요)'가 바로 자유간접화법으로 인용부호를 붙이지 않았다. 이러한 문학적 언어의 장점은 서술자의 단일한 시각의 한계를 극복하고, 상이한 인물들의 시각과 주관적인 느낌을 동시에 나타낼 수 있다는 것이다.(Brinton 1995) 중국의 이러한 화본 양식은 지금까지도 변함이 없다. 마오둔(茅盾) 문학상 수상작인 장편소설 『갖가지 꽃(繁花)』은 작품 전체에 걸쳐 인용부호를 사용하지 않았는데, 이것이 바로 하나의 좋은 예이다.

라이언스(Lyons 1982)는 "영미의 언어학은… 줄곧 주지주의자(intellectualist)들의 편견에 사로잡혀 언어는 단지 혹은 기본적으로 명제적인 사유를 표현하는 도구일 뿐이라고 여긴다"라고 하였다. 하지만 조사 결과 심지어 물리학자의 학문적인 토론도 갈수록 명제적인 사유를 뛰어넘고 있다는 사실이 발견되었다. 예를 들면, I am in the domain

---

10) 역자주: TV드라마 『나의 전반부 인생(我的前半生)』 속의 여자 주인공.

state(나는 자구磁區 상태에 놓여있다)라고 말할 경우, 주어 I는 화자 자신을 가리키기도 하고 어떤 물리적인 실체를 가리키기도 하는데, 이는 토론 상대방과의 대화와 소통을 강화시킨다.(Stein & Wright 1995:6) 그런데 중국어에서는 이러한 표현이 '我是两毛钱(나는 2마오(돈의 단위)이다)', '他是个日本女人(그는 일본 여자이다)'과 같이 일상적인 것이어서 군이 조사를 통해서 발견할 필요가 없음을 알아야 한다. 20세기 신경과학의 중요한 발견은 인간의 이성적인 의사결정이 결코 논리적인 사유의 산물만은 아니며 신체와 정서 상태에 대한 감각을 벗어날 수 없다는 것이다. 이 발견은 심신이원론(身心二元论)의 주류 관점을 뒤집는 계기가 되었다.(Damasio, 达马西奥 2007)

대화는 사람들 간의 대화이고, 또 사람과 자연 간의 대화이다. 중국의 전통적인 지리 서적이 가지는 특색과 강점은 저자가 지리의 풍모를 객관적으로 기술하는 것이 아니라 산수와 대화를 시도하였다는 것이다. 이로써 저자는 사람들에게 천하의 지형을 널리 알려주고자 하였으며, 강산에 의지하여 감상을 토로하고 문학적인 재능도 드러내고자 하였다. 탕샤오펑(唐晓峰 2018)에 따르면, 남송(南宋) 시기에 편찬된 『여지기승(輿地纪胜)』과 『방여승람(方輿胜览)』에는 모두 '題咏(제영)'이나 '四六(骈文)(사륙(변문))'과 같은 목차를 넣어서 각 지방의 지리적인 요점을 간추려서 묘사하고 있다. 예를 들면 다음과 같다.

军饷转输舟运自此邦而出,
户租充羡仓储亦它郡所无。
군량미를 운송하는 선박의 수송이 여기에서 시작되고,
각 호(戶)에서 거둔 곁곡이 넘쳐나면 창고에 저장하였는데 역시 다른 군에는 없는 것이다.　　　　　　　　　　　　　　　　　　　　『方輿胜览』卷二

이것은 평강부(平江府，현재의 쑤저우(苏州))의 경제 지리적 특색을 형용한 것이다. 또 성도부(成都府, 현재의 청두(成都))의 교통 지리적 특색은 다음과 같이 형용하였다.

扪参历井遂登蜀道之天[11], 就日望云不竟长安之远。
삼성(參星)을 보듬으며 정성(井星)을 지나 마침내 (장안으로 가는) 촉 땅에 들어서 가는 길에 하늘만큼 높은 곳에 올라서, 해를 향해 나아가 구름을 바라보지만, 머나먼 장안은 보이지 않는다. 『方舆胜览』卷五十一

북송(北宋)의 『몽계필담(梦溪笔谈)』은 그림과 변려문으로 경치를 평한 기록에 대해 서술하고 있는데, 여기서 말하는 초기의 가장 유명한 8경(八景)은 다음과 같다.

平沙雁落(평사안락): 평평한 모래밭에 내려앉은 기러기
远浦帆归(원포범귀): 먼 포구로 돌아오는 배
山市晴岚(산시청람): 산골 마을의 맑은 기운
江天暮雪(강천모설): 저물녘의 눈 내리는 강과 하늘
洞庭秋月(동정추월): 둥팅(洞庭)호에 비치는 가을 달
潇湘夜雨(소상야우): 샤오수이(潇水)강과 샹장(湘江)강에 내리는 밤비
烟寺晚钟(연사만종): 안개 낀 산사에서 울리는 저녁 종소리
渔村落照(어촌낙조): 어촌에 지는 저녁노을

이후에 다른 지역에서 모두 이를 따라 '8대 명소(八大名胜)'를 만들어서 마치 지역마다 특화된 지리적 요소인 양 각 지방지(地方志)에

---

11) 역자주: '參'과 '井'은 모두 별자리 이름이며, '蜀道'는 사천성에서 장안성으로 가는 길.

기록하였다. 옛 베이징의 빼어난 경관을 뽑은 '연경 8경(燕京八景)'의
이름은 다음과 같다.

太液秋风(태액추풍): 중난하이(中南海) 타이예(太液) 연못의 가을바람
琼岛春阴(경도춘음): 베이하이(北海) 충다오(琼岛)의 봄 그늘
金台夕照(금대석조): 따팡산(大房山) 진타이(金台)의 석양
蓟门烟树(계문연수): 지먼(蓟门)이 있던 옛 성벽 터에 자란 나무숲
西山晴雪(서산청설): 시산(西山)에 쌓인 맑은 눈
玉泉趵突(옥천표돌): 위취안(玉泉)의 굽은 물줄기
卢沟晓月(노구효월): 루거챠오(卢沟桥)의 새벽 달
居庸叠翠(거용첩취): 쥐용(居庸)의 첩첩이 늘어선 푸른 산

　사물을 묘사하는 사물(写物)과 사물을 노래하는 영물(咏物)은 왜
하나로 연결되는가? 사람의 감정은 마음이 외부 사물에 '응하여(应)'
'느낌(感)'으로 생기는 자연적인 반응이다. 이는 곧 사람과 외부 사물
의 대화로부터 생기는 자연적인 결과이다. 왕국유(王国维)의 경계론
(境界论)에 따르면, 경치를 묘사하는 사경(写景)은 '내가 없는 경은
경물로써 경물을 보는 것(无我之境, 以物观物)'이나, 경치를 만드는
조경(造景)은 '내가 있는 경은 나로써 경물을 보는 것(有我之境, 以
我观物)'으로 이 둘은 결코 모순이 되지 않는다. 왕국유는 그 이유가
사람도 자연의 일부이기 때문에 '사람과 하늘이 서로 대립하지 않는
(人与天不相胜)' 중국의 전통적인 천인합일관(天人合一观) 때문이
라고 보았다.(黄键 2018) 서양 천문학의 모델은 하나님의 시각으로 우
주 밖에서 바라보는 것이다. 태양 중심의 일심체계(日心体系)에서부
터 지금의 우주 대폭발까지 모두를 하늘의 바깥에서 바라본다. 하지만
중국의 모델은 사람이 하늘과 땅 사이에 서서 '천문을 올려다보고, 지

리를 굽어보는(仰观天文, 俯察地理)’ 것이다. 이러한 중국의 전통적인 천문학 이념은 대지의 의의를 회복해야 한다는 것이다.(肖軍 2018) 20세기 위대한 과학자 하이젠베르크(Heisenberg)[12]는 양자물리학에 대해 깊이 성찰한 후에 자연과학은 단순히 자연을 기술하고 해석하는 것이 아니라 자연과 우리 자신과의 상호작용의 일부이기도 하다고 보았다. 자연과학은 우리가 문제를 탐구하기 위해 사용하는 방법이 밝혀낸 자연을 묘사한다는 것이다. 그래서 그는 "측량기기도 관측자에 의해 만들어진 것이기 때문에 우리가 관찰하는 것은 자연 그 자체가 아니라 우리가 문제를 탐색하는 방법에 의해서 밝혀진 자연이라는 것을 기억해야 한다"(Werner Karl Heisenberg 1999:24,42)고 말했다. 물리학자의 글에는 그 자신의 풍격이 녹아 있다. 풍격이 가장 독특한 사람으로는 하이젠베르크와 마찬가지로 위대한 디랙(Dirac)[13]을 꼽을 수 있다. 그는 "자신의 가슴에서 흘러나온 것이 아니고서는 펜을 들지 않았다."(杨振宁 1998)

그런데 여기서 의문이 생긴다. 왜 경치를 노래하는 영물은 변문 대언을 많이 사용하고, 경치를 만드는 조경은 ‘팔(八)’경을 많이 만들까? 이에 대한 대답은 이러하다. 하나와 하나는 둘이 되고, 둘과 둘은 넷이 되며, 넷과 넷은 여덟이 된다. 대언 형식은 종합적인 개념인 ‘대(对)’에서 왔다. 이는 대화를 근본으로 하는데, 대화에는 주체인 나의 참여가 있어야 한다. 하지만 대언 형식은 주술구조가 필수적인 것은 아니어서 문법적인 주어가 없어도 된다. 그렇지만 주체인 나는 반드시 존재한

---

12) 역자주: 베르너 하이젠베르크(Werner Karl Heisenberg, 1901-1976) 독일의 이론물리학자. 양자역학의 불확정성 원리를 발견함.

13) 역자주: 폴 디랙(Paul Adrie Maurice Dirac, 1902-1984). 영국의 이론물리학자, 양자역학의 창시자.

다. 한마디로 말하면, 대언 형식은 사람과 사람, 사람과 자연과의 대화를 상징하며, 어떤 감응으로 생겨난 감정을 표현한다. 감정을 말하는 것은 '의미란 무엇인가'라는 문제와 직결된다.

③ 의미란 무엇인가?

인도유럽어는 주어와 술어가 합쳐져서 하나의 완전한 의미를 나타내는 언어인 반면, 중국어는 호문대언으로 하나의 완전한 의미를 나타내는 언어이다. 이는 '의미란 무엇인가'의 문제와 연결된다.

3.1 의도와 대화

그라이스(Grice 1975)[14]의 의미론은 우선 의미(meaning)를 '자연적 의미'와 '비자연적 의미'로 구분한다. 자연적 의미는 먹구름이 비가 내릴 것임을 의미하는 것과 같다. 비자연적 의미의 정의는 다음과 같다.

> 발화자 S가 어구 U를 말함으로써 z를 의미할 때,
>
> (i) S는 U가 청자 H에게 어떤 영향 z를 미치도록 의도하고,
> (ii) S는 오직 H만이 의도(i)를 인지하고 (i)를 실현하기를 의도한다.
>
> (Levinson 1983:16에서 재인용)

이 정의는 분명히 발화자와 청자 사이의 대화에 기초한 것이다. 그

---

14) 역자주: 허버트 폴 그라이스(Herbert Paul Grice, 1913-1988) 영국 및 미국의 언어철학자, 분석철학자. 일상 언어철학에서 대화적 함축을 제시하여 의미론에 기여함.

라이스가 보기에 인간의 언어가 표현하는 것은 비자연적 의미이고 대화를 바탕으로 한다. 의미와 의도(intention)는 밀접한 관련이 있다. 의미를 표현하는 것은 바로 발화자의 의도를 상대방에게 전달하는 것이고, 의미를 이해하는 것은 바로 상대방의 발화 의도를 이해하는 것이다. 그라이스는 한 발 더 나아가 대화는 항상 '협력의 원칙'을 따르므로 이를 근거로 '언외지의(言外之意)'가 생겨난다고 주장하였는데, 현재 이것은 이미 화용론의 상식이 되었다.

의미는 언어가 운용되는 가운데 존재하고, 상호작용적인 협력의 대화에서 비롯된다. 이것은 주술구조가 하나의 완전한 의미를 표현한다는 전통적인 관념을 깨뜨린 것이다. 이러한 의미론은 중국어에 특히 유용하며, 인지언어학과 마찬가지로 그라이스가 정립한 화용론도 특히 중국 언어학계에서 유례없이 많은 지기(知己)를 만났다.

3.2 감정 표현과 의미 전달은 하나

의도를 전달하는 일반적인 수단은 감정 표현이다. 내가 만약 상대방에게 이 사과를 먹이고 싶으면 보통 "这只苹果又红又大、可脆可甜了!(이 사과는 빨갛고 크며, 정말 아삭아삭하고 달아요!)"라고 말할 것이다. 나의 이런 감정이 바로 내가 상대방에게 먹으라고 권하는 이유가 된다. 언어 기원의 측면에서 본다면 감정 표현이 아마도 사상 표현보다 더 근본적일 것이다. 예스퍼슨(Jespersen 1922:432-433)은 원시 언어가 "가장 표현하기를 갈망한 것"은 사상이 아니며, "감정과 본능이야말로 더욱 원시적이고도 강렬하다"고 주장하였다.

중국인들은 습관적으로 언어는 '감정을 표현하고 의미를 전달한다(表情达意)'고 말하는데, 이 '表情达意'라는 4자어 자체가 바로 호문이다. 감정의 표현과 의미의 전달은 네 안에 내가 있고, 내 안에 네가 있는 것처럼 서로 불가분의 관계이다. 진웨린(金岳霖)의 『지식론(知识论)』에서는 '의의(意义)'와 '의미(意味)'를 사용해서 감정의 표현과 의미의 전달이 하나라는 것을 설명하고 있다. 글자와 단어에는 의의도 있고 의미도 있는데, '감정의 기탁'은 바로 글자와 단어의 의미이다. 중국인들은 이를 흔히 '의미가 심장하다(意味深长)'라고 말한다.(刘梁剑 2018에서 재인용) 왕양명(王阳明)은 '세상에 마음 밖의 사물은 없다(天下无心外之物)'고 하였는데, 『전습록(传习录)』에는 유명한 '산중에서 꽃을 감상한(山中观花)' 일을 기록하고 있다.

> 先生游南镇, 一友指岩中花树问曰: "天下无心外之物, 如此花树在深山中自开自落, 于我心亦何相关?" 先生曰: "你未看此花时, 此花与汝心同归于寂。你来看此花时, 则此花颜色一时明白起来。便知此花不在你心外。
> 양명선생이 남진을 유람하는데, 한 벗이 바위틈에 난 꽃을 가리키며 묻는다. "천하에는 마음 밖의 사물은 없다고 하였는데, 이 꽃나무는 깊은 산속에서 저절로 피었다가 저절로 지니, 이는 나의 마음과는 또 무슨 상관이 있는가?" 양명선생이 말한다. "자네가 이 꽃을 아직 보지 않았을 때는 이 꽃이 자네의 마음과 함께 적막하였네. 자네가 와서 이 꽃을 보자마자 이 꽃의 색깔이 일시에 뚜렷해졌네. 이에 곧 이 꽃이 자네의 마음속 밖에 있지 않다는 것을 알게 되는 것이네."

이 단락에 대해 천라이(陈来 1991:58)는 다음과 같이 설명하고 있다. 왕양명은 저절로 피고 지는 꽃의 존재 문제를 이야기하는 것이 아니다. '감흥(感)'의 측면에서 말하면, '고요함(寂)'은 아직 꽃에게서 감흥을 받지 못했을 때는 마음이 아직 움직이지 않는다는 의미이다. 이 때는 아직 지각의 구조에 들어가지 못하고 이미지적으로 '고요함'의 상태에 처해 있는 것이다 하지만 그렇다고 꽃이 존재하지 않는 것은 아니다. 따라서 왕양명이 표현하고자 하는 것은 '감흥을 받아서 마음이 움직인 것을 의(意)라고 한다(应感而动者谓之意)'라는 것이다. 이때 '의'는 의의와 의미, 이미지(意象), 의도(意图)를 모두 포함하는데, 이것이 바로 감정의 표현(传情)과 의미의 전달(达意)이 하나가 되는 것이다.

인간이 대자연에 융화되어 산수초목과 대화하면서 감흥을 받아 마음이 움직이면 의의와 의미가 생겨난다. 중국화의 대가 푸바오스(傅抱石)의 아들은 서양화를 배웠는데, 한번은 아버지의 면전에서 서양의 투시법에 따라 두 손으로 그릴 장면을 포착하였다. 푸바오스가 이를 보고 몹시 화를 내며, "장면을 포착한다는 것이 무엇이냐? 그렇게 함으로써 모든 세상을 나누어놓지 않느냐? 우리 중국화는 모든 경치를 다 화폭에 녹여 넣는 것이다"라고 말했다는 일화가 있다.(傅益瑶 2018) 중국 현대미학자 종바이화(宗白华 2005)는 '山月临窗近, 天河入户低(산중의 달이 창문에 가까워지자, 하늘의 은하수가 문으로 낮게 흘러 들어온다)'(唐·沈佺期)라는 시구를 예로 들고 있다. 그에 따르면, 중국인들은 구고법(勾股法)[15]과 투시법을 모르는 게 아니라 이러한 방법들로는 '자아에서 무궁한 공간과 시간을 들이마시고, 집안에서 산천과 대지를 망라하는(饮吸无穷空时于自我, 网罗山川大地于门户)' 경지에 이르지 못한다고 생각한다. 과거에 어떤 이는 '산점투시(散点透视)'[16]를 사용하여 서양화와는 다른 중국화의 특징을 설명한 바 있다. 그런데 그는 화가가 자연 속으로 융화되고, 그림 속으로

---

15) 역자주: 예전에 직각 삼각형 모양의 논밭을 측량하는 방법.
16) 역자주: 초점투시와 반대로 시야를 여러 곳으로 분산시키는 화법.

뛰어 들어가는 중국화의 근본적인 특징을 간과하였다. 자연 속으로 융화되는 것은 화가가 산수와 대화를 하는 것이고, 그림 속으로 뛰어 들어간다는 것은 화가가 대중과 대화를 하는 것이다. 그림을 그리는 것도 그러하고, 말을 하는 것도 역시 그러하다. 현장의 대화에서 감흥을 받아 움직인 감정을 언어에 반영한 것이 바로 중첩 호문의 대언 형식이다. 단지 '靑(푸르다)', '花草(화초)', '山水(산수)'라고만 말하는 것은 의미의 전달일 뿐이고, '靑靑(아주 푸르다)', '花花草草(많은 화초)', '山山水水(많은 산수)'라고 말해야 비로소 의미의 전달과 함께 감정도 표현하게 된다. 따라서 중국화는 단지 산수를 그리기만 하는 것이 아니라 산과 신, 물과 물을 그리고, 또 신은 신으로 물은 물로 그리는 것이다. '山山水水'라는 대언의 중첩형식은 '나는 산수 속에 있고, 산수는 내 마음 속에 있다'는 경지를 아주 생동감 있게 나타낸다. 감정 표현과 의미 전달이 하나라는 관점에서 대언과 의미를 이해한다면, 중국어가 서양 언어의 연결사 BE나 문법주어인 IT를 가지고 있지 않지만 중첩과 첩어, 호문견의를 떠날 수 없다는 점이 쉽게 설명이 된다.

④ 대화분석

의미는 대화로부터 나오고, 중국어 대언 표현도 대화를 기본으로 하기 때문에 대화분석에 관한 연구를 중시할 필요가 있다. 간단하게는 CA(conversational analysis)라고 부르는 대화분석은 최근에 이미 언어학의 한 갈래인 '상호작용 언어학(Interactional Linguistics, 互动语言学)'으로 발전하였다.(Couper-Kuhlen & Selting 2018, 方梅 등 2018) CA는 기존의 모든 문법이론이 가정한 문법범주를 수용하지 않고, 회화의 실제 상황을 실사구시적으로 면밀하게 분석한다. 뤼수샹(呂叔湘 2002)은 중국어 문법연구가 매우 파격적이어야 하며, 문장·주어·목적어·동사·형용사 등의 개념은 잠시 내려놓아야 한다고 주장하였다. 이때 거울로 삼을 만한 것이 바로 CA의 방법이라고 강조하였다. 이 절에서는 논술한 대언문법과 직접적인 관계가 있는 CA의 기본개념 몇 가지를 중점적으로 소개하고자 한다.

4.1 인접대

언어의 구조를 분석하기 위해서는 먼저 형태소, 단어, 구, 문장, 단락 등과 같은 크고 작은 단위를 확정해야 한다. CA에 종사하는 연구자는 인접대(adjacency pair, 邻接对)[17]를 대화의 기본단위로 간주한다. 대화의 구체적인 내용을 떠나 형식을 꼼꼼히 살펴보면, 인접대는 갑의 유발과 을의 연결이라는 두 개의 말차례(turn, 话轮)[18]로 구성된다는 것을 알 수 있다. 가장 전형적인 것이 질문 '几点了?(몇 시야?)'와 대답 '五点。(5시야)', 질문 '钱呢?(돈은?)'와 대답 '丢了。(잃어버렸어.)'와 같은 일문일답이다. 일상생활에서 흔히 보이는 인접대는 다음과 같은 것들이다.

---

17) 역자주: 한 대화에서 이어진 두 발화의 순서 집합. 예컨대 질문에 따른 대답이 이에 해당한다.

18) 역자주: 말차례(turn)는 Sacks 등이 제기한 이론 개념인데, 이는 흔히 대화 과정에서 화자가 될 수 있는 기회를 가리키기도 하고, 화자가 되었을 때 하는 말을 가리키기도 한다.

제의 - 승낙/거절

　买一件吧！한 벌 사자.

　─ 好吧。좋아. / 不买。안 사.

원망 - 사과

　踩我脚了。내 발을 밟았어.

　─ 对不起。미안해.

사과 - 위로

　对不起。미안해.

　─ 没关系。괜찮아.

안부 - 안부

　同学们好。학생 여러분 안녕하세요.

　─ 老师好。선생님 안녕하세요.

부름 - 대답

　小王！샤오왕

　─ 欸。응

통지 - 수락 승인

　七点钟了。7시야.

　─ 知道了。알았어.

　　가장 흔하고 간단한 인접대는 Hi'嗨' ─ Hi'嗨', Bye'拜' ─ Bye'拜'와 같은 서로 주고받는 인사인데, 이는 단순반복이지만 공감력은 매우 강하다. 그리고 '(메기는 소리)嗨哟(영차) ─ (받는 소리)嗨哟(영차)' 같은 노동요도 있다. '关关(雎鸠)(구욱구욱(물수리새))', '拜拜(빠이빠이)', '哎嘿哎哟(에헤이아이구)'와 같은 중첩도 인접대로 이루어진 대화에 뿌리를 두고 있다.

대화의 두드러진 특징 중 하나는 언어가 아닌 행동으로 언어를 대신한다거나 행동이 언어에 수반된다는 점이다. 갑이 을에게 '几点了(몇시야)'라고 물을 때, 을이 다섯 손가락을 내밀면 그 효과는 '五点了(5시야)'라고 대답하는 것과 같다. 이는 소음이 대화를 방해하는 환경에서는 더욱 효과적이다. 명령을 받을 때도 언어로 표현할 필요 없이 명령대로 행동하면 그것이 바로 대답인 것이다. 몸짓과 눈빛, 심지어 침묵도 하나의 말차례 역할을 하기 때문에 말차례를 '행동(举动)'으로 고쳐 부르자고 제안하는 연구자도 있다. 언어를 사용하여 행하는 행동은 발화 행위(speech act)이다. 토마셀로(Tomasello, 托马塞洛 2012)[19]는 실증에 근거하여 오늘날 인간의 언어소통은 손짓을 통한 소통에서 시작되었다고 추론한다.

인접대 사이의 의미 연결은 광범위한 '상호관련(相关)'으로 요약할 수밖에 없다. 구체적으로 서로 어떻게 연결되는지는 문맥, 대화 쌍방이 공유하는 지식, 추론에 따라서 결정된다. 또 한쪽이 상대방의 유발에 대해 어떠한 반응을 보이든 간에 대화의 쌍방은 서로 관계가 있다고 본다. 예컨대, '屋里有点冷(방이 좀 춥다)'이라는 갑의 말에, '窗关着呢(창문은 닫혀 있어)'라고 하는 을의 대답이 그러하다. 독백문의 주어와 술어의 의미 연관성도 역시 이러한 관련성에 의존하는데, '这场大火, 幸亏消防队来得早(이번 큰 불은, 다행히 소방대원들이 일찍 왔다)'가 그 예이다.

4.2 말차례

인접대는 두 개의 인접한 대화 말차례로 구성된다. 대화 말차례는

---

19) 역자주: 마이클 토마셀로(Michael Tomasello, 1950-) 미국의 비교인지학자.

가장 작은 대화구조의 단위이다. 말차례의 구축 방식은 매우 다양하여 주술구조에만 국한되지 않으며, 대부분이 주어와 술어가 완전하게 갖추어지지 않은 불완전문이다. 손짓이나 눈짓이 언어를 대신하는 것 외에도, 아래의 몇 가지는 주의할 필요가 있다.

첫 번째는 침묵이다. 대화 중 일정 시간이 넘어서는 비정상적인 침묵이 종종 의미를 전달하는 말차례라는 것이 연구를 통해서 밝혀졌다.

> A: Is there something bothering you or not? 무슨 괴로운 일 있어?
> → (1.0)
> A: Yes or no? 있어 없어?
> → (1.5)
> A: Eh? 응?
> B: No. 아니. (Levinson 1983:300에서 재인용)

B에게 골칫거리가 있는지 묻는 A의 질문에 대해, B는 2개의 침묵 말차례(1.0초와 1.5초)를 가졌다. 이는 분명히 말 못할 사정이 있음을 의미한다. 이어서 A가 다시 캐묻자 그제야 비로소 '아니'라고 대답한다.

장편소설 『갖가지 꽃』은 전통적인 화본 양식을 채택하였는데, 이로써 인물의 대화에 모두 인용부호를 사용하지 않아 대화와 서술이 일체를 이루고 있다. 제16장에서 아바오(阿宝)와 리리(李李)가 불륜으로 임신을 한 왕(汪)씨 아가씨를 추궁하는 세 사람의 대화가 나온다.

> 李李说, …… 具体真相是啥。汪小姐不响。阿宝说, 吃了交杯酒, 发了脾气, 最后吃瘫了, 搀进楼上的房间里。汪小姐说, 就算我怀孕, 有啥呢, 我有老公, 正常呀。阿宝不响。李李说, 这天下午, 大家集中到天井里听弹词, 有两个人, 一男一女, 为啥不露面。

汗小姐说，男女坐到楼上，关紧房门，一定就是做呀。李李不响。
汗小姐一笑说，老实讲，这天我呢，最多让徐总抱了一抱，香了几
记，这就怀孕了，笑话。李李不响。阿宝说，后来呢。汗小姐说，
我现在我再一次声明，我怀孕，我私人事体，我本来就想生一个。
李李不响。汗小姐说……

리리는 …… 구체적인 진상이 무엇인지를 말한다. 왕씨 아가씨는 아
무 말이 없다. 교배주를 마시면서 화를 내더니 결국 술이 녹초가 되어
위층에 있는 방으로 부축되어 들어갔다고 아바오가 말했다. 왕씨 아가
씨는 말했다. 내가 임신했다 쳐, 뭐 어때서, 난 남편이 있으니, 정상이잖
아.” 아바오는 말이 없다. 그날 오후에 모두들 뜰에 모여 탄사(현악기에
맞추어 노래하고 이야기하는 민간 문예)를 들었는데, 남자 한 사람 여
자 한 사람, 두 사람은 왜 모습을 드러내지 않았지라고 리리가 말했다.
왕씨 아가씨가 말한다. 남녀가 위층에 앉아 방문을 꼭 걸어 잠갔으니,
틀림없이 사랑을 나눈 거지. 리리는 말이 없다. 왕씨 아가씨는 웃으면서
말했다. 솔직히 말하면, 그날 나는 기껏해야 쉬 사장에게 좀 안기고 뽀
뽀 몇 번 했을 뿐인데, 그러고선 바로 임신했으니 웃기는 얘기지. 리리
는 아무 말이 없다. 아바오가 말한다. 그 뒤에는? 왕씨 아가씨가 말한
다. 내가 지금 다시 한 번 말하지만, 내가 임신한 건 내 개인적인 일이
며, 난 원래 아이를 하나 낳고 싶었다고. 리리는 말이 없다. 왕씨 아가씨
가 말한다……

위 인용문에서 연달아 다섯 개의 '某某不响(아무개는 말이 없었
다)'이라는 표현을 썼는데, 이는 모두 대화의 일부분이다. 여기에서는
침묵이 말보다 나으며, '不响(반응이 없었다)' 역시 모두 미묘한 의미
를 전달하고 있다.

두 번째 주목할 만한 상황은 반복이다. 을의 말차례에 갑의 말(또는
일부)을 반복하는 것인데, 이것이 중국어 대화에서는 특히 자주 보인

다. 예를 들어보자.

갑: 回来了。 다녀왔습니다.
을: 回来了。 돌아왔구나.

갑: 再说吧。 나중에 다시 얘기하자.
을: 再说吧。 나중에 다시 얘기하자.

갑: 再等等。 조금만 더 기다리자.
을: 再等等吧。 조금만 더 기다리자.

영어와 달리 중국어에서 시비의문에 대한 대답은 일반저으로 묻는 말을 반복하거나 부분적으로 반복한다.

갑: 不带啥? 아무것도 안 가져가?
을: 不带啥。 아무것도 안 가져가.

갑: 她要走了吧? 그 여자 가겠지?
을: 她要走了吧。 그 여자 가겠지.

갑: 两块电池吗? 건전지 두 개야?
을: 两块。 두 개야.

독백에서 '不带啥不带啥也捆了个大行李(아무것도 안 가져간다 안 가져간다 해도 싸고 보니 한 짐이다)', '要走了要走了还是出了个大岔子(간다 간다 하는데 큰 일이 생겼다)', '再等等再等等一个小时就过去了(조금만 더(기다리자) 조금만 더(기다리자) 하다 보니 벌써 한 시간이 지났다)' 등과 같은 중첩식의 대언은 바로 이렇게 만들어진 것이다.

반어문식 반복은 중국어에서 흔히 보이는 독백문형식을 만들어 낸다. 이때 앞뒤의 의문사는 반복되면서 대를 이룬다. 예를 들어보자.

　갑: 谁请客? 누가 대접하지?
　을: 谁有钱? 누가 돈이 있지?
　　→ 돈 있는 사람이 대접한다.

　갑: 你为什么讨厌她? 너는 왜 그 여자를 싫어하니?
　을: 你为什么喜欢她? 너는 왜 그 여자를 좋아하지?
　　→ 네가 그녀를 좋아하는 이유가 내가 그녀를 싫어하는 이유이다.

'말잇기(接话头)'라고 부르는 일종의 부분 반복 역시 중국어에서 흔히 보이는 형태로 매우 중요하다. 예를 들면 다음과 같다.

　갑: 他是研究生呢。 그는 대학원생이야.
　을: 研究生怎么啦? 대학원생이면 어쩌라고?

　갑: 老王他病了。 라오왕 그 사람 병이 났어요.
　을: 病了也该请个假呀。 병이 났으면 휴가를 내야지요.

텍스트에서 '他是研究生, (研究生)也不怎么样(그는 대학원생인데, (대학원생이래도)역시 별로다)', '老王病了, (病了)也该请个假呀(라오왕은 병이 났는데, (병이 났으니) 휴가를 내야 한다)'와 같은 '사슬식 화제구조(链式话题结构)'(Part1 제3장)가 바로 이런 식으로 직접 생성된 것이다. 말잇기는 사실 상대방이 직전에 한 말을 '인용'한 것이기 때문에 대화에는 인용어가 가득하다. 갑의 말은 입에서 나오자마자 바로 을이 인용하는 화제가 됨으로써 중국어에서 흔히 보이는 다중 반복형 화제문이 형성된다.

    a. 抱怨也抱怨得对。

      원망하는데 원망하는 것도 맞지.

      坏也坏不到哪里去。

      나빠 보았자 얼마나 나쁘겠어.

    b. 演技演技不行, 口碑口碑不行。

      연기면 연기도 못 해, 입담이면 입담도 없어.

    c. 躲什么躲！숨긴 뭘 숨어！

      好什么好！좋긴 뭐가 좋아！

언어에서 부정적인 평가를 나타내는 것에는 반어문을 포함해 많은 규칙화된 표현 방식이 있다.(方梅 2017, 李宇凤 2010) 그것은 또 '高兴什么呀(뭐가 기뻐)', '还研究生呢(그래도 대학원생이라고)', '怎么不好啦(어떻게 안 좋아)' 등과 같이 인용성(引用性)의 호응에서 비롯되기도 한다. 이러한 표현 방식은 특히 방언 속에 대량으로 존재한다. 후난(湖南) 용저우(永州) 방언을 예로 들어보자.

    갑: 你女崽女儿蛮听话。당신 딸 말을 정말 잘 듣는군요.

    을: 听话的话。말을 듣다니요.

    갑: 我认得他。나 그 사람 알아.

    을: 你认得蛮多。알다니.

'X的话'와 'X蛮多'는 부정형식이며, 그 가운데 X는 인용어로 모두 부정적인 대답을 만든다. '听话的话'는 조금도 말을 듣지 않는다는 의미이고, '你认得蛮多'는 당신은 전혀 알지 못한다는 의미이다. 왜 '好容易(겨우)=好不容易(겨우)'이고, '好不热闹(시끌벅적하다)=好热闹(시끌벅적하다)'인가? 쌍음절 부정부사 '好不'는 어떻게 형성되었을까? 이 역시 중복의 인용과 관련이 있다. '很不容易(쉽지 않아)'라고 한 갑의 말을 을이 인용하면서 반어적으로 사용한 것이 '好不容易呀(정말 어려워)'이다.(沈家煊 1999a:제7장 2절) 그 밖에 최근에 빈번하게 등장하는 '被自杀(자살 당하다)'와 같은 표현도 역시 대화의 인용어에서 왔다. 이는 대화의 인용이 중복되어 강렬한 감정의 공감을 불러일으키는 좋은 예이다.

> 경찰: 你父亲是自杀的。 당신 아버지는 스스로 목숨을 끊으신 겁니다.
> 여자: 我父亲是被自杀。 우리 아버지는 '자살'(했다고 여겨짐을) 당하신 거군요.

또 하나의 실례를 보자.(이 예는 于晖가 제공함) 남편이 계속 손을 흔들며 무언가를 쫓는 모습을 본 아내가 "你是蚊子吧?(당신 모기죠?)"라고 하자, 남편이 "我不是蚊子。(난 모기 아니야.)"라고 대답하고는 서로 마주 보면서 웃었다고 한다.

세 번째 주목할 만한 상황은 보충(续补)이다. 갑의 말 뒤에 이어지는 을의 연결 말차례는 갑의 말차례에 대한 간단한 보충인데, 이는 중국어가 영어보다 훨씬 자유롭다. 예를 보자.

> 갑: 他简直没规矩。 그 사람 정말 예의가 없어요.
> 을: 越来越。 점점 더.
> → 他简直没规矩, 越来越。 그 사람 정말 예의가 없어요, 점점 더.

갑: 累死了。피곤해 죽겠어.

을: 我也是。나도 그래.

→ 累死了, 我也是。피곤해 죽겠어, 나도.

　　위의 대화를 합쳐서 하나의 완전문을 만든 다음, 이를 서양 문법의 주술구조에 따라 분석하면 '도치문(倒裝句)'이 된다. 그런데 대화 속의 말은 대부분이 불완전문이지만, 중국어는 불완전문이 기본이기 때문에 도치라는 말은 맞지가 않다. 루징광(陆镜光 2004)은 대화의 말차례가 교체되는 것에 착안하여 이러한 문장을 '연장문(延伸句)'이라고 규정하였다. 이 연장문은 바로 중국어의 무종지문(流水句)이다.(Part1 제3장 참조)

　　네 번째 주목할 만한 상황은 '공동건설(共建)'이다. 이는 갑의 한 마디가 끝나지 않았거나 갑자기 다음 단어가 생각이 나지 않을 때 또는 단숨에 말을 이어가지 못할 때, 을이 갑을 도와서 말을 마치는 것을 말한다. 러너(Lerner 1991)는 이를 '진행 중인 문장(sentence-in-progress, 行进中的句子)'이라고 불렀다. 이러한 문장은 그 자체의 '통사법'이 따로 있다.

갑: 演三妹的那个演员叫, 셋째 여동생을 연기한 그 배우 이름이,

을: 叫练素梅。렌쑤메이라고 해.

갑: 对, 演三妹的那个叫练素梅。

　　맞아, 셋째 여동생을 연기한 그 배우는 렌쑤메이야.

갑: 我当时实在是气得, 나 그때 정말 화가 나서,

을: 你就动手打人了? 그래서 너 사람 때렸어?

갑: 对, 我实在是气得就动手了。

　　맞아, 나 너무 화가 나서 손찌검을 했어.

을의 연결되는 말(接续语) 뒤에 갑이 '对(맞아)'라고 호응할 수 있는데, 이는 '对接上了(말이 맞게 이어졌다)'라는 의미이다. 이러한 상황은 여러 언어에 모두 존재한다. 영어의 예를 들어보자.

Marsha(마샤): hh It's just(0.8) 这根本就 이건 아예
Madeline(마들린): no:t possible.=h.uh？ 不可能吗？ 불가능하니?

Couper-Kuhlen & Selting 2018 : 38에서 재인용. 간략화 하였음.

어떤 CA 연구자는 이것은 마샤와 마들린 두 사람이 합쳐서 하나의 완전한 대화 말차례를 만든 것이라고 말한다. 그런데 이는 It's just not possible(그냥 불가능하다)이 되어야 비로소 주어 술어가 완비된 하나의 문장으로 인정하는 영어의 문장관에 갇힌 주장이다. 중국어는 불완전문이 근본적인 형태이기 때문에 두 사람이 공동으로 하나의 말차례를 만든 것이 아니라 한 사람이 하나의 말차례가 되는 것이다. 둘이 합쳐서 만든 독백문 '这根本就, 不可能吗?(이것은 아예, 불가능하니?)'에서 쉼표가 중간에 있는 것도 이상할 것이 없다. 왜냐하면 중국어에서 대화 말차례를 구축할 때 절(clause)이 아닌 불완전문을 기본단위로 하기 때문이다. 이에 대해서는 완취안(完权 2018a)을 참조할 수 있다. 여기서 '공동건설'이라는 개념은 상당히 중요하다. 대화는 본래 일종의 협력 활동으로, 쌍방이 공동으로 건설하는 것은 말차례나 문장, 절이 아니라 말차례의 교체와 대화의 원활한 진행이다. 오레(Aure 1992) 역시 영어 구어에서 문장을 나누는 것이 매우 어렵다는 것을 발견하였는데, 그 이유는 실제로 구어가 오른쪽 방향으로 끊임없이 이어지기 때문이다. 이는 '네버 엔딩 문장(neverending sentence)'이라고 할 수 있다. 따라서 그는 억양그룹, 호흡군 등 운율의 각도에서 문장의 경

계를 확정하는 것이 더욱 타당하다고 주장하였다. 여기서 말하는 '네 버 엔딩 문장'이 중국어에서는 바로 流水句, 즉 무종지문이 된다. 중 요한 것은 무종지문이 중국어 구어의 형식이자 동시에 문어의 형식이 라는 점이다. 무종지문의 끊어졌다 이어지는 단연성(斷連性)과 말차 례의 동적인 공동건설(动态共建)은 서로 일치한다.

말차례 형식의 다양성은 상상을 초월하여서 심지어는 부사 하나(예 를 들어 '都')만으로도 말차례를 구성할 수가 있다.

갑: 你们去不去? 너희들은 가니?
을: 去。 가.
갑: 都? 모두?

갑: 到什么时候了, (지금이) 어느 때야,
을: [都], [벌써],
갑: [还] 说这种话! [아직도] 그런 소리를 하니!
　　([ ] 두 어휘가 겹쳐짐을 의미함.)

이를 통해 '他们每年都, 选他当主席(그들은 매년, 그를 의장으로 선출했다)' 또는 '选他当主席, 他们每年都(그를 의장으로 선출했다, 그들이 매년)'과 같은 중국어의 문장 끊어 읽기(断句) 방식은 결코 특 수한 것이 아니라 위에서 말한 연장문이라는 것을 알 수 있다. 응답 말차례의 다양성은 바로 "'대'는 응답에 정해진 방식이 없는 것이다. (对, 膺无方也)"라고 한 허신(许慎)의 말과도 일치한다. 응답의 방식 은 가능성만 따질 수 있을 뿐 필연성은 따질 수가 없다.

4.3 3연조

좀 더 관찰해 보면, 실제 대화에서는 3개의 말차례가 합쳐서 이루어진 3연조가 자주 나타난다. 이때 처음과 끝의 말차례에는 응답과 유발의 이중 작용이 있다는 사실을 발견하게 된다. 예를 들어보자.

┌ 갑₁ 선생님: 这个字('落')怎么念? 이 글자 ('落') 어떻게 읽니?
├ 을₁/₂ 학생: 念 là。 là라고 읽습니다.
└ 갑₂ 선생님: 回答得对。 맞아.

┌ 갑₁ 방문객: 有人在家吗? 집에 누구 계세요?
├ 을₁/₂ 주인: (开门) (문을 연다)
└ 갑₂ 방문객: 哦, 在家呢。 아, 집에 계셨네요.

첫 번째 대화에서 질문에 대한 학생의 대답은 이에 대한 선생님의 피드백을 또 유발하는데, 이 피드백이 빠져서는 안 되는 이유는 학생이 이를 기대하기 때문이다. 두 번째 대화에서는 주인이 나와서 문을 열었기 때문에 방문객 갑₂의 말은 불필요한 것처럼 보이지만, 사실은 그렇지 않다. 부른 사람은 부른 이유를 설명해야 하는데, 그 이유는 부름에 응답을 한 사람이 그것을 기대하기 때문이다. 흔히 볼 수 있는 3연조는 피드백이 대화 첫머리의 유발어를 반복하는 형태이다. 예를 들어보자.

┌ 갑₁ 상인: 七块钱一斤。 한 근에 7위안입니다.
├ 을₁/₂ 고객: 多少钱一斤? 한 근에 얼마요?
└ 갑₂ 상인: 七块。 7위안요.

갑₁ 주인: 喝点儿。좀 마시세요.
을₁/₂ 손님: 啤酒吧？맥주지요?
갑₂ 주인: 喝点儿。(倒酒) 좀 마시세요.(술을 따른다)

첫 번째 대화는 고객이 가격을 확실하게 듣지 못했거나 상인이 제
시한 가격에 의혹을 가지고 있을 가능성이 있다. 그리고 을의 말은 갑₁
에 대한 연결 반응이면서 동시에 상대방에게 가격을 반복해서 말해줄
것을 요구하고 있는 것인데, 이를 통해 갑₂의 피드백을 유발한다. 만약
이 피드백을 제공하지 않으면 매매는 틀림없이 무산될 것이다. 두 번
째 대화에서 손님의 질문에 대한 주인의 피드백인 갑₂ 역시 갑₁을 반
복한 것이다. 이는 맥주라는 긍정적인 답변일 수도 있고, 맥주건 백주
건 상관없이 모두 조금씩 마시라는 의미일 수도 있다. 이러한 대화의
반복은 텍스트에서 처음과 끝이 반복되는 수미중복문을 만든다.

喝点儿啤酒, 喝点儿。
맥주 좀 마셔요.

雾霾, 不跑了, 雾霾。
미세먼지다, 달리기 안 해야겠다, 미세먼지다.

漂亮, 你干的, 真漂亮。
예쁘다, 네가 한 것, 진짜 예쁘다.

대화 속의 응답자도 질문자와 마찬가지로 상대방이 자신의 응답에
반응하기를 기대하고, 피드백 정보를 획득하기를 기대한다는 것이 대
량의 실례를 통해 밝혀졌다. 이와 관련하여 뤼수샹(呂叔湘 1979:54)은
이렇게 말하였다.

두 사람 뜨는 여러 사람이 대화한 때 시작문이 틀림없는 첫 번째 화자의 첫마디를 제외한 다른 사람의 말은 설령 그것이 첫 마디라 할지라도 반드시 시작문은 아니고, 다른 사람의 말을 이어서 한 말일 수도 있다.

요컨대, 응답이 나타자마자 곧 유발이 시작되므로 응답어는 또한 유발어이기도 하다. 이 발견을 토대로 CA에 종사하는 연구자들은 생각을 바꾸어 대화구조에서 흔히 보이는 단위는 위아래 두 개의 말차례로 구성된 인접대가 아니라 세 개의 말차례, 즉 '유발 – 응답 – 피드백'으로 구성된 3연조이고, 이때 응답은 유발의 결과이면서 그 자체가 또 다음 응답을 유발하는 원인이기도 하다고 주장하였다.(Goffman 1976, Coulthard 1977)

대화의 이러한 구조적인 특징은 독백 텍스트의 구조를 인식하는 데 매우 중요하다. 중국어 무종지문의 사슬성(链接性)(Part1 제3장)은 바로 대화의 3연조에서 유래한다. 극본 『룽쉬거우(龙须沟)』의 3연조 하나를 예로 들어보자.

> 갑1 순경 주임: 总得抓剂药吃！……
>
> 어떻게든 약을 지어 먹여야죠! ……
>
> 을1/2 얼춘(二春): 不要紧, 有我侍候他呢！
>
> 괜찮습니다, 제가 그를 돌보고 있거든요!
>
> 갑2 순경 주임: 那也耽误做活呀！
>
> 그래도 일 하는데 지장이 있잖아요!

중간에 있는 얼춘(二春)의 말차례 속에 있는 문말어기사 '呢'를 주목해 보면, 그것이 위의 말을 받아 아랫말을 연결하는 두 가지 역할을 하고 있음을 알 수 있다. 즉, 순경 주임 갑1의 말에 대해 '有我伺候他(내가 그를 돌보고 있다)'는 사실을 분명하게 밝히고, 이와 동시에 '那还要看病抓药吗(그래도 진찰을 받고 약을 지어야 합니까?)'라는 의문을 제기하는 역할을 한다는 것이다. 이 3연조의 대화를 독백의 무종지문으로 변환해 보면 다음과 같다.

> 总得抓剂药吃，有我侍候他呢，那也耽误作活呀！
> 어떻게든 약을 지어 먹여야지, 제가 그를 돌보고 있기는 하지만, 그래도 일 하는데 지장이 있잖아요!

중간의 절은 선행절을 받아 후행절을 연결하는 두 가지 역할을 한다. 3연조는 사실 두 개의 인접대가 중첩된 연결이다. 이에 대해서는 아래 제12장 '사슬대'에서 좀 더 상세히 서술하고자 한다.

4.4 상감대

대화 속에 대화 형식의 인접대가 들어가 있는 구조인 상감대(套嵌对) 역시 주목할 만하다. 예를 들어보자.

> 갑1 고객: 醋多少钱一瓶? 식초 한 병 얼마에요?
> 을2 판매원: 是零打还是换瓶? 저울에 달아서 살 거예요 아니면 병으로 살 거예요?
> 갑2 고객 : 换瓶。 병으로 살게요.
> 을1 판매원 四毛三一瓶。 한 병에 4마오 3입니다.

<pre>
   ┌─ 갑₁ 딸 · 我看会儿电视行吗? 저 텔레비전 잠깐 봐도 돼요?
   ├─ 을₂ 아빠 : 作业都做完了? 숙제는 다 했니?
  ┌─ 갑₃ 딸 : 做完了能看吗? 다 하고나면 볼 수 있어요?
  └─ 을₃ 아빠 : 能看一会儿。 잠깐 볼 수 있지.
   ├─ 갑₂ 딸 : 还有口算。 아직 암산이 있어요.
   └─ 을₁ 아빠 : 练完口算再看。 암산 연습 다 하고 나서 봐.
</pre>

이것은 대화 형식의 인접대가 겹겹으로 대화 안에 들어가 있어 한 쌍이 다른 한 쌍을 싸고 있는 (갑₁(을₂(갑₃ … 을₃)갑₂)을₁) 구조이다. 이는 인접대의 대칭적인 확대로 볼 수 있다. 물론 중간의 인접대와 각각의 말차례는 여전히 앞뒤 말을 이어주는 연결 작용을 한다. 이것은 대화가 확실히 쌍방의 의도를 전달하고 이해하는 것임을 시사한다. 의도의 각도에서 분석하지 않으면 이러한 구조 형식은 발견할 수가 없다. 더욱 중요한 것은 이러한 대화 인접대의 상감 역시 일종의 구조 귀환(recursion, 递归)이라는 것이다. 하지만 이는 '비선형적인 구조 귀환(非线性的结构递归)'에 속한다.(제14장 참조)

4.5 대화 통사론

최근 '인지언어학'은 연구의 초점을 사회적 인지 쪽으로 전환하고 '상호작용 언어학'과 결합하여 대화와 상호작용의 상황에서 쌍방이 어떻게 협동하여 행동하고 상호 이해하는지에 대해 공동으로 주목하고 있다. 2014년에 『Dialogic Resonance: Activating Affinities Across Utterances (대화 공명: 어구를 뛰어넘는 유사성의 활성화, 对话共鸣: 激活跨语句的相似性)』라는 주제로 발간한 인지언어학 저널 *Cognitive Linguistics*

특집호에는 운영자 중 한 명인 두 보이스(Du Bois)의 「Towards a dialogic syntax(대화 통사론을 향하여)」라는 논문이 게재되었다. 이 논문에서 제기한 핵심 개념 '유사구조(parallelism, 平行结构)'와 '공명 (resonance, 共鸣)'은 대화를 할 때 방금 말한 갑의 말을 을이 선택적으로 반복함으로써 갑을 쌍방이 하는 말 사이의 친밀성(affinity)이 활성화되도록 촉진하는 것을 말한다. 갑은 쌍방이 하는 말의 대응 또는 유사성을 인식하고 곧 바로 그 속에 담긴 의미를 추론할 수가 있다. 이는 상호간의 이해를 가능하게 할 뿐 아니라 정서적인 조화와 공명을 불러일으킨다. 즉, '자신의 마음으로 남의 마음을 헤아림으로써 서로 마음이 통하게(将心比心, 心心相印)' 만드는 것이다. 대화의 모방과 반복은 아이가 언어를 습득하거나 어른이 외국어를 학습할 때 가장 기본적이면서 흔히 나타나는 방법이다. 이는 '대화의 부트스트래핑 (dialogic bootstrapping, 对话自展)'이라 부르는 것으로, 일종의 복원추출을 허용한 표본 재추출이다. 즉, 일상적인 대화에서 반복 샘플을 추출하여 모델을 만들고, 이를 통해 학습을 돕는 것을 말한다.

대화의 반복과 대응은 어휘와 구문 외에 운율과 어조도 있다. 이들은 모두 상호작용을 증진시키고 공명을 이끌어내는 역할을 한다. 대화의 '공명의 원칙'과 '협력의 원칙', '예의의 원칙'은 모두 보편적으로 적용되는 화용원칙이다. 대화의 선택적인 반복은 언어체계의 변화에 영향을 미치는 핵심 동력(위에서 예로 든 쌍음절 부사 '好不'의 출현이 그러하다)이기도 하다. 요컨대, '대화 통사론'은 '선형 통사론'을 뛰어넘어 한층 더 고차원적인 대칭 결합구조(structural coupling)를 밝히려는 시도이다. 아래 두 가지 사례는 모두 두 보이스(Du Bois 2014)에서 인용한 것이다.

아내 쥬앤이 엄마를 비난하고는 남편 켄 쪽으로 몸을 돌리며 말한다.

Joanne: It's a kind of like^you Ken.(0.8)

　　　　有点儿像´你呢, 凯恩。´당신이랑 조금 닮았네, 켄.

Ken:　　That's not^all like me Joanne.

　　　　不´完全像我, 裘娜。´아주 꼭 닮은 것은 아니야, 조앤.

두 사람의 말은 '거울식 구조 사상寫像(mirror structural mapping, 镜式结构映射)'을 가지고 있다. 따라서 대명사 주어는 대명사 주어와, 연결동사 술어는 연결동사 술어와, 부사성 성분은 부사성 성분과, 호칭은 호칭과 서로 대응하고, 심지어 문미의 어조까지도 서로 대응한다. 이러한 형식적 대응은 의미의 대응을 상징하며, 이를 통해 부부 간의 정서적인 공명이 생겨난다.

다음 대화에서는 J와 L이 누군가의 건강상태를 이야기하기 시작한다.([ ] 두 어휘가 겹침을 의미함.)

　　　J: yet he's still^healthy.

　　　　 그래도 그는 여전히 ´건강해.

　　　　 He reminds me [of my^brother].

　　　　 그를 보면 내 ´동생이 생각나.

→　L:　　　　　　　　[He's still walking]^around.

　　　　 그는 아직도 ´여기저기 돌아다녀.

　　　　 I don't know how^healthy he is.

　　　　 나는 그가 어느 정도 ´건강한지를 모르겠어.

L이 말한 he's still walking around와 J가 말한 he's still healthy는 단어 사용에는 차이가 있지만, 구조적인 대응을 유지하고 의미도 서로 통한다. 두 보이스(Du Bois 2014)는 이런 실례를 근거로 "형식적으로

유사하면 의미적으로도 유사할 가능성이 크다"고 하였다.

    이 연구 방향이 서양의 전통적인 통사론 연구를 뛰어넘는다는 점에서는 의미가 크지만, '대화 통사론'의 구축은 아직 걸음마 단계에 머물러 있다.(刘兴兵 2015) 위에서 제시된 예를 통해, 유사구조에 대한 '대화 통사론'의 분석이 주로 영어 자료에 의존하고 있어 아직 주술구조를 완전히 뛰어넘지는 못하고 있음을 알 수 있다. 이와 아울러 대화의 유사구조와 독백 텍스트 사이의 내재적인 연관성도 깊이 고찰하지 못하였다는 한계를 드러낸다. 중국어에서 '대(对)'라는 개념은 대화와 대구를 모두 가리키므로 대화의 유사 대칭이 텍스트의 유사 대칭에 직접 반영된다. 또한 이것이 주술구조의 범위를 크게 뛰어넘는다는 점에서 중국어의 '대언문법'과 '대언격식'에 대한 연구는 폭 넓은 전망과 깊은 의미를 지닌다. 중국어 텍스트 무종지문의 '끊어도 되고 이어도 되는' 특징(제3장)도 반드시 대화 속 말차례의 공동건설과 이것의 연결이라는 관점에서 고찰해야 한다. 예를 들어, "怎么了?(무슨 일이야?)"라는 갑의 물음에, "丽丽买了一对玉镯。(리리가 옥팔찌 한 쌍을 샀어.)"라고 말한 을의 대답이 그러하다. 중간에 휴지가 없는 이 대답은 블룸필드(Bloomfiel)가 말한 일어문一語文(one word sentence, 独词句)과 같다. 일부 언어에서는 일어문이 하나의 어근에 몇 개의 접미사가 붙어서 이루어지기도 한다. 또한 아래의 다양한 문답 방식은 무종지문의 여러 가지 분할 방식을 형성한다. 그 가운데 두 부분으로 나누는 상황은 다음과 같은 세 가지가 있다.

    갑: 丽丽呢? 리리는?
    을: 买了一对玉镯。 옥팔찌 한 쌍을 샀어.
    → 丽丽, 买了一对玉镯。 리리는, 옥팔찌 한 쌍을 샀어.

갑: 丽丽买了? 리리는 샀어?

을: 一对玉镯。 옥팔찌 한 쌍.

→ 丽丽买了, 一对玉镯。 리리는 샀어, 옥팔찌 한 쌍을.

갑: 丽丽买了一对? 리리가 한 쌍을 샀어?

을: 玉镯。 옥팔찌

→ 丽丽买了一对, 玉镯。 리리는 한 쌍을 샀어. 옥팔찌.

이 가운데 두 가지는 글자 수가 다른 '비대칭대(偏对)'이고, 하나는 글자 수가 같은 '대칭대(正对)'이다. 세 부분으로 나누는 상황도 역시 세 가지가 있다.

갑1: 丽丽买了? 리리는 샀어?

을1: 一对。 한 쌍.

갑2: 一对? 한 쌍?

을2: 玉镯。 옥팔찌.

→ 丽丽买了, 一对, 玉镯。 리리는 샀어, 한 쌍의, 옥팔찌를.

갑1: 丽丽呢? 리리는?

을1: 买了一对。 한 쌍을 샀어.

갑2: 买了一对? 한 쌍을 샀어?

을2: 玉镯。 옥팔찌.

→ 丽丽, 买了一对, 玉镯。 리리는, 한 쌍을 샀어, 옥팔찌.

갑1: 丽丽呢? 리리는?

을1: 买了。 샀어.

갑2: 买了? 샀어?

을2: 一对玉镯。 옥팔찌 한 쌍.

→ 丽丽, 买了, 一对玉镯。 리리는, 샀어, 옥팔찌 한 쌍.

또 네 부분(완전대)으로 분할하는 경우도 있다.

갑1: 丽丽呢？리리는?

을1: 买了。샀어.

갑2: 买了？샀어?

을2: 一对。한 쌍.

갑3: 一对？한 쌍?

을3: 玉镯。옥팔찌.

→ 丽丽, 买了, 一对, 玉镯。리리는, 샀어, 한 쌍의, 옥팔찌.

여기에 반으로 나누는 것(쉼표)과 전부를 나누는 것(마침표)의 차이까지 고려하면 가능성은 더욱 커진다. 인도유럽어 문법에 따라 확립된 주술문 "丽丽, 买了一对玉镯(리리가, 옥팔찌 한 쌍을 샀다)"는 여러 가지 가능성 가운데 하나일 뿐이라는 것을 알 수 있다. 상이한 분할 방식은 상이한 '의미 그림(picture of meaning, 意义画面)'을 형성한다. 무종지문의 매 단락은 대화 흐름 속의 하나의 말차례에 대응하며, 그것은 하나의 '정보 - 운율 단위'가 된다. 대화 흐름의 구축과 무종지문의 구축은 모두 '1회 1정보 - 운율 단위(一次一个信息 — 韵律单元)'의 법칙을 따른다. 이는 제12장 '사슬대'에서 또 다시 상세하게 설명할 것이다.

본 장에서 논술한 내용의 요점은 다음과 같다. '대'는 중국어에서 하나의 종합적인 개념으로, 대화를 가리키기도 하고 대응, 대칭표현 및 그 외의 다른 것을 가리키기도 한다. 하지만 가장 근본이 되는 것은 대화 의미이다. 대화는 사람과 사람의 대화, 사람과 자연의 대화를 모두 포함한다. 의의는 대화로부터 생성되며, 의도와 의미의 전달이다.

이는 감정의 표현과 의미의 전달이 하나로 합쳐진 것이다. 대화의 구조분석은 텍스트 구성의 특징을 인식하는 데 도움이 된다. 중국어에서 완전문이 일문일답을 통해서 직접 구성되는 것과 같이, 텍스트 구성의 특징은 대화의 구조적인 특징이 직접 반영된 것이다. 텍스트의 대언 표현은 대화의 협력적인 상호작용과 감정의 공명을 **상징한다**. 한 마디의 말만으로는 성립하지 않고, 대답과 대언 또는 어기사의 추가를 통해야 비로소 '완형(完形)'의 효과를 거둘 수 있다. 이는 바로 언어가 상호작용적인 대화를 바탕으로 하기 때문이다.

아래에서는 차례대로 중국어 '대언문법'과 '대언격식'에 대한 구체적인 논술을 전개하고자 한다.

| 지은이 소개 |

선쟈쉬안沈家煊

1946년 상하이 출생

중국사회과학원 언어연구소 소장, 국제중국언어학회 회장 등 역임. 영중(英中)문법 비교, 문법이론, 중국어 문법의 화용과 인지 영역에 많은 논저를 내고 있다. 주요 저서로는 『不对称与标记论』(1999), 『现代汉语语法的功能, 语用、认知研究』(2005), 『认知与汉语语法研究』(2006), 『语法六讲』(2011), 『名词和动词』(2016), 『从语言看中西方的范畴观』(2021) 등이 있고, 주요 논문으로는 「汉语动补结构的类型学考察」, 「再谈"有界"与"无界"」, 「也谈能性述补结构"V得C"和"V不C"的不对称」 등이 있다.

| 옮긴이 소개 |

이선희李善熙

현 계명대학교 인문국제학대학 중국어중국학과 교수

이화여자대학교 중어중문학과 졸업

북경사범대학교 대학원 중문과 석사

중국사회과학원 언어연구소 박사

영국 University of Cambridge 방문학자

주로 중국어 인지언어학, 중국어 통사론, 중한 한중 번역, 한중비교언어학 등에 관심을 가지고 연구하고 있다.

주술구조를 넘어서 ❶
중국어 대언문법과 대언격식
超越主谓结构 —— 对言语法和对言格式

초판 인쇄 2022년 6월 20일
초판 발행 2022년 6월 30일

지 은 이 ㅣ 선쟈쉬안(沈家煊)
옮 긴 이 ㅣ 이 선 희(李善熙)
펴 낸 이 ㅣ 하 운 근
펴 낸 곳 ㅣ 學古房

주   소 ㅣ 경기도 고양시 덕양구 통일로 140 삼송테크노밸리 A동 B224
전   화 ㅣ (02)353-9908 편집부(02)356-9903
팩   스 ㅣ (02)6959-8234
홈페이지 ㅣ http://hakgobang.co.kr/
전자우편 ㅣ hakgobang@naver.com, hakgobang@chol.com
등록번호 ㅣ 제311-1994-000001호

ISBN 979-11-6586-440-8 93720

값 : 20,000원